하룻밤에 읽는 그리스·로마 신화

하룻밤에 읽는 그리스·로마 신화

| 신들의 사랑과 욕망 |

이선종 엮음 | 이경아 감수

아이템하우스

서양 문명의 원형이 살아 숨 쉬는
그리스 · 로마 신화

신화에 접근하는 가장 간단한 방법은 그 주제를 보는 것이다. 가장 넓은 의미에서 신화는 신, 왕, 영웅 등에 대한 전통적인 이야기이다. 신화는 종종 세계의 창조와 연관되며, 때로는 미래의 멸망과 관련이 있다. 신화는 신들이 어떻게 사람을 창조했는지 알려주고, 다양한 신들과 인간 사이의 관계를 묘사하며, 인간이 살아가야 할 도덕률을 제공한다. 그리고 사회의 이상을 대표하는 영웅의 삶을 다룬다. 요컨대, 신화는 주로 인간과 초인적 존재의 중요한 측면들을 다룬다.

《그리스 · 로마 신화》는 《성경》을 제외하면 서양 문화에서 가장 풍부하고 비옥한 이야기 모음을 형성하는데, 그 기본 줄기는 그리스인들의 특성에 깊이 뿌리박고 있다. 그리스인들은 어차피 죽음이 불가피한 바에야 생명을 소중히 여기고 치열하게 살아야 한다고 믿었다. 예컨대 호메로스에게 죽음은 암울한 상태였지만, 삶 자체는 위험하고 긴장감 넘치면서도 영광스러운 것이었다. 평범한 사람들이든, 위대한 영웅들이든 간에 죽음을 피할 수 없다는 생각은 길가메시 서사시를 기록한 메소포타미아의 서기관들처럼 그리스인들을 슬프게 하지 않았다. 오히려 그리스인들은 열정적으로 반응했다. 그들은 죽음에 대한 유일한 해답은 장엄한 행위로 불멸의 전설을 새기는 것이라고 생각했다.

이리하여 그리스인들은 호메로스에서부터 알렉산드로스 대왕에 이르기까지 5세기 동안 놀라운 에너지로 명성을 추구했다. 그들은 강인하고, 불안하고, 야심적이고, 열심히 살고, 상상력이 풍부한 종족이었다. 또한 그리스인들의 남다른 명예욕은 그들로 하여금 죽음을 넘어서는 평판을 추구하게 만들었는데, 그들이 또한 열렬하고 복수심이 강했기 때문이다. 그리스인들의 이야기는 이러한 모든 특성을 풍부하게 보여준다.

올림포스의 신들은 그리스인들의 이러한 특성들을 충실하게 반영했으며, 다투기 좋아하고 용서하지 않는 신들로서 전쟁과 연회와 음행을 즐겼다. 그들은 항상 아름답고 강력한 몸을 드러낸 채 인간의 형태로 묘사되었다. 따라서 그들은 인간적으로 이해할 수 있을 뿐 아니라 눈으로 보기에도 매우 즐거웠다. 그리스인들은 힘, 아름다움, 지성을 크게 존경했다. 또한 그들에게 모든 것의 척도는 다름 아닌 인간이었는데, 이 때문에 그리스 신화는 인본주의적인 색채를 짙게 띠고 있다.

그리스 신화처럼 풍부한 영웅들을 배출한 신화는 거의 없다. 이것은 불멸의 명성을 추구하는 그리스인들의 성향에 비추어 보면 매우 자연스러운 결과였다. 영웅은 모험가이자 전사인 경향이 있다. 대담하고, 경험이 풍부하고, 치열하고, 강하고, 종종 영리하다. 그들의 업적은 평범한 인류의 업적보다 훨씬 뛰어나다. 그러나 그들은 또한 때때로 자신들을 망치는 심각한 결점을 안고 있다. 이를테면 과도한 자부심, 성급함, 잔인함과 같은 결함은 크나큰 야망에서 비롯되었다. 그리스 영웅들에게 야망은 강렬했고, 때로는 신과 같은 힘을 열망했다. 인간의 탁월한 모델로서 그들은 그리스 젊은이들이 본받을 표준을 제공했다.

비극적인 왕조의 전설은 이 같은 양면성을 보여준다. 이를테면 크레타, 미케네, 테베, 아테네의 왕족들은 그들 자신의 특정한 결점, 즉 권력에 대한 교만, 복수에 대한 무자비함, 어떤 목표를 추구하는 완고함, 성적 갈등으로 고통받고 있었다. 어떤 종족도 그리스인만큼 성격이 어떻게 운명을 결정 짓는지, 또는 우리의 성취가 어떻게 범죄와 같은 근원에서 비롯될 수 있는지 명확하게 이해하지 못했다. 결국 고대 그리스인들은 그들이 그토록 열렬히 추구했던 영구적인 명성을 얻었다. 그리고 그들의 신화는 2천 년이 훨씬 넘는 기간 동안 서양 예술과 문학의 주류를 형성해 왔다.

이 책은 오비디우스(BC 43~AD 17, 고대 로마의 시인)와 베르길리우스(BC 70~BC 19, 고대 로마의 시인)의 작품들을 텍스트로 하되, 신들의 명칭은 생소한 로마 신의 이름보다 더욱 친근하고 많이 쓰이고 있는 그리스 신들의 이름으로 표기하였다. 신화 스토리에 기본적인 연대기순 배치와 주제별 일람을 통해 그리스·로마 신들의 이야기가 보다 체계적이고 명확하게 정리될 수 있도록 하였고, 시각적이며 촉각적인 200여 점의 미술작품을 한 장씩 골라 보도록 신경을 썼다. 그러므로 독자들이 이 책을 읽어가는 동안 신화 이야기의 역동성과 함께 화려한 명화의 생동감을 함께 즐길 수 있기를 바란다.

하룻밤에 읽는 그리스·로마 신화

신들의 사랑과 욕망

| 제1부 |

혼돈의 시대

 # 카오스

태초의 세상은 바다도 땅도 없고 만물을 덮는 하늘도 없어서 혼돈이라 불리는 우주와 같았다. 혼돈은 카오스인데, 조화를 이루지 못하는 사물의 흐릿한 덩어리가 같은 자리에 함께 쌓여 있었다. 아직 태양은 세상에 빛을 주지 않았다. 지구는 아직 자신의 무게로 균형 잡힌 주변 공기에 매달려 있지 않았으며, 암피트리테(바다의 님프이자 포세이돈의 아내지만 여기에서는 '바다'로 명명한다)는 해안의 길어진 여백을 따라 팔을 뻗지 않았다. 땅이 있는 곳에도 바다와 공기가 있었다. 그리하여 굳건함이 없는 땅, 항해할 수 없는 바다, 빛의 공기가 공허하였다. 그들 중 어느 누구도 현재의 형태를 갖추지 못했다. 그리고 하나는 항상 다른 하나를 방해하고 있었다. 한 무더기 안에서 찬 것은 뜨거운 것과, 촉촉한 것은 메마른 것과, 부드러운 것은 딱딱한 것과, 가벼운 것은 무거운 것과 싸웠기 때문이다.

이 불화의 반목에 종말을 부른 것은 자연(천지창조의 신)이라는 신이었다. 그가 땅을 하늘에서 분리하고, 물을 땅에서 분리하고, 맑은 것을 짙은 대기에서 구별했다. 총체적인 분위기에서 그가 그 혼란스러운 더미를 풀어낸 후에 그것들을 결합시켰고, 그리하여 조화로운 각각의 적절한 위치로 자리 잡게 하였다. 아치형 하늘의 요소, 빛을 발하는 창공의 불은 가장 높은 곳에서 스스로 장소를 선택했다. 그다음 가벼운 공기는 그 밑의 모든 자리에 자리 잡았다. 이들보다 더 밀도가 무거운 대지는 그 자체의 중력을 끌어당기며 아래로 떨어졌다. 대지를 둘러싸고 있는 물은 가장 낮은 자리로 이동하여 바다를 형성하였다.

▲**카오스**_그리스 신화의 태초 세상은 카오스(혼돈)로 일컬어지는데, 혼돈이 잦아들자 세상이 생겨나기 시작했다. 이반 아이바조프스키의 그림

대지의 형성

　창조주 신이 누구든 간에, 그렇게 별개의 구성원들의 분리된 질량을 나누어 놓았다. 우선, 그것을 광대한 지구의 형태로 모았다. 그러고 나서 그는 바다를 그 주위에 쏟아부으라고 명하고, 격렬한 바람과 함께 지구의 해안을 둘러싸라고 명령했다. 그는 또한 샘과 수많은 웅덩이와 호수를 추가로 생성했고, 물이 아래로 흘러내려 가면서 기울어진 둑으로 대지와 강을 경계삼았다. 이들의 강은 제각기 다른 방향으로 흘러갔으며, 그들 중 일부는 대지 속으로 삼켜졌다. 대부분의 강의 물은 바다에 도달하고, 망망한 바다의 해안을 이루었다. 조물주 신은 땅을 골라 평야를 확장하라고 했으며, 골짜기 또한 가라앉으라고 명하였다. 이로 인해 녹색의 나뭇잎으로 옷을 입은 숲과 험준한 산들이 생겨났다.

　창조주 신은 이번에는 하늘을 나누어 오른쪽 두 권역, 왼쪽 두 권역을 만들고, 가운데는 이 네 권역보다 훨씬 뜨거운 다섯 번째 권역을 두었다. 창조주 신은 다섯 번째 권역을 다시 다섯 지대로 나누었다. 그 가운데 지대는 너무 더워 생물체가 살 수 없었고, 양쪽 끝의 두 지대는 눈으로 덮여 있어 동토의 땅이었다. 그러나 창조주 신은 가운데 남은 두 지대를 두고 더위와 추위가 섞여 있도록 온화한 기후와 차가운 기후를 불어넣었다. 다섯 지대의 위로 공기가 퍼져 있는데, 공기는 그 무게가 흙이나 물보다는 가벼우나 하늘의 불보다는 무거웠다. 창조주 신은 공기가 있는 이곳에 안개나 구름을 퍼뜨렸고, 필멸자(必滅者)들이 무서워하는 천둥과 번개, 추위를 가져오는 바람을 일으켰다.

▲**대지의 창조**_신화 최초의 세상을 묘사한 그림으로 빛의 탄생을 보여주고 있다. 귀스타브 도레의 작품

　하지만 바람에 대해서는 이들이 무차별적으로 하늘을 차지하도록 허용하지 않았다. 지금도 바람의 형제들의 불화는 너무 크며, 이 바람의 형제들이 온 대지를 부수어버리기로 작정한다면 이를 막는 데는 큰 어려움이 따를 것이다. 그렇기에 바람의 형제들을 떨어뜨려 놓았는데 에오스(동풍 혹은 동풍의 신 내지는 새벽의 여신)는 새벽의 땅, 다시 말해 아라비아인들의 나라나 페르시아, 아침 햇살을 처음 받는 산들(인도 서북부의 산들)에 머물고, 제피로스(서풍 혹은 서풍의 신)는 서쪽 근방이나 석양 무렵에 따뜻하게 달아오르는 해변에 살고 있다. 무서운 보레아스(북풍 혹은 북풍의 신)는 스키티아 땅(흑해 동쪽 및 북쪽. 지금의 우크라이나)과 북방을 점거하고, 그 맞은편 대지는 노토스(남풍 혹은 남풍의 신)가 가져다주는 끊임없는 안개와 이슬비로 젖어 있다. 그 밖에도 창조주 신은 맑고 투명한 아이테르(푸른 하늘)를 만들었다. 이 아이테르는 무게가 없는 것으로서 하늘의 빛보다 훨씬 더 밝으며, 아이테르의 공기는 신들이 숨 쉬는 맑고 순수한 공기로 인간이 숨 쉬는 탁한 공기와는 뚜렷이 대비되었다.

이렇듯이 신이 만물을 서로 떼어놓고 고정된 경계로 분리시켜 놓자 오랫동안 혼돈의 덩어리 안에 갇혀 있던 별들이 하늘의 범위를 통해 빛나기 시작했다. 빈 곳이 있으면 그곳에 사는 것이 있어야 마땅한 법이다. 그래서 신들의 별들이 천상에 자리 잡았다. 물은 매끄러운 물고기들의 거처가 되었고, 대지는 들짐승의 거처가 되었으며, 새는 흐르는 공기 속으로 날았다.

그러나 이 짐승들보다 더 거룩하고 더 높은 능력을 갖춘 데다 나머지를 다스릴 수 있는 존재를 여전히 원하고 있었다. 인간이 창조된 것이 이즈음이었다. 이 인간은 이아페토스(하늘의 신 우라노스와 대지의 여신 가이아의 아들인 티탄족의 일원)의 아들인 프로메테우스가 만물을 다스리는 신들의 형상을 따라 빚어냈다. 그리고 다른 동물들은 모두 고개를 땅 위에서 아래쪽으로 구부려 보는 모습이지만 인간에게는 높은 곳인 하늘을 바라보며, 별들을 향해 얼굴을 들어올리는 표정을 주었다. 따라서 모양도 제대로 갖추지 못한 흙덩어리이던 대지는 본 적도 들은 적도 없는 인간이라는 것을 그 품안에 거느리게 되었다.

◀**진흙으로 인간을 창조하는 프로메테우스**_티탄 신족의 아들인 프로메테우스가 신화 최초로 흙을 빚어내어 인간을 탄생시키는 장면이다. 콘스탄틴 한센의 작품

# 황금시대

인간이 창조된 이후 네 시대가 연속적으로 이어진다. 첫 번째는 무죄와 정의만이 세상을 지배하는 황금시대이다. 이 시대에는 관리도 존재하지 않았고 어떠한 복수자도, 율법도 없었다. 그렇기에 형벌과 그것에 대한 두려움도 없었으며, 모든 사람은 복수하지 않고 안전했다. 소나무만 하여도 자라는 산에서 무참하게 잘려 배로 만들어지지 않았고, 흐르는 파도 너머로 머나먼 타관 땅으로 끌려가지 않았다.

인간들은 그들 자신 너머에 있는 어떤 해안의 실체도 알지 못했다. 오로지 자신들이 사는 땅의 해변밖에는 알지 못했다. 아직 깊은 도랑이 마을을 둘러싸고 있지도 않았다. 곧게 펴진 나팔이나 비뚤어진 놋쇠의 명료함도 없고 투구도, 칼도 존재하지 않았다. 병사들이 필요 없었으므로 부족들은 근심걱정 없이 평안하게 살았다.

지구 자체도 쟁기에 의해 상처를 입지 않고, 그 자체로 모든 것을 생산했다. 인간들은 아무런 강요 없이 저절로 자란 먹을거리에 만족하여, 나무의 열매와 관목의 딸기, 가시가 뾰족한 덤불과 넓게 펼쳐진 떡갈나무에서 떨어진 도토리를 고수했다. 제피로스(서풍)는 부드러운 바람과 함께 씨앗 없이 생산된 꽃을 소중히 여겼다. 얼마 지나지 않아 대지는 쟁기질하지 않고도 곡식 작물을 생산했고, 밭은 묵히지 않아도 옥수수의 무거운 귀로 황금빛을 띠었다. 그런 다음 우유 강이 흘렀고, 너도밤나무에서는 노란 꿀이 방울방울 떨어졌다.

▶ **황금시대**_피에트로 베레티니의 작품

황금시대_루카스 크라나흐의 작품

 # 은 시대

    황금시대에 이어서 은(銀)의 시대가 도래(到來)하였다. 은 시대는 황금시대만은 못했다. 남자들은 황금시대처럼 정의롭지도 않았고, 행복감도 떨어지기 시작했다. 크로노스가 타르타로스의 심연 속으로 내쫓기자 세상은 제우스의 지배 아래 있었다. 어쨌든 은 시대는 황금시대보다 열등했지만 나름대로 성공했고, 다음에 도래할 청동 시대보다 더 귀중했다.

    제우스는 이전 봄의 기간을 단축하고 겨울, 여름, 불안정한 가을, 짧은 봄을 통해 계절을 넷으로 나눴다. 이 시대에 이르자 대기가 메말라 무더위로 빛나고, 북풍이 물을 얼리는 혹한의 계절이 오기도 했다. 그러자 인간들은 처음으로 집을 찾아 들어갔다. 그 집들은 동굴과 두꺼운 관목, 나뭇가지나 나무껍질과 함께 고정되어 있었다. 그런 다음 처음으로 데메테르(대지의 여신)의 씨앗이 긴 고랑에 묻혔고, 황소는 코뚜레가 꿰어 신음하며 쟁기의 멍에를 등에 짊어졌다.

◀**은의 시대**_신화의 네 시대를 구분한 헤시오도스를 찬양하는 신의 모습을 묘사했다. 피에트로 베레티니의 작품

청동 시대와 철의 시대

청동 시대의 인간들은 성정(性情)이 거칠어 더러 무기를 잡기는 했으나 그렇다고 흉악하고 난폭하지는 않았다. 이어서 도래한 시대는 철의 시대였다. 이 타락한 시대에는 인간들 사이에서 온갖 종류의 범죄가 터져 나오는데, 그들의 자리에서 사기, 속임수, 배신, 폭력, 그리고 저주받은 갈망이 들끓었다. 뱃사람들은 이제 바람에 돛을 펼쳤고, 오랫동안 고귀한 산 위에 서 있던 나무들이 배 지을 재목으로 베어져 머나먼 타향의 파도 사이로 쫓겨갔다. 땅 또한 지금까지 태양의 빛과 산들바람처럼 모든 인간의 공유물이었는데, 이제 서로 제 땅이라고 우기며 긴 경계로 표시되었다.

인간들은 넉넉한 대지로부터 곡물이나 먹이를 거두는 것에 만족하지 않고 대지 깊숙한 곳까지 파고들어, 저승 근처에 감추어둔 재보(財寶)와 인간에게 악업을 부추기는 보화를 획득했다. 이러한 보화인 황금은 철보다 더 파괴적이었다. 그러자 전쟁이 일어났고, 인간들은 피 묻은 손으로 무기를 휘둘렀다. 약탈과 파괴를 일삼는 무리가 가는 곳마다 생겨났고, 서로를 믿지 못하는 불신이 팽배해졌다. 장인은 사위의 손을 안심할 수 없었고, 형제간의 우애 같은 것은 찾아보기 어려웠다. 남편은 아내의 죽음을 열망했고, 아내 역시 남편의 죽음을 간절히 원했다. 끔찍한 계모는 독초를 섞었고, 자식은 아비의 운명을 점쳐 죽을 날만을 목 놓아 기다렸다. 사랑하고 아끼던 마음이 인간 세상을 떠나자 마지막까지 이 땅에 남아 있던 불사의 처녀 신인 아스트라이아도 머리를 풀고 피 묻은 저주의 땅을 떠났다.

청동 시대_피에트로 베레티니의 작품

기간토마키아

거인족 기간테스들은 대지의 여신의 아들들인데, 스스로 하늘의 주인이 되고자 시도했다. 그들은 하늘나라의 주권을 열망하여 산을 쌓아올렸다. 심지어 고귀한 별보다 높이 쌓아올려 올림포스를 자극했다. 그러자 전능한 신들의 주신 제우스는 번개를 던져서 그들을 제압하여 펠리온 산밑에 깔리게 했다. 그러는 동안 대지는 바로 제 자식들이 흘린 피로 붉게 물들었다. 대지는 혈통이 끊어질 것을 염려해, 이 뜨거운 피에다 생명을 불어넣어 인간의 모습으로 다시 환생하게 했다. 그러나 그 세대도 역시 신들에 대한 반감과 적대감을 가진 가장 탐욕스럽고 무자비한 학살과 폭력으로 가득차 있었다. 이들이 올림포스 신들을 하찮게 여기는 잔인한 종족이었음은 그들이 기간테스의 피로부터 유래한 까닭이다.

▶**기간토마키아**_줄리오 로마노의 프레스코 벽화 작품

올림포스 회의

신들의 주신인 제우스가 가장 높은 곳에서 인간들의 난폭하고 잔인한 세상을 내려다보고는 큰 소리로 탄식했다. 그리고 최근에 겪은 리카온의 만행에 분노를 느껴, 신들을 소집해 벌을 주고자 했다. 주신의 회의 소집에 신들은 행여나 늦을까 봐 서둘러 올림포스의 대전으로 몰려들었다.

올림포스로 향하는 하늘에는 '우유의 길'이라는 은하수가 환히 빛나고 있는데, 이 길을 따라서 위대한 벼락 신의 신궁인 올림포스가 자리하고 있다. '우유의 길' 양쪽으로 신들의 신궁이 줄지어 있고, 낮은 계급의 신들은 여러 곳에 거주한다. 길 앞에서, 하늘의 강력하고 저명한 주민들이 그들의 거주지를 세웠다. 그러므로 위의 신들이 대리석 집회실에 자리를 잡았을 때, 제우스는 자리에서 일어나 상아의 의자에 기대어 서너 번이나 머리의 끔찍한 자물쇠 40개를 흔들었고, 그로 인해 지구와 바다와 별들이 떨리게 하였다. 그리고 나서 제우스는 분개한 입술을 열었다.

"아랫도리가 뱀인 백수의 거인(기간테스)들이 이 천제를 노릴 때, 내 맹세코 말하거니와 이 세상의 주권에 대해서는 오늘만큼 염려하지 않았소. 적이 만만치 않았다고는 하나 그래도 이 싸움은 하나의 무리, 하나의 종족이 일으킨 것에 지나지 않았기 때문이오. 하지만 지금은 다르오. 이번에는 포효하는 바다에 둘러싸인 온 땅의 인간을 뿌리 뽑아야 하오. 나는 땅 밑의 스틱스 숲에서 활공하는 지옥의 강들에 맹세하고, 모든 방법을 시도할 것이오. 치료법이 없는 환부는 칼로 도려내

▲ **은하수의 기원**_틴토레토의 작품

야 하며, 그래야만 나머지 부분이 손상되지 않을 수 있소. 나는 소박한 반신들과 님프들을 거느리고 있소. 그리고 목신(牧神)과 들의 정령, 숲의 신들도 있소. 이들에게 이 천상에 살 자격이 없다면 지상에서나마 마음놓고 살 수 있게 해주어야 하지 않겠소? 신들이여, 이들이 안전하다고 생각하오? 저 악명 높은 리카온이 덫을 놓으려고 할 때, 천둥과 통치권을 소유하고 있는 나조차도 흔들려고 음모를 꾸미고 있을 때, 그들이 합당하게 안전할 것이라고 믿느냐 말이오?"

자리에 참석한 신들은 잠시 의논한 뒤 모두가 큰 소리로 주신의 동의를 외쳤고, 그런 악행을 일삼는 인간에게는 마땅히 벌을 내려야 한다고 뜻을 모아 복수를 요구했다. 제우스가 그의 목소리와 손을 통해 그들의 중얼거림을 억누르고 난 후에, 그들 모두는 침묵을 지켰다. 통치자의 권위에 눌려 술렁임이 멈추자마자 제우스는 침묵을 깨뜨렸다.

"너무 분노할 것은 없소. 그 죄에 관한 한, 그자는 이미 그 죗값의 무서운 형벌을 받았소. 그러나 범죄가 무엇이고 보복이 무엇인지, 나는 당신들에게 알릴 것이오. 그 시대의 죄악에 대한 보고가 내 귀에 닿았소. 나는 소문이 사실이 아니기를 바라면서도, 올림포스에서 내려가 짐짓 인간의 모습으로 변신하고 세상을 두루 살펴보았소. 그렇게 해서 여러 곳에서 본 인간의 악행을 다 열거하자면 끝도 없을 것이오. 요컨대 소문이 고약하다고는 하나, 내가 내려가 확인한 것에 비한다면 오히려 소문이 점잖으니, 이 아니 기가 막힐 일이오?"

◀ **올림포스**_제우스가 '인류의 형벌'을 심의하는 장면을 묘사하고 있다. 루이지 사바텔리의 작품

늑대로 변한 리카온 왕

제우스는 올림포스 궁전에 모인 신들에게 자신이 아르카디아의 왕인 리카온에게 당한 일을 소상히 말했다.

"나는 천상을 내려와 산짐승이 우글거리는 마이날론 산과 리카이온 산의 소나무 숲을 지나 아르카디아 폭군의 거처로 들어갔소. 나는 그곳의 백성들에게 신이 왔다는 신호를 주었고, 백성들은 나를 향해 기도하기 시작했소. 하지만 리카온은 그들의 경건한 간구를 조롱하며 이렇게 말했소.

'저자가 신인지, 아니면 필멸의 존재인지를 명백한 시험으로 알아내야겠다. 추호의 의혹 한 점도 남기지 않도록.'

그런 다음 그는 내가 잠에 빠졌을 때, 나를 죽이려 했소. 이게 바로 내 정체를 밝히기 위한 시험이라는 것이오. 이자는 내 목숨으로 나를 시험하려 한 데 만족하지 않고, 볼모로 잡힌 이방인 하나를 끌어내더니 그의 목을 베고, 그런 다음 떨리는 팔다리를 끓는 물에 삶고 그 아래에 불을 붙인 채로 구워냈소. 그가 이것을 식탁 위에 올려놓자마자, 나는 도저히 더는 참을 수 없어서 불길을 일으켜 집을 무너뜨렸고, 리카온은 겁을 집어먹고는 도망쳤소. 한참을 도망치던 이자는 그만하면 되었다고 생각하였던지 조용한 들판에서 숨을 돌리고는 뭐라고 고함을 지릅다. 하릴없는 짓이었소. 왜냐하면 이자가 입은 옷은 부얼부

▶**제우스와 리카온**_페테르 파울 루벤스의 작품

▲아이를 죽여 대접하는 리카온_헤르만 포스투무스의 작품

얼한 털로 바뀌었고, 팔은 짐승의 앞다리가 되었으니…… 리카온이라는 이자를 내가 늑대로 변신시켰소. 이자가 지니고 있던 광포한 성정이 그대로 남아, 입은 괴물의 주둥이로 다른 짐승을 겨누고 있을 것이오. 늑대에게는 피를 보아야만 직성이 풀리는 이상한 광기가 있소.

하지만 인간들의 범죄는 비단 리카온 한 사람에게만 해당하는 것이 아닌즉, 대지가 펼쳐진 곳 어디서나 사나운 복수와 음모의 회오리바람이 일고 있다오. 그러니 한시빨리 그들에게 합당한 처벌을 내려야 할 것이오."

인류를 멸망시키는 대홍수

제우스는 자신의 천둥을 온 땅에 쏟아내 인간들을 벌하려 했다. 그러나 그는 천둥의 불길이 신성한 하늘에까지 옮겨붙을까 염려가 되었다. 제우스는 이 순간, 언젠가는 바다와 땅과 창공이 불덩어리가 되고 엄청나게 큰 우주가 내려앉아 땅은 물론 천궁까지 폐허가 될 날이 올 것이라던, 〈운명의 서〉에 기록된 예언을 떠올렸다. 그래서 그는 키클로페스(외눈박이 거인족)가 만들어 바친 무기(천둥)를 거두고는 다른 방법으로 인류를 멸하기로 마음먹었다. 즉, 하늘 가득한 비를 쏟아, 물로써 인류를 멸하기로 마음을 고쳐먹었다. 그는 곧 구름을 흩어 날리는 갖가지 바람과 함께 북풍의 신 보레아스를 불러 바람의 지배자인 아이올로스의 동굴에다 가두어 버리고는, 비를 몰아오는 남풍의 신 노토스를 풀었다. 명을 받은 노토스는 젖은 날개를 펄럭이며 어둠 속으로 모습을 감추었다.

노토스의 수염에는 소나기가 가득 차 있고, 물은 그의 백발에서 흘러내리고, 구름은 그의 이마에 모이고, 그의 날개와 그의 가운의 주름은 젖은 물방울을 떨어뜨린다. 그가 하늘에 넓게 걸린 구름을 손으로 짜자 우렁찬 굉음이 일고, 하늘에서 급류 같은 소나기가 쏟아진다. 크게 자란 옥수수는 물 폭탄을 두들겨 맞고, 농부의 기대는 망가졌고, 긴 해의 수고한 노동은 수포가 되었다.

제우스의 큰 분노는 자신의 하늘만으로는 만족하지 않았다. 그의 푸른 형제인 바다의 신 포세이돈이 그의 파도를 일으켜 제우스를 도와준 것이다. 포세이돈은 전령을 보내 강의 신들을 모두 모이게 했다.

대홍수_이반 아이바조프스키의 작품

강들의 통치자인 포세이돈은 모두에게 호령했다.

"길게 말하지 않겠다. 모두는 있는 힘을 다해 쏟아부어야 한다. 이 기회를 놓치지 않고 모든 수문을 다 열어라. 물을 막는 담은 모두 허물고, 시냇물의 고삐는 바싹 쫓아 물이 넘치게 하라!"

강의 신들은 제자리로 돌아와 그들의 분수에 입을 열고, 방해가 되지 않는 길을 택해 물줄기를 뿜었다. 포세이돈도 자신의 삼지창으로 대지를 깊숙이 때렸다. 대지가 지진을 일으키듯 요동치고는 그 진동으로 물길이란 물길은 모두 열었다. 강이 솟아올라 열린 평야를 뚫고 나가 숲, 양떼, 사람, 집, 성전과 함께 신성한 기구들을 모두 쓸어버렸다. 만일 무너지지 않은 어떤 집이 남아 있다면 파도가 높이 솟아올라 그 집의 지붕을 덮었고, 탑들은 시냇물 밑에서 압도당하고 비틀거렸다. 그리고 이제 바다와 땅은 구별되는 표시가 없었다. 이제 모든 곳이 바다였다.

이러한 가운데 살아남으려고 안간힘을 다하는 인간의 군상들이 있었다. 그들은 높은 곳을 찾아 기어오르고, 언제 전복될지 모르는 배에 올라 죽으라고 노를 저었다. 인간들의 잠긴 집은 돌고래가 차지하고, 늑대는 양들 사이에서 헤엄친다. 창공에서 방황하던 새들도 오랫동안 날개를 접을 수 없어 바다로 떨어진다. 바다의 무한한 범위가 산의 높이를 강타하여 모든 것이 물속으로 무너져 갔다.

◀ **대홍수**_조제프 데지레 쿠르의 작품

데우칼리온과 피라

보이오티아 평원과 오이테 산맥 사이의 포키스라는 땅은 대홍수 이전에 기름지기로 소문나 많은 열매가 맺은 땅이었다. 그러나 대홍수 이후로 다른 곳과 마찬가지로 오로지 물이 넘치는 바다가 되었다. 그곳에는 높은 산이 별들을 향해 솟아오르고, 두 개의 꼭대기가 있는 파르나소스라는 산이 있었다. 물이 온 세상을 뒤덮고 있을 때 데우칼리온과 그의 아내 피라는 조그만 배를 타고 이 산꼭대기에 이르렀다. 데우칼리온은 그 많은 세상 사람 가운데서도 가장 바르고 의롭게 살아온 사람이었고, 피라는 그 많은 세상 여자 가운데서도 가장 믿음이 깊은 여자였다. 그들은 이곳에 도착하자마자 동굴의 님프들과 산의 신들과 예언의 여신인 테미스를 흠모했으며, 기도했다. 테미스 여신은 일찍이 신탁소에서 인류의 미래를 내다본 현명한 여신이었다.

제우스는 물로 넘치는 세상을 내려다보고 있었다. 이때 오직 한 사람만이 그렇게 많은 남자 중에 살아남아 있는 것을 보고, 또한 오직 한 여자만이 그렇게 많은 여자 중에 마지막까지 남아 있는 것을 보고, 둘 다 무죄라고 여겼다. 둘은 신들을 숭배하는 자들이기에, 그들을 구제하려고 구름을 흩어지게 했다. 그리고 북풍이 소나기 바람을 멈추게 하고 땅을 하늘에, 하늘을 땅에 열어놓았다. 포세이돈이 삼지창을 옆으로 눕히자 바다에는 다시 해변이 나타났고, 엄청나게 불었던 강물은 다시 물길로 돌아갔다. 강물이 가라앉자 산이 솟아 나왔으며 그리고 오랜 시간이 지난 후에, 숲은 그들의 벌거벗은 꼭대기를 보여주고, 그들의 가지에 남겨진 진흙을 털어냈다.

▲ **테미스 신전에서 기도하는 데우칼리온과 피라**_틴토레토의 작품

  믿음이 신실한 데우칼리온과 피라는 테미스 여신의 신전 바닥에 입을 맞추며 이렇게 말하였다.

  "신(神)들의 마음이 신심 있는 자들의 기도로 움직이고 부드러워진다며, 신들의 분노가 이로 하여금 가라앉는다면, 일러주소서. 여신이시여, 어찌하면 인류가 절멸한 이 재난을 수습할 수 있을는지요. 자비로우신 여신이시여, 환란을 당한 저희를 도와주소서……."

테미스 여신은 감동하여 이렇게 대답했다.

"내 신전에서 나가 너희 머리를 가리고, 옷의 띠를 푼 연후에 주위를 맴돌고, 네 위대한 어머니의 뼈를 등뒤로 던져라."

둘은 한동안 그 신탁의 뜻을 거듭해서 되새기고 여러 방법을 동원한 끝에 어머니의 뼈가 돌이라는 것을 깨닫고는 돌을 모아 그들의 발자취 뒤로 던졌다. 뒤로 던져져 땅에 떨어진 돌들은 그 딱딱한 본성이 부드러워지기 시작했다. 이윽고 말랑말랑한 형체는 더 크게 자라면서 온화한 본성이 그들에게 부여되어서, 인간의 형상이 그들 안에서 엿보이기 시작했다. 비록 불완전한 인간의 모습이었지만 그것은 마치 대리석에서 나온 것처럼 미완성의 거친 조각상과 같았다. 그러나 습기가 많고 흙이 많은 부분은 신체 사용에 적합한 부분으로 바뀌었다. 단단하고 구부릴 수 없는 것은 뼈로 변했다.

시간이 얼마큼 지나자 데우칼리온에 의해 던져진 돌들은 남자의 모습을 취했고, 피라에 의해 던져진 돌들은 여자의 모습으로 변신을 취했다. 이렇게 태어난 새로운 인류인 우리는 피로를 견딜 수 있는 강건한 세대임을 말해 주고 있다.

◀ **돌을 던져 자손을 탄생시키는 데우칼리온과 피라**_카스틸리오네의 작품

 피톤을 무찌른 아폴론

새로운 대지는 다른 형태의 동물들을 낳았다. 그 후 이전의 수분은 태양의 빛에 의해 철저히 가열되었고, 늪지의 진흙은 열로 발효되었다. 그리고 어머니의 자궁에서와 같이 활기 넘치는 토양 속에서 비옥한 씨앗은 자랐고, 시간이 지남에 따라 일정한 모양을 취했다.

이러한 피조물들은 온기와 습기가 알맞게 어울리는 환경에서만 그 생명을 얻을 수 있었다. 모든 것이 이 두 가지로부터 생겨난다. 물과 불은 비록 상극이기는 하나 촉촉한 증기가 모든 것을 창조하며, 이 불협화음은 생명의 탄생에 적합하다.

그러므로 대홍수에 의해 진흙으로 덮인 대지가 햇빛과 관통하는 따뜻함에 의해 철저히 가열되었을 때, 그것은 무수한 생물의 종을 생산했다. 그리고 부분적으로 이전의 모양을 복원하고, 부분적으로 새로운 괴물을 낳았다. 대지의 여신 가이아는 내키지 않았을지도 모르지만, 그때 산 것 중에서 크기로 치면 으뜸이 될 만한 거대한 왕뱀 피톤이 창조되었다. 이 괴물 뱀은 누우면 산자락 하나를 덮을 만큼 컸다. 이렇게 큰 괴물을 본 적도 없는 새 인류에게는 두려움의 대상이 아닐 수 없었다.

궁술의 신 아폴론(제우스와 레토 사이에서 태어난 아들. 태양, 음악, 의술, 궁술, 예언의 신)은 이 왕뱀을 상대로 화살통을 비웠다. 왕뱀의 시커먼 상처가 독액을 모두 쏟을 때까지 수천 개의 화살을 쏜 것이다. 아폴론은 세월이 지나도 사람들이 이 영웅적인 행적을 잊지 않도록 이를 기념하기 위하여 재간 겨루기 대회를 창시했다. 이 겨루기 대회가 바로 피티아 대회이다.

아폴론과 피톤_귀스타브 모로의 작품

피톤을 쏘아 죽이는 아폴론_코르넬리스 데 보스의 작품

아폴론과 다프네

아폴론은 에로스가 활을 구부리며 끈을 매려는 모습을 보며, 자신이 최근에 왕뱀 피톤을 활로 정복한 얘기를 으쓱거리며 말했다.

"아가야, 무사들이나 쏘는 무기가 너와 무슨 인연이 있느냐? 그런 무기는 나 같은 영웅의 어깨에나 걸어야 어울린다. 나는 짐승이든 인간이든, 말하자면 무엇이든 쏘아 맞힐 수 있는 백발백중의 실력을 지녔지. 얼마 전에도 나는 무시무시한 독이 잔뜩 오른 왕뱀 피톤을 수많은 화살로 쏘아 죽였다. 너는 사랑의 불을 잘 지른다니까, 횃불 같은 것으로 사랑의 불이나 지르고 다니는 것이 좋겠다."

아프로디테의 아들 에로스가 그에게 대답하였다.

"태양의 신이여, 당신의 활이 아무거나 쏘아 맞히는 활이라면 내 활은 그대를 맞힐 수 있는 활이라오. 모든 동물이 신들만 못한 만큼, 네 영광도 내 영광보다 못하다."

말을 마친 에로스는 하늘로 날아올라 파르나소스 산 꼭대기의 울창한 숲에 내렸다. 그는 화살이 가득 든 화살통에서 각기 쓰임새가 다른 화살 두 개를 뽑았다. 하나의 화살은 사랑을 목마르게 구하는 황금 화살로, 화살에는 반짝거리는 예리한 촉이 물려 있었다. 그러나 다른 하나의 화살은 사랑을 지긋지긋하게 여기게 만드는 납 화살로, 촉이 무디고 화살대 아래에 납이 들어 있었다. 에로스는 활시위를 겨눠 아폴론에게 황금 화살을 쏘았고, 납 화살을 페네이오스(강의 신)의 딸인 님프 다프네를 향해 쏘았다.

아폴론은 에로스의 황금 화살을 맞은 뒤, 다프네를 보는 순간 마음

▲**다프네를 쫓는 아폴론**_프란체스코 알바니의 작품

을 빼앗겨 그녀만을 바라보게 되었다. 앞일을 헤아리는 그의 예지력
도 소용이 없었다. 아폴론은 오로지 자기의 욕망이 이루어지기만을,
즉 다프네의 마음을 사로잡을 수 있기만을 바랐다. 그러나 아폴론이
다가가면 다프네는 가벼운 바람보다 더 빨리 달아났다.

　"오, 멈추시오. 내가 그대에게 간청하노라! 나는 그대를 뒤쫓는 적
이 아니다. 아름다운 님프여, 거기에 멈추시오."

　다프네는 아폴론의 말을 들으면서도 계속해서 달아났다. 그럴 때조
차 다프네는 아름다우며 사랑스러웠다. 바람이 그녀의 형태를 드러내
보였고, 그녀를 만나는 돌풍은 그녀의 옷에 부딪혀 펄럭거리고, 가벼
운 바람이 그녀의 머리카락을 흩날리게 했으니 그녀의 달리기로 아름
다움이 증가했다. 그런데도 젊은 신 아폴론은 그녀를 향한 미사여구
를 멈추지 않았다.

젊은 신의 숨결이 다프네의 목에 닿을 수 있는 거리까지 따라붙었다. 다프네는 힘이 다했는지 더 이상 달아나지 못했다. 그녀의 안색이 창백해지기 시작했다. 지친 그녀는 아버지 페네이오스의 강물을 내려다보며 외쳤다.

"나의 아버지여, 당신의 도움을 주십시오, 만일 강의 신력이 있으면 기적을 베푸시어 변신의 은혜를 내리소서. 저를 괴롭히는 이 아름다움을 바꾸어 없애주소서."

다프네는 간절한 기도가 채 끝나기도 전에 사지가 풀리는 듯한, 알 수 없는 피로를 느꼈다. 그녀의 그 말랑거리던 젖가슴 위로 나무껍질이 덮이기 시작했다. 머리카락은 위로 솟아 나뭇잎이 되고, 팔은 가지로 변신되어 갔다. 조금 전까지만 해도 그렇게 힘차게 달리던 다리는 땅에 박히어 뿌리가 되고, 얼굴은 이미 나무껍질로 뒤덮여 갔다. 이제 다프네의 모습은 남아 있지 않았다.

나무가 되었는데도 불구하고 아폴론은 다프네(월계수)를 사랑했다. 나무 둥치에 손을 댄 아폴론은 갓 덮인 껍질 속에서 콩닥거리는 그녀의 심장을 느낄 수 있었다. 그는 월계수 가지를 다프네의 몸뚱이인 듯이 끌어안고 나무에 키스했다. 나무가 되어서도 다프네는 이 입맞춤에 몸을 웅크렸다. 아폴론이 속삭였다.

"네가 내 아내가 될 수 없었지만 적어도 내 나무가 되리라. 내 머리, 내 리라, 내 화살통에는 항상 너의 가지가 꽂히리라."

◀**다프네와 아폴론**_로마, 보르게세 미술관에 소장된 베르니니의 조각상

제우스와 이오

이나코스 강의 신의 딸인 이오는 어느 날 아버지의 시냇물에서 목욕하고 나오다가 그곳을 지나던 제우스의 눈에 띄었다. 아름다운 그녀를 보고는 제우스가 말했다.

"오, 신들에게 어울리는 아름다운 처녀여. 그대와 함께 사랑의 잠자리를 함께하면 제우스는 얼마나 기뻐할까? 태양이 이제 황도를 지나는구나. 그러니 깊은 숲으로 들어가 저 따가운 햇빛을 피하기로 하자."

제우스가 이렇게 말을 마치기도 전에 이오는 벌써 달아나고 있었다. 그러나 제우스는 대지에다 어둠의 구름을 깔아 이오의 눈에 아무것도 보이지 않게 했다. 그녀가 더 이상 달아나지 못하자 제우스는 헤라의 눈을 피하려고 검은 먹구름으로 변신하여 이오를 덮친 후 애정 행각을 벌였다.

올림포스에서 들판을 내려다보고 있던 헤라는 벌건 대낮에 먹구름이 어둠을 지어내는 것을 이상하게 여겼다. 더구나 그 근방에는 안개를 뿜어낼 만한 강이나, 구름을 빚어내는 늪지가 없었다. 헤라는 남편인 제우스를 찾아보았다. 하지 말아야 할 짓을 곧잘 벌이는 남편의 버릇을 익히 알고 있기 때문이었다.

제우스가 지상으로 내려갔다는 사실을 눈치챈 헤라는 지상으로 내려와 어두운 구름을 날려버렸다. 그러나 제우스는 헤라보다 먼저 선수를 쳤다. 그는 아내가 내려올 것을 미리 알고는 이오를 새하얀 암소로 변신시켰던 것이다. 이오는 암소로 변했는데도 여전히 아름다웠다. 이 암소는 헤라에게도 아름답게 보였다. 그래서 헤라는 아무것도

먹구름으로 변신한 제우스와 이오_ 마테우스 군델라흐의 작품

▲암소로 변신한 이오와 헤라_요하네스 얀스 판 브롱크호르스트의 작품

모르는 척 남편에게 물었다.

"이 암소는 누구의 것이오? 대체 누구의 소떼에 섞여 있던 것이오?"

제우스는 아내에게 거짓말을 했다. 소의 내력을 캐묻는 아내를 입막음하려고, 대지에서 태어난 소라고 대답한 것이다. 그러나 크로노스의 딸은 재차 물었다.

"이 암소를 내게 주시구려. 그럼 내가 잘 키울 것이니."

암소를 자기에게 선물로 줄 수 없겠느냐는 헤라의 말에 제우스의 입장이 몹시 난처해졌다. 애인이 된 이오를 아내 손에 넘기자니 애처롭고, 달라는 청을 거절하자니 밑도 끝도 없는 의심을 살 판이기 때문이었다. 마음은 넘겨주라고 꼬드기고, 사랑은 그래서는 될 일이 아니라고 하는 판이었다. 물론 사랑 쪽이 강했다. 그러나 누이이자 아내인 헤라의 청을 거절할 수도 없는 노릇이었다.

제우스는 결국 이오를 넘겨주었다. 헤라는 제우스가 암소를 넘겨주었는데도 불구하고 이 암소에 대한 의심을 풀지 않았다. 남편에게 속은 것이 한두 번이 아니기 때문이었다. 헤라는 자신을 따르는 부하인 아르고스에게 이오를 맡겨 감시하도록 했다.

이 아르고스는 머리에 눈이 100개나 달린 괴물이었다. 아르고스는 잠을 잘 때도 눈을 두 개만 감는다. 즉 나머지 98개의 눈은 뜬 채로 잠자는 것이다. 그래서 아르고스가 머리를 어느 쪽으로 두든 언제나 이오를 감시할 수 있었다.

아르고스는 낮 동안은 이오에게 강변으로 나가 풀 뜯는 것을 허용했다. 그러나 해가 서쪽으로 가라앉으면 아르고스는 이오를 끌고 가 그 흰 목에 고삐를 채우고는 100개의 눈으로 감시했다. 이오의 먹이는 나뭇잎과 쓴맛이 도는 풀이다. 이오는 침상 대신에, 건초도 깔리지 않

▲**헤르메스와 아르고스**_헨드리크 블뢰마르트의 작품

은 땅바닥에서 잠을 잤다. 가엾은 이오의 마실 것으로는 강의 흙탕물
뿐이었다. 이오는 두 팔을 벌리고 아르고스에게 애원하고 싶었다. 그
러나 이오에게는 벌릴 팔이 없었다. 불만을 말하고자 한 적도 있었다.
그러나 이오의 입에서 나온 것은 소의 울음뿐이었다.

　신들의 지배자 제우스는 이오가 받는 고통을 더 이상 내려다볼 수 없었다. 그래서 그는 헤르메스를 불러, 가서 아르고스를 죽이고 이오를 구하라고 명했다. 헤르메스는 일각도 지체하지 않고, 발에는 날개 달린 샌들을 신고, 손에는 전령(傳令)의 지팡이를 들고, 머리에는 날개가 달린 넓은 차양의 모자를 쓰고는 아버지의 천궁에서 지상으로 내려갔다. 헤르메스는 땅에 내리는 즉시 모자와 샌들은 벗어서 감추어 버린 뒤 지팡이만 손에 들고, 솜씨 좋게 끌어모은 양떼를 몰고는 양치기인 양 갈대 피리를 불면서 아르고스가 있는 곳으로 갔다. 헤라의 심복 아르고스는 이 갈대 피리 소리가 마음에 쏙 들어, 양치기로 변신한 헤르메스를 불렀다.

"여보, 양치기 양반. 여기 이 바위에 앉아 좀 쉬었다 가지 않으려오? 당신 양떼에게 뜯길 풀은 이 근처에 이만한 데가 다시 없고, 보다시피 더위를 식힐 그늘 또한 이만한 데가 없소."

아르고스 옆에 앉은 전령의 신 헤르메스는 피리를 불고, 싫증 나면 이야기하면서 눈이 100개 달린 아르고스를 재워보려고 애썼다. 하지만 잠이 들어도 그는 두 개의 눈만 감을 뿐, 나머지 98개의 눈은 빤히 뜨고 있었다. 아르고스는 처음 보는 헤르메스의 피리가 신기했던지, 졸음과 싸우면서도 어떻게 그런 피리를 손에 넣었느냐고 물었다. 그러자 헤르메스는 피리를 손에 넣은 사연을 말하기 시작했다.

 시링크스와 판

 "아르카디아 지방에 사는 나무의 님프 중에서 아름다운 용모로 가장 널리 알려진 시링크스라는 님프가 살았지요. 이 시링크스는 순결과 정절을 상징하는 사냥의 여신 아르테미스의 숭배자로, 몸가짐 하나하나가 아르테미스를 본받으며 살고 있었지요. 사람들은 그녀를 아르테미스 여신이라 착각할 정도였지요. 여신처럼 도도한 님프는 그늘진 숲이나 비옥한 들판에 사는 사티로스나 정령들의 구애를 뿌리치곤 했지요. 어느 날 님프는 아르테미스의 사냥 복장을 차려입고는 사냥을 나갔어요. 그때 들에서 가축을 돌보던 목신(牧神)인 판이 시링크스를 보고는 한눈에 반해 그녀에게 구애를 해왔지요. 판은 헤르메스의 아들로, 상반신은 인간의 모습이지만 태어날 때부터 염소의 뿔과 다리를 갖고 있었지요. 그러나 처녀 신 아르테미스를 숭앙하던 시링크스는 괴상망측하게 생긴 판을 보자 겁에 질려 달아났지요. 이에 판은 다프네에게 구애하는 아폴론처럼 시링크스의 뒤를 쫓았지요.

 시링크스가 라돈 강까지 이르자 더 이상 도망갈 수 없는 급박한 상황에 그녀는 강물 속에 있는 님프 언니들에게 자신의 몸을 바꾸어 달라고 간청했고, 그녀의 몸은 곧 갈대로 변해 버렸지요. 뒤쫓아온 판이 절망에 빠져 한숨을 쉬고 있을 때, 바람이 갈대를 스치며 탄식하는 듯한 가느다란 소리를 냈지요. 판은 이 감미로운 소리에 매혹되어 '그대와 나는 영원히 이렇게 아름다운 소리로 대화를 나눌 것이오.' 하고 속삭이며, 길이가 각기 다른 이 갈대를 밀랍으로 나란히 붙였지요. 그러고는 이 악기를 '시링크스'(팬파이프)라고 이름했지요."

시링크스와 판_헨드릭 반 발렌 1세의 작품

공작 무늬가 된 아르고스

헤르메스는 이야기하다가 아르고스의 100개의 눈꺼풀이 모두 닫히는 것을 보았다. 헤르메스는 이를 본 순간 잠시도 지체하지 않고 초승달 모양의 칼을 뽑아 아르고스의 목을 베어버렸다. 이로써 아르고스는 죽었으며, 그 많던 눈도 모두 빛을 잃었다. 100개의 눈이 어둠에 묻혔다.

크로노스의 딸 헤라는 아르고스의 죽음을 슬퍼하며 그의 죽음을 기리기 위해 100개의 눈을 수습하여 자기 신조(神鳥)인 공작의 꼬리 깃털에 붙여놓았기에, 지금도 공작의 꼬리에는 별같이 빛나는 보석이 잔뜩 박힌 듯하다. 분노가 하늘에 사무치는 판인데 헤라가 복수를 미루었을 턱이 없었다. 헤라는 곧 복수의 여신을 불러, 자기 남편의 정부이자 자기의 연적인 님프의 눈과 마음을 어지럽게 하고 그 가슴에다 광기를 채워 세상을 방황하게 하라고 명했다.

이오의 발광과 방황이 끝난 것은 네일로스 강가에서였다. 이오는 네일로스 강가에 이르자 무릎을 꿇고 하늘을 우러러보면서, 한편으로는 제우스를 원망하고 한편으로는 제우스에게 이제는 그만 환란을 거두어 달라고 빌었다. 이 기도를 들은 제우스는 아내 헤라의 목을 끌어안고, 이제는 이오에게 내린 벌을 그만 거두자면서 빌었다. 헤라의 분노가 가라앉자 이오는 옛 모습을 되찾았다. 옛날의 이오로 되돌아간 것이다. 후일 이오는 에파포스라는 아들을 낳는데, 사람들은 이 에파포스가 제우스의 씨를 받아 이오가 지어낸 아들이라고 믿었다.

▲아르고스의 머리를 헤라에게 바치는 헤르메스_야코포 아미고니의 작품

공작 꼬리의 무늬가 된 아르고스의 눈_페테르 파울 루벤스의 작품

태양 마차를 모는 파에톤

파에톤은 어린 시절을 양아버지 메로프스 아래에서 누이들과 같이 보냈다. 이 시기에 그는 친구들과 자주 어울렸는데, 에파포스와 나이나 성격이 비슷했다. 어느 날 파에톤은 가문 자랑하는 에파포스에게 지기 싫어 자기도 태양신의 아들이라고 큰소리쳤다. 그러자 에파포스가 말했다.

"이 멍텅구리, 너는 네 어머니 말을 고스란히 믿는구나. 네 아버지도 아닌 분을 네 아버지라고 우기고 있으니 한심한 일이다."

'파에톤'은 '빛나는 자'라는 뜻인데, 그 이름을 두고 네가 태양신의 아들이라도 되느냐고 놀렸다. 파에톤은 얼굴을 붉혔고, 부끄러움 속에서 분노를 억눌렀다. 그리고 집으로 돌아가 어머니 클리메네에게 말했다.

"어머니, 정말 견딜 수 없습니다. 저는 태양신의 아들이라고 큰소리를 쳐놓고도 한마디 대꾸도 하지 못했어요. 그런 모욕을 당했다는 게 부끄럽고, 말대답을 할 수 없었다는 게 창피합니다. 어머니, 만일 제가 신성한 신에게서 태어났다면, 그토록 위대한 후손이라는 어떤 증거를 보여주십시오. 그래야 태양신의 아들로서 천계에서도 제 권리를 누릴 수 있을 것이 아니겠습니까?"

이렇게 말한 파에톤은 어머니의 목을 끌어안고, 아버지가 누구인지 밝혀줄 것을 간청했다. 클리메네가 파에톤의 간청에 감동했는지, 아니면 아들에 대한 모욕에 더 화가 났는지 모르지만, 두 팔을 하늘로 들어올려 태양의 빛을 올려다보며 말했다.

▲**파에톤과 아폴론**_니콜라 무생의 작품

"아들아, 지금 우리 말을 듣고 계시고 우리를 보고 계시는 저 빛나는 태양의 광휘에 걸고 맹세하건대, 너는 네가 우러러보는 이 태양에 의해 태어난 아이니라. 세상을 다스리는 이 태양에 의해. 만일 내가 거짓을 말한다면 나는 다시는 그분을 보지 못할 것이고, 내 눈으로 햇빛을 보는 것도 이번이 마지막일 것이다. 너는 네 아버지의 거처를 알려고 오랫동안 애쓸 필요도 없다. 그분이 일어나는 거처는 우리 지역과 인접해 있으니까. 가서 그분에게 직접 물어보거라!"

파에톤은 이를 알게 되자마자, 아버지를 만나기 위해 먼 길을 떠나기로 결심했다. 태양의 궁전은 위엄 있는 기둥 위에, 빛나는 황금으로 밝고, 불길에 필적하는 석류석 위에 높이 솟아올랐다. 광택이 나는 상아가 가장 높은 꼭대기를 덮었고, 이중 접이식 문은 은색의 밝기로 빛났다.

파에톤은 절벽과 같은 가파른 계단을 올라 아버지의 궁전으로 들어갔다. 파에톤은 아버지로 보이는 아폴론을 보자 가까이 가지 않고 조금 떨어진 곳에 섰다. 그것은 태양신이 뿜어내는 빛줄기를 도저히 견딜 수가 없기 때문이었다. 파에톤은 이 장엄하고 신비로운 광경에 놀라 부들부들 떨면서 그 자리에 서 있었다. 태양신은 단번에 파에톤이 자신의 아들임을 알아보고는 입을 열었다.

"왜 여기에 왔느냐? 내 성채에서 무엇을 얻길 바라느냐? 너는 내 아들이다. 아비가 자식을 알아보지 못할 리가 있겠느냐?"

파에톤이 대답했다.

"신이시여, 이 넓은 대지에 빛을 고루 나누어주시는 아버지 태양신이시여. 저에게 아버지라 부를 권리를 허락하신다면, 제 어머니 클리메네가 허물을 숨기려고 저에게 꾸며서 이르신 것이 아니라면, 징표를 보여주소서. 제가 아버지의 아들이 분명하다는 증거를 보이시어, 제 마음에서 의혹을 벗겨주소서."

파에톤의 말에 아폴론은 잠시 그 햇살 관을 벗어놓고 파에톤더러 가까이 오라고 말했다.

"너에게는 그럴 권리가 있다. 네가 내 아들이란 말이다. 네 어머니가 너의 출생의 비밀을 제대로 일러주었다. 너의 그 의심을 걷고 싶다면 내게 무슨 소원이든 한 가지를 말하라. 내가 스틱스 강에 대고 맹세하건대, 너의 소원 한 가지를 기필코 들어주겠다."

아폴론이 스틱스 강에 대고 소년의 소원을 들어주겠다고 맹세하자, 파에톤은 아폴론의 상징인 태양 마차를 몰게 해달라고 청했다. 아폴론은 이 말을 듣고 기겁하여 파에톤에게 그것 말고 뭐든지 좋으니까 그 소원은 물러달라고 달래봤지만, 아들 파에톤은 아랑곳하지 않고

▲**아폴론의 태양 마차**_벤저민 웨스트의 작품

끝까지 제 고집을 꺾지 않았다. 파에톤은 기어이 태양 마차를 몰아보
겠다는 것이었다.

　어쩔 수 없이 아폴론은 아들을 헤파이스토스가 만든 태양 마차가
있는 곳으로 데려갔다. 이 태양 마차는 바퀴 굴대는 물론 뼈대도 바퀴
테도 황금으로 만들어졌고, 바퀴살은 은이었다. 마부석에는 아폴론이
쏘는 빛을 반사할 감람석과 보석이 나란히 박혀 있었다.

파에톤이 벅찬 가슴을 안고 태양 마차를 만져보며 찬탄하고 있을 즈음, 밝아오는 동녘에서 새벽잠을 깬 새벽의 여신 에오스가 장미꽃이 가득한 방의 자줏빛 방문을 활짝 열었다. 별들이 달아나기 시작했고, 샛별이 긴 별의 대열을 거느리고 천계의 제자리를 떠나고 있었다. 태양신은 이 샛별이 떠나는 것과, 하늘이 붉어지면서 이지러진 달빛이 여명에 무색해지는 것을 보고는 발 빠른 호라이('때'의 여신들)에게 분부하여 천마를 끌고 나오게 했다. 호라이가 분부를 시행했다.

날개 달린 네발짐승 네 마리가 끄는 태양 마차는 오직 태양의 신 아폴론만이 몰 수 있었다. 천공의 궤도를 따라 제대로 몰고 가려면 그조차도 애를 먹을 만큼 다루기가 까다로웠다. 아폴론은 아들의 얼굴에 뜨거운 불길을 견뎌낼 수 있는 연고를 발라주고 마차 모는 방법을 알려주었지만, 고삐를 넘겨주는 순간까지도 아들의 마음을 돌려보려고 애를 썼다. 하지만 민첩한 젊은이는 이륜차에 뛰어오르자 가슴을 활짝 펴고 기쁨에 넘쳐 고삐를 잡았다. 입 밖에 내진 않았지만, 아버지에게 감사하다는 말을 되풀이하면서. 그동안 말들은 콧바람을 불고 불 뿜는 숨을 내쉬며 성급하게 발을 구르고 있었다.

고삐를 풀어주니 곧 우주의 무한한 대평원이 그들 앞에 전개되었다. 그들은 앞으로 돌진하여 안전을 가로막는 구름을 헤치고, 같은 동쪽 지점에서 출발한 미풍보다 앞서 나아갔다. 말들은 짐 무게가 전보다 훨씬 가벼워진 것을 느꼈으며, 짐을 싣지 않은 배가 바다에서 이리저리 동요하는 것과 같이 이륜차도 덜컹거렸다. 말들이 함부로 돌진했기 때문에 평소의 궤도를 벗어나게 되었다. 파에톤은 깜짝 놀라 어떻게 할지를 몰랐다. 설령 알았다 하더라도 힘이 부족했다.

맨 처음에 큰곰자리와 작은곰자리가 불에 그슬렸다. 그들은 가능하

▲**파에톤의 태양 마차**_조지 스터브스의 작품

면 바다 쪽으로 들어가고 싶었으리라. 그리고 북극에서 몸을 사린 채 아무런 해도 끼치지 않고 누워 있던 뱀은 온기를 느끼게 되자 다시 광포한 성질이 솟아나는 것을 스스로 느꼈다. 파에톤은 다리 밑으로 한없이 전개된 지상을 내려다보았을 때, 안색이 창백해지고 공포로 인해 무릎이 떨렸다. 사방이 휘황한데도 그의 눈은 흐릿해졌다. 왜 아버지의 말들에 손을 댔던가. 아버지가 내 소원을 끝까지 거절했더라면 얼마나 좋았을까 하고 그는 후회했다.

폭풍우에 흔들리며 그는 배와 같이 떠내려갈 따름이었다. 그럴 땐 유능한 뱃사공도 어쩔 바를 모르고 기도만 올릴 것이다. 어떻게 하면

▲**파에톤의 몰락**_ 귀스타브 모로의 작품

좋을까? 먼길을 지나왔으나 앞으로 남은 길은 더 멀었다. 그는 눈을 다른 방향으로 돌렸다. 출발점을 돌아보기도 하고, 도착할 것 같지도 않은 해 지는 나라를 쳐다보기도 했다. 이제 파에톤은 완전히 자제력을 잃어버렸다. 고삐를 죄어야 할 것인가, 늦추어야 할 것인가? 말들의 이름도 생각나지 않았다. 그는 천상의 곳곳에 산재해 있는 괴물들의 형태를 보고 공포로 인해 몸을 떨었다. 특히 전갈은 큰 두 다리를 벌리고, 꼬리와 굽은 발톱은 열두 궁 중 두 궁에 뻗쳐 있었다. 파에톤은 독기를 풍기며 송곳니로 위협하는 이 전갈을 보는 순간 정신을 잃고 고삐를 놓아버렸다.

고삐가 풀린 것을 느낀 말들은 줄달음질을 쳐, 별들 사이를 멋대로 돌진했다. 이륜차는 길도 없는 곳에 내던져져서 때론 높은 하늘 위로 오르고, 때론 거의 대지 가까이까지 내려갔다. 구름은 연기를 내기 시작하고, 산꼭대기에선 불길이 솟았다. 열 때문에 초원은 마르고 식물은 시들고, 잎이 무성한 수목은 타고 추수할 곡식은 화염에 휩싸였다. 그러나 이것은 아무것도 아니었다. 큰 도시들이 순식간에 성곽과 탑과 더불어 소실되었고, 모든 주민이 타 죽었다. 전에는 샘으로 유명하던 이다 산도 말라버렸고, 뮤즈 여신들이 사는 헬리콘 산도 하이모스 산도 타버렸다.

파에톤은 온 세계가 불바다로 변한 것을 보았고, 자신도 그 열기로 견딜 수 없게 되었다. 호흡하는 공기는 커다란 용광로에서 뿜어내는 열기처럼 뜨거웠으며, 여기저기서 검은 연기가 솟았다. 그는 기겁하여 달아났다. 이때부터 에티오피아 백성은 열 때문에 갑자기 체내의 검은 피가 표면에 몰려 피부색이 검어졌으며, 리비아 사막도 그 때문에 모두 증발되어 오늘날처럼 되었다고 사람들은 믿고 있다.

▲**파에톤의 추락**_ 페테르 파울 루벤스의 작품

바다는 오그라들어 전에 바닷물이 있던 곳은 건조한 평원이 되고, 물결 밑에 파묻혔던 산은 머리를 들고 섬이 되었다. 물고기들은 가장 깊은 곳을 찾아들고, 돌고래는 전과 같이 해상에서 놀 용기를 내지 못하였다. 바다의 신 네레우스와 그의 아내 도리스까지도 네레이스(바다의 님프)라 부르는 딸들을 데리고 바닷속 깊은 동굴로 피난하였다. 포세이돈은 세 번이나 물 위에 머리를 내밀었으나 너무 뜨거워 다시 물속으로 들어갔다. 대지의 여신은 물로 둘러싸여 있었으나 머리와 어깨는 노출되어 있었기 때문에, 손으로 얼굴을 가리고 하늘을 향해 쉰 목소리로 제우스에게 탄원하였다.

"오, 신들의 지배자여! 만일 내가 이런 대우를 받아 마땅하고 불에 타 죽는 것이 당신의 뜻이라면, 왜 당신은 번개를 내리지 않으십니까?

파에톤의 추락_ 프란스 프랑켄 2세의 작품

기왕 죽이려거든 당신의 손으로 직접 죽여주십시오. 나는 가축에게는 풀을, 인간에게는 과실을 주었고, 당신의 제단에는 유향을 바쳤는데, 이것이 그 보상이란 말입니까? 원컨대 당신 자신의 하늘과 당신의 궁정 기둥이 연기를 뿜고 있는 것을 보십시오. 그것이 타버리면 궁정은 허물어질 것이 틀림없습니다. 아틀라스 신까지도 쇠약해져 그의 짐을 감당하지 못할 지경입니다. 바다와 지구와 하늘이 사멸한다면 우리는 옛날과 같은 혼돈으로 떨어질 것입니다. 아직 남아 있는 것이라도 모든 것을 집어삼키는 화염으로부터 구해 주십시오. 이 무서운 때에 우리의 살길을 찾아주십시오."

대지의 여신은 이와 같이 호소하였는데, 뜨겁고 목이 말라 더 이상 계속할 수 없었다. 제우스는 이 광경을 보고 모든 신들(그 가운데는 파에톤에게 마차를 빌려준 아폴론도 있었다)을 소집하여, 긴급 구제책을 찾지 않으면 모든 것이 멸망하리라는 것을 설명하고 높은 탑으로 올라갔다. 제우스는 갈라진 모양의 번개를 오른손에 쥐고 흔들다가, 마차를 몰던 파에톤을 향해 던졌다. 강의 신인 에리다노스는 그를 받아들여 그의 불붙은 몸을 식혀주었다.

하룻밤에 읽는 그리스·로마 신화

신들의 사랑과 욕망

| 제2부 |

신들의 시대

헬리아데스와 키크노스의 변신

파에톤의 죽음에 가장 애통해하는 어머니 클리메네는 아들의 뼈를 찾으러 온 세상을 두루 돌아다녔다. 그러던 그녀는 아들의 시신이 먼 나라 에리다노스 강가에 묻혀 있다는 사실을 알게 되었다. 아들의 무덤을 찾아간 그녀는 무덤을 내려다보며 대리석에 새겨진 이름에 눈물을 떨구었다가 맨 가슴으로 그 비석을 끌어안았다.

헬리아데스(태양신의 딸들)들의 슬픔도 어머니의 슬픔에 못지않았다. 그래서 이들도 죽은 동생의 무덤에 눈물과 비탄의 제물을 바쳤다. 그녀들은 밤이고 낮이고 파에톤의 무덤 위로 몸을 내던지고 손바닥으로 가슴을 치며 파에톤의 이름을 불렀다. 그녀들은 달이 네 번 차고 기울 동안 무덤 앞에서 우는 것을 일과로 삼았다. 그녀들은 관습에 따라 탄식을 내뱉었다.

그중 맏이인 파에투사가 일어서서 걸으려다 말고, 발이 땅에서 떨어지지 않는다고 소리를 질렀다. 아름다운 람페티에가 언니를 도우려 그녀에게 오려고 움직였으나, 자신의 발에 나무뿌리가 생겨 그 자리에서 꼼짝도 하지 못했다. 셋째는 머리를 손질하려다 말고 비명을 질렀다. 머리에 잎이 돋아나기 시작한 것이었다. 하나는 다리가 나무줄기에 의해 단단히 잡혀 있다고 비명을 지르고, 다른 하나는 팔이 긴 가지가 된다고 비명을 지른다. 그리고 그녀들이 이런 것들을 궁금해하는 동안, 껍질은 그들의 허리에 닫힌다. 그리고 정도에 따라 그것은 그들의 위장, 가슴, 어깨, 그리고 그들의 손을 포함한다. 오직 그녀들의 입만 드러나지 않고 그녀들의 어머니를 부르짖는다. 어머니 클리

▲**파에톤의 추락에 슬퍼하는 헬리아데스**_니콜라스 드 헬트 스토카데의 작품

메네가 달려가, 자신의 입술을 느낄 수 있을 동안이라도 입을 맞추어 주는 수밖에 없었다. 그러나 그것만으로는 충분하지 않았다. 나무에서 껍질을 벗겨내려고 애쓰면서 아직은 부드러운 나뭇가지를 꺾어보았다. 그러자 꺾인 자리에서 수액 대신 상처에서 흐르는 피와 너무나 흡사한 액체가 흘렀다. 가지를 꺾인 딸이 외쳤다.

"어머니여, 제 몸을 해치지 마세요. 기도합니다. 포플러나무로 변신했어도 제 몸의 일부랍니다. 그리고 이제 작별 인사를 합니다."

이 말이 끝나기가 무섭게 나무껍질이 딸들의 입을 막았다. 그리하여 포플러나무 껍질에서 눈물이 흘러나와 태양 빛에 굳으면서, 호박 구슬이 되어 강물로 떨어졌다. 강물은 이 호박 구슬을 물 밑에 간직했다.

스테넬로스의 아들 키크노스는 이 이상한 장면을 목격했다. 그는 외가 쪽으로 파에톤과 일가붙이였다. 키크노스는 파에톤이 불행하게 최후를 마쳤다는 비보를 듣고는 에리다노스 강가로 달려와, 파에톤 자매들이 포플러나무로 변신한 숲에서 울부짖었다. 이렇게 울부짖는데 갑자기 그의 목소리가 가늘어지면서 소리 끝이 갈라졌다. 이어 하얀 깃털이 돋아나 그의 머리카락을 가리기 시작했다. 키크노스의 목은 자꾸만 늘어나 어깨 위로 솟았고, 손가락은 빨갛게 변하면서 사이사이에 물갈퀴가 돋아났다. 양 옆구리에서는 날개가 돋아났고, 입이 있던 곳에서는 긴 부리가 생겨났다. 이로써 키크노스는 못 보던 새가 된 것이다. 키크노스는 늪지와 호숫가를 좋아한다. 제우스가 부당하게 벼락을 던지는 바람에 파에톤이 하늘에서 떨어져 죽었다는 사실을 잊지 못하기 때문이다. 벼락이 일으킨 불을 어찌나 싫어했는지 키크노스는 불과는 상극인 물이 있는 곳, 즉 강을 좋아하는 것이다.

한편, 아폴론은 아들 일로 몹시 상심해 이 세상에 대한 자신의 의무까지 심드렁하게 여기면서 더러는 불평했다. 마치 일식(日蝕)으로 어두워졌을 때와 같았다. 태양신의 불만에 모든 신들은 이구동성으로 태양신에게 몰려들어, 세상을 어둠 속에 버려두지 말아달라고 탄원했다. 제우스까지도 파에톤에게 벼락을 던진 것을 사과하고, 계속해서 태양 마차를 몰아달라고 말했다. 슬픔에서 다 헤어나지 못한 태양신은 천마를 채찍으로 가격하고 작대기로 때렸다. 천마 때문에 아들이 죽었다고 천마를 꾸짖고, 재앙의 책임을 천마에게 물을 만큼 그의 성미는 거칠어졌다.

◀ **포플러로 변신하는 헬리아데스와 백조로 변신한 키크노스**_ 산티 디 티토의 작품

칼리스토와 제우스

　제우스는 하늘의 광활한 성벽이 불로 인해 상한 데가 없는지 알아보려고 두루 돌아다녔다. 특히 그가 평소에 사랑했던 땅 아르카디아가 궁금했다. 아르카디아에 닿은 제우스는 그때까지 말라버린 샘을 다시 물로 가득 채웠다.

　이렇게 분주하게 일하던 제우스는 아르카디아의 숲에서 한 처녀를 보았다. 제우스는 그녀를 보자마자 그의 가슴에 정념의 불길이 일어 뇌리까지 옮겨붙었다. 처녀는 양털실이나 감고 몸단장을 매만지며 시간을 보내는 여느 처녀와는 달랐다. 그녀는 건강한 몸매에 장신구로 옷을 단정하게 여미고 하얀 머리띠로 머리를 질끈 동여맨 채 활을 들고 다녔으니, 사냥의 여신 아르테미스를 추종하는 님프인 칼리스토였다. 마이날로스 산을 활보하는 님프들 가운데 그녀만큼 아르테미스 여신의 귀여움을 받는 님프도 없었다. 그러나 그 총애는 오래 지속되지 않았다.

　고귀한 태양이 황도를 넘을 즈음 이 처녀는 도끼 한번 손타지 않은 울창한 숲으로 들어갔다. 처녀는 어깨에 멘 화살통과 활을 내려놓고는 화살통을 베개 삼아 베고 수풀 위에 누웠다. 제우스는 이 모습을 보고는 회심의 미소를 지으며 중얼거렸다.

　"이렇게 무성한 숲속에서 일을 벌이면 눈치 빠른 헤라도 무슨 수로 알아낼 것이냐? 설령 발각되더라도 저 정도의 미모의 처녀라면 아내의 꾸짖음이야 어떠하리!"

　그녀에게 반한 제우스가 접근해 나의 님프가 되라고 꼬드겼다. 당

▲**칼리스토를 발견한 제우스**_니콜라 푸생의 작품

연히 처녀는 제우스의 바람기를 알고 있었기에 깊은 혐오감을 느끼면서도, "저는 아르테미스 님께 영원한 순결을 맹세한 몸이니 누구에게도 내 순결을 주지 않을 것입니다."라고 말하며 단호하게 거절하였다. 그럼에도 제우스는 처녀가 추종하는 아르테미스가 자기의 딸이라고 우기면서 아무리 화내 봐야 나한테 꼼짝 못한다는 뻔뻔한 망언을 늘어놓았지만, 칼리스토는 안 되는 건 안 된다고 말하면서 제우스가 또 뭔 짓을 저지르기 전에 얼른 그 자리에서 도망쳤다.

하지만 놓친 고기가 더 커 보였던 제우스는 그 처녀를 포기할 마음이 없었다. 제우스는 기어이 흉계를 꾸미고는 스스로 아르테미스의 모습으로 변신했다. 동료들과 떨어져 숲에서 혼자 들짐승들을 사냥하던 처녀는 아르테미스로 변신한 제우스와 만나게 되었다. 처녀는 자

▲ **아르테미스로 변신한 제우스**_프랑수아 부셰의 작품

신이 숭배하는 여신을 보자 경계를 풀고 "어서 오소서, 귀하신 여신이
여. 제우스 님보다 더 위대하신 아르테미스 님. 그분께서 들으셔도 상
관없지만요."라고 제우스를 힐난하고 아르테미스를 찬양했다.

　잠시 아르테미스 여신의 모습으로 변신한 제우스는 이 말을 듣고
웃었다. 그는 제우스로서 받는 사랑보다 아르테미스로 변신하여 받는
사랑에 더 크게 만족하면서 칼리스토에게 키스했다. 그러나 이 키스
는 처녀 신을 추종하는 님프에게 할 만한 키스가 아니었다. 칼리스토
는 당황하면서도 물러설 수 없었다. 그녀는 얼굴을 붉히면서, 숲속에

서 있었던 사냥 이야기를 시작했다. 그러나 아르테미스로 변신한 제우스는 본색을 드러내었다. 당연히 기겁한 그녀는 저항했지만, 제우스의 힘을 제압할 수 없었다. 처녀의 순결을 꺾은 제우스는 하늘로 올라갔다. 칼리스토는 자기가 당하는 꼴을 목격한 그 숲이 싫어서 견딜 수 없어 그곳을 떠났다. 얼마나 싫었으면 활과 화살통을 가져가는 것도 하마터면 잊어버릴 뻔했다.

이 사건 이후 제우스에게 저항조차 할 수 없이 당해야 했던 칼리스토는 굴욕과 슬픔, 분노를 느끼면서도 아무것도 할 수 없었고 자신의 처지를 비관했다. 슬퍼하면서도 아르테미스나 동료들 누구에게도 이 사실을 비밀로 하고, 님프들과도 거리를 두게 되었다. 하지만 칼리스토가 얼마나 애써 노력한다 한들 몇 개월이 지나면서 배는 점점 불러만 갔고, 신이 임신시킨 태아인 만큼 낙태나 유산을 할 수도 없었다.

님프들과 함께 사냥을 끝내고 느긋한 마음으로 마이날로스 산 능선을 오르던 아르테미스 여신은 제우스에게 겁탈당하고 온 칼리스토를 보고는 그 이름을 불러 가까이 오게 했다. 칼리스토는 아르테미스의 목소리를 듣고는 가짜 아르테미스, 즉 아르테미스로 변신한 제우스로 생각하고는 달아났다. 그러나 멀리 달아나지 않았다. 아르테미스 여신 곁에 님프들이 있는 것을 보고는 그제야 진짜 아르테미스 여신이라는 사실을 알고는 돌아왔다. 하지만 그녀는 순결을 잃은 죄를 짓고 태연한 낯빛을 하고 있기가 쉬운 일이 아니었다. 칼리스토는 고개를 들지 못했다. 칼리스토는 여느 때와는 달리 아르테미스 여신 앞으로 나서지도 못했고, 선두에서 님프들을 선도하지도 못하는 채 그저 다소곳이 서 있기만 했다. 그러나 그녀는 속으로 몹시 괴로워하고 있었다. 붉어진 얼굴을 들지 못하고 있다는 게 그 증거였다. 아르테미

칼리스토를 의심하는 님프들_페테르 파울 루벤스의 작품

▲**임신한 칼리스토를 질책하는 아르테미스**_티치아노의 작품

스 여신이 만일 처녀가 아니었다면, 칼리스토에게 무슨 일이 있었다는 것을 첫눈에 눈치챘으리라. 전해지는 말에 따르면, 다른 님프들은 모두 그 눈치를 챘었다고 한다.

　달이 아홉 번 차고 기운 뒤의 일이었다. 아르테미스 여신은 뜨거운 여름날의 사냥으로 지친 몸을 끌고 산을 내려오다가 시냇가에 이르렀다. 시냇물은 부드러운 모래 바닥 위를 조용히 흐르고 있었다. 아르테미스 여신은 이 시냇물이 반가워, 물에다 발을 담그고는 님프들에게 이렇게 말했다.

"이곳에는 엿보는 자가 없으니 모두 옷을 벗고 목욕하도록 하자."

아르테미스 여신의 말에 칼리스토는 얼굴을 몹시 붉혔다. 다른 님프들은 모두 옷을 벗고 물에 뛰어들었으나, 그녀만은 옷을 벗지 못하고 미적거렸다. 그녀의 행동을 이상하게 생각한 아르테미스 여신은 그녀의 배가 불러 있는 것을 보고는 명령했다.

"얘들아, 저 칼리스토의 옷을 벗겨라."

아르테미스 여신의 말에 님프들은 달려들어 칼리스토의 옷을 벗겼다. 그러자 아홉 달 전에 죄지은 증거가 알몸에 고스란히 드러났다. 칼리스토는 순식간에 아랫배를 감싸고는 아르테미스 여신의 신뢰를 잃은 것을 억울해하며 제우스에 의해 겁탈당해 임신한 것이라고 해명하려고 노력했다. 그러나 그녀의 마지막 희망을 잔인하게 깨부수듯 아르테미스는 그녀가 누구에게 겁탈당했는지 간에 순결을 잃었다는 것에 집착하곤 다른 님프들에게 명령해 그녀를 무리에서 쫓아냈다. 님프들은 제우스에게 억울하게 겁탈당한 칼리스토의 처지를 동정하면서도 아르테미스의 명령을 거스를 수 없어, 그녀의 고난을 방관해야만 했다. 그래도 아르테미스 여신의 성향을 감안하면 그 자리에서 살해당하거나 저주받아 짐승으로 변신당하지 않고 님프의 모습 그대로 쫓겨난 것만이 다행이라면 다행이었다. 하지만 아르테미스 여신이 딱히 자비를 베풀어서 살려줬다기보다는 제우스의 자식을 임신한 칼리스토를 그 자리에서 죽이면 제우스가 무서운 형벌을 내릴까 봐 그저 쫓아낸 것으로 보인다.

위대한 벼락의 신 제우스의 아내이자 가정을 수호하는 여신인 헤라는 얼마 전에 이 사실을 알게 되었고, 칼리스토에게 무서운 벌을 내리기로 마음을 먹었다. 드디어 칼리스토가 아르카스라는 아들을 낳자 더 이상 징벌을 미루지 않게 되었다.

한편 쫓겨난 칼리스토는 아르카스라는 아들을 낳고, 헤라의 눈을 피하려고 동굴 속에서 숨어지냈다. 그녀는 자기의 삶을 망가뜨린 제우스의 아들인 아르카스를 원망하거나 죽이거나 버리지 않고 자신만의 아들로 여기며 낳아 키웠을 정도로 아들 사랑이 극진했다. 하지만 갓난아기였던 아르카스가 동굴 밖으로 나가자 칼리스토가 이를 뜯어말려 데려오려 했지만, 칼리스토를 찾고 있던 헤라에게 들키고 말았다. 칼리스토의 아이를 본 제우스의 아내는 견딜 수 없었다. 님프와 아들을 내려다보는 헤라의 눈, 여신의 가슴에는 질투의 분노가 불같이 일었다.

"부끄러움을 전혀 모르는구나. 자식을 잉태한 것부터가 나를 능욕하는 처사인데, 그 자식을 낳기까지 해서 나를 또 한 번 능욕하고 그로 말미암아 내 남편 제우스의 치욕스러운 행위가 공개적으로 선포되는구나. 네가 무슨 수로 이 징벌을 피하겠는가? 내 남편을 홀린 너의 그 아름다움을 빼앗아 버릴 터이니 그렇게 알아라."

헤라 여신은 칼리스토가 제우스에게 무슨 짓을 당했는지 전혀 들으려 하지 않고, 오로지 가정의 여신이라는 책무에만 집착하여 칼리스토에게 저주의 악행을 저질렀다. 여신은 칼리스토의 머리채를 잡아 땅바닥에 내굴렸다. 님프는 땅바닥에 쓰러지자 여신에게 빌 요량으로 두 팔을 벌렸다. 그러자 그 팔은 검은 센털로 거칠어지기 시작하였고, 그녀의 손은 구부러지고, 날카로운 발톱이 생겨나고, 발에도 그런 발톱이 돋아났다. 한때 제우스가 반해 칭송했던 그녀의 얼굴은 갑자기 쭉 찢어진 입으로 흉측하게 일그러졌다. 칼리스토는 헤라 여신에게 빌면서 용서를 구걸했지만 그 소리는 이미 여신의 연민을 살 수 없었다.

▲ **칼리스토를 곰으로 변신시키는 헤라**_18세기 판화

여신이 이미 그녀에게서 말하는 능력을 빼앗아 버렸기 때문에 공포로 가득찬 목소리가 그녀의 쉰 목구멍에서 굴렀다. 아름다운 님프는 여신의 저주로 곰으로 변신한 것이다. 그러나 마음은 여전히 님프의 여린 마음 그대로였다. 곰이 된 칼리스토는 하늘의 별들을 향해 이제는 흉측한 앞발이 된 손을 내밀고 자기 슬픔을 하소연하는 한편, 무정한 제우스를 원망했다.

한편 칼리스토가 낳은 아르카스는 전령의 신 헤르메스의 어머니 마이아가 양육하게 되었다. 세월이 흘러 칼리스토는 곰의 모습으로 산속 생활에 적응하면서도 원래의 모습으로 돌아가길 바랐고, 한편으론 사생아 아들인 아르카스를 그리워하며 어떻게 살고 있는지 궁금해했다.

▲하늘로 오르는 칼리스토와 아르카스_장 프랑수아 밀레의 작품

　아르카스는 자기 어머니에게 무슨 일이 생겼는지도 모르는 채 어느새 열다섯 살쯤 되었다. 어느 날 아르카스는 사냥하기 위해 에리만티아 숲에 들어가 사냥감을 찾던 중에 커다란 곰과 마주쳤다. 곰으로 변신한 칼리스토는 아르카스를 보자마자 가만히 서 있었고, 아들임을 알아보는 것 같았다. 아르카스는 뒤로 물러섰고, 곰이 자신에게 줄곧 눈을 고정시켜 다가오는 것에 놀랐다. 그리고 칼리스토가 더 가까이 다가오자 아르카스는 날카로운 창으로 곰을 겨냥했다. 절체절명의 위기 순간에 전능한 제우스가 황급히 아들까지 곰으로 변신시켜 하늘로 불러들여 별자리가 되게 하였으니, 칼리스토와 아르카스가 각각 큰곰자리와 작은곰자리가 되었던 것이다.

　아르테미스는 칼리스토가 큰곰자리가 되자 만족해하며, 칼리스토에 대한 분노를 씻었다고 한다. 하지만 칼리스토 모자가 별이 되어 하늘에서 반짝거리는 것을 본 헤라 여신은 질투심이 극치에 올랐다. 헤라 여신은 양부모인 대양의 신 오케아노스와 테티스를 찾아가, 자신이 벌한 것들이 하늘의 별이 되는 영광을 누리게 되어 하늘의 여왕으로서의 권위가 의심받을 지경이니 그들을 벌해 달라고 부탁했다. 물론, 헤라가 칼리스토를 얼마나 잔혹하게 모함하였는지를 생각하면 대단히 뻔뻔한 망언이다. 그 소원에 따라 다른 별자리는 하룻밤 운행을 마친 후에는 지평선 아래로 내려와 쉴 수 있지만 이 두 모자는 일 년 내내 천구(天球)상 북극점 주위를 돌며 쉬지 못하는 신세가 되고 만다. 이것이 북극성 주변의 별들이 바다 아래로 떨어지지 않는 이유라고 전해진다.

까마귀 깃털이 검어진 내력

테살리아의 라리사 지역에는 코로니스라는 매우 아름다운 공주가 있었다. 그녀는 라리사의 왕인 플레기아스의 딸로, 아름다움 때문에 아폴론으로부터 사랑을 듬뿍 받고 있었다. 아폴론에게는 전령과도 같은 까마귀가 있었다. 헤라 여신의 상징인 공작의 빛깔이 현란하게 된 것은 아르고스가 죽자 그의 눈을 공작의 깃에 붙여서 깃털이 화려하게 변했기 때문이었다. 그 이전에는 오로지 흰 깃털을 가지고 있었다. 아폴론의 까마귀도 헤라의 공작처럼 흰 깃털을 가지고 있었다.

라리사 지역은 아폴론이 거주하는 파르나소스 산과 거리가 멀어 때로는 까마귀가 전령으로 그녀의 소식을 전해 주곤 했다. 아폴론은 제우스나 포세이돈처럼 여인에게 관심이 많지 않았다. 그럼에도 그에게는 코로니스와의 사랑이 늘 기대되는 하나의 즐거움이었다.

아폴론은 그녀와 사랑을 나눈 후 곧바로 파르나소스 산으로 돌아와야 했다. 그는 매우 할 일이 많은 신이었기 때문이다. 문제는 아폴론이 돌아가고부터였다. 코로니스는 항상 홀로 남겨져 고뇌에 빠졌다. 자신이 사랑한 아폴론은 신이기 때문에 늙지 않고 죽지 않는다지만, 자신은 인간이기 때문에 늙어 죽을 수 있어서, 아폴론이 언젠가 자신을 버릴 수 있다고 생각했다. 이런 생각에 상심하던 그녀는 천장 난간에 앉아 있는 까마귀를 보았다. 아폴론이 코로니스의 동태를 살피려고 까마귀를 남겨두었던 것이다.

"보기 싫으니 당장 꺼져!"

코로니스는 사랑을 위해 태어난 여인이었다. 그녀는 일 년에 한두

▲**아폴론과 코로니스**_아담 엘스하이머의 작품

번 올까 하는 아폴론을 더 이상 기다릴 수 없었다. 그러기에는 자신의 젊은 나이가 아까웠다.

코로니스는 자신의 사랑을 위해 신이 아닌 인간을 택했다. 인간은 그녀가 부르면 오고, 가지 말라고 하면 머무르기 때문이었다. 그녀는 아르카디아의 왕자 이스키스를 사랑하게 되었지만 이미 그녀의 몸엔 아폴론의 아이를 임신하고 있었다. 하지만 코로니스는 그와 결혼까지 하고는 사랑하였다. 그런데 이 모든 장면을 까마귀가 숨어서 지켜보았다. 까마귀는 더 이상 그곳에 있다가는 자기에게 사단이 날 것이라 생각하고는 밖으로 나왔다. 그리고 이 사실을 알리려고 아폴론에게 날아갔다.

까마귀는 날아가다 또 다른 까마귀를 만났다.

"머리가 큰 까마귀여, 어딜 급히 가고 있소?"

아폴론의 까마귀는 자초지종을 까마귀에게 말했다. 그러자 그 까마귀는 이렇게 말했다.

"아폴론 신께 일러보았자 네게 득이 될 것이 없다. 내 말을 귀담아 들어. 옛날의 내 털빛, 너도 알지? 그런데 지금은 이 꼴이 되었다. 내가 이 꼴이 된 연유가 궁금하지 않으냐? 내 들려주마."

까마귀가 아폴론의 까마귀에게 들려준 이야기는 다음과 같다.

옛날에 아테나 여신께 에리크토니오스라고 하는, 어미 없는 아이 하나가 있었다. 아테나 여신은 이 아이를 아르카디아 버들로 짠 바구니에다 넣고 이 바구니를 케크롭스 왕의 세 딸에게 맡겼다.

케크롭스 왕은 반은 인간이었고, 반은 뱀의 모습을 하고 있었다. 아테나 여신은 세 딸들에게 절대 상자를 열어보지 말라고 당부하였다. 첫째인 판드로소스와 둘째인 헤르세는 아테나 여신의 말을 따랐다. 그런데 셋째인 아글라우로스는 여신의 말에 복종하는 두 언니를 겁쟁이라고 하면서 뚜껑을 열었다.

상자 안에는 똬리를 튼 뱀과 아기가 있었다. 까마귀는 그녀들이 아테나 여신의 약속을 지키지 않고 뚜껑을 열었기에 아테나 여신에게 날아가 사실을 일러바쳤다. 그런데 아테나 여신은 까마귀에게 상을 주지 않고, 까마귀가 자리하고 있는 신조(神鳥)의 자리에서 까마귀를 내쫓았다. 그리고 그 자리는 밤새인 올빼미가 차지하였다.

까마귀는 아폴론의 까마귀에게 말했다.

"내가 왜 이런 말을 하는지 알아? 여신께서는 뭇 새들에게 경고하신 거야. 함부로 입을 놀리면 나처럼 된다는 걸 보여주고자 한 거지."

까마귀의 말을 들은 아폴론의 까마귀가 대꾸하였다.

"나는 너와 좀 달라. 나는 아폴론 님에게서 코로니스의 동태를 살펴보라는 명령을 받았기에 그런 일은 없을 거야."

그러자 까마귀는 다시 말을 했다.

▲에리크토니오스의 상자를 여는 세 여인_페테르 파울 루벤스의 작품

"나는 이래 봬도 어엿한 공주였어. 하지만 아름다운 것이 원수였지. 어느 날 나는 바닷가의 부드러운 모래 위를 걷고 있었어. 그런데 바다의 신이 내 모습에 반해 나를 겁탈하려고 덤벼드는 것이었어. 나는 놀라서 도망치며 누구라도 도와달라고 빌었지. 그런데 아테나 여신이 나를 도와주겠다고 하셨어. 그리고 지금의 나처럼 까마귀로 만들어 겁탈로부터 벗어나게 하였어. 나는 나의 순결을 지키려고 새가 되었어. 그런 나를 가상하게 여긴 처녀 신, 아테나가 나를 여신의 신조로 삼았어. 그런데 입을 잘못 놀려 저 올빼미에게 신조의 자리를 빼앗겼지."

아폴론의 까마귀는 그래도 까마귀의 말을 들으려 하지 않았다. 그러자 까마귀는 다시 말을 했다.

"신들은 믿을 수 없어. 나는 깨끗한 순결을 지키려고 새가 되었고, 저 올빼미는 극악무도한 일을 저질렀는데도 내 자리를 차지하고 있잖아."

▲ 아폴론의 화살에 죽는 닉티메네_니콜라 푸생의 작품

"아니, 올빼미가 어떤 일을 저질렀는데?"

아폴론의 까마귀가 관심을 보이자 까마귀는 계속해서 수다를 떨었다.

"저 올빼미는 레스보스 섬의 공주였던 닉티메네야. 그녀는 자기 아버지를 유혹하여 몸을 섞었어. 그 벌로 올빼미가 되어 사람들의 눈이 있을 때나, 날빛이 비칠 때는 날지 않아. 어둠 속에서 웅크리고 있다가 밤에만 날지. 그런 새에게 자리를 빼앗겼으니 억울하지 않겠어?"

그러나 아폴론의 까마귀는 이렇게 대꾸하였다.

"나는 코로니스에게 머리를 얻어맞아 너보다 머리가 두 배 정도 커졌어. 나는 분하고 억울해서 이 일을 아폴론 님에게 알리고 말 거야."

아폴론의 까마귀는 기어이 아폴론에게 갔다.

"신이시여, 지금 코로니스는 어느 인간 왕자와 사랑에 빠져 있습니다."

아폴론은 까마귀의 말을 듣는 순간, 머리에서 월계관이 미끄러져 내렸다. 그는 분노하여 태양의 빛도 푸르게 비쳤다. 그는 누구도 피할 수 없는 화살 하나를 활에 메겨 자신의 가슴으로 감촉하던 코로니스의 가슴을 겨누고 화살을 당겼다.

코로니스는 비명을 지르고 쓰러졌다. 그리고 조금 후 그녀는 화살을 뽑았다. 희고 긴 손가락은 이미 진홍빛 피로 물들어 있었다. 코로니스는 하늘을 향해 부르짖었다.

"오, 아폴론이여, 저를 죽이시더라도 당신의 아기나 낳게 한 연후에 죽이실 것을……. 이로써 하나의 화살에 두 생명이 죽어갑니다."

아폴론은 코로니스의 말에 깜짝 놀랐다. 그는 코로니스의 운명을 바꾸어 놓으려고 애를 써보았으나 이미 늦었다. 그는 뒤늦게야 자신이 사랑한 결실인 아이가 코로니스의 뱃속에 들어 있다는 사실을 알고, 불에 타고 있는 코로니스의 복중에서 아기를 꺼내어 켄타우로스족의 현자 케이론에게 맡겼다. 케이론은 그 자신이 아폴론으로부터 배운 의술을 모두 아이에게 전수하였다. 아폴론은 고자질하고 상을 바라고 있던 까마귀에게 코로니스의 정부였던 이스키스의 검은 피부를 씌웠다. 그 후로 까마귀의 깃털이 까맣게 됐다고 한다.

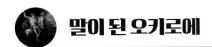

말이 된 오키로에

켄타우로스족은 반인반마(半人半馬)의 종족으로, 상반신은 인간의 모습에 하반신은 말의 모습을 하고 있다. 켄타우로스족의 하나인 케이론은 의술과 예언·음악·사냥 등에 뛰어나, 헤라클레스와 아스클레피오스·이아손·디오스쿠로이·아킬레우스·악타이온 등 신화에 등장하는 영웅들이 그의 가르침을 받았다.

케이론은 아폴론과 코로니스 사이에서 태어난 아이를 기꺼이 맡아 키우게 되었다. 그런데 케이론에게는 딸이 하나 있었는데, 그녀의 어깨를 금발의 머리카락으로 덮고 있었다. 그녀는 케이론이 님프 카리클로와 관계하여 오키로에라고 불리는 시냇물의 둑에서 그녀를 낳아 오키로에라고 이름 지었다. 그녀는 아버지 케이론의 갖가지 예술과 기예를 배우는 데 만족하지 않고, 운명의 비밀을 예언하는 능력까지 배워 예언가로 유능하였다. 오키로에가 신기(神氣)에 데워지자 아폴론이 맡긴 아이를 보고는 입을 열었다.

"아이야, 온 세상에 건강을 가져다줄 자여, 무럭무럭 자라거라. 필멸의 인간 중에 너에게 목숨을 빚질 자가 어찌 한둘이겠느냐? 기왕에 죽은 사람이 너에게 목숨을 빚지는 일 또한 없지 않을 것이다. 하지만 이로써 신들의 노여움을 살 것이고, 네 할아버지(제우스)의 벼락이 너를 쳐서 네가 얻은 은혜를 앗아갈 터인데, 이 일을 어찌할꼬. 그렇지만 너는 필멸의 강에 떨어져 시신이 되었다가 그 죽음으로부터 다시 살아나 신위에 오를 것이다. 그리하여 너는 네 운명을 두 번 새롭게 맞을 것이다. 사랑하는 아버지여, 지금은 불멸의 아버지여. 하지만 아버

▲**켄타우로스 축제**_에토레 포르티의 작품

지 역시 오래지 않아 돌아가실 것입니다. 무서운 독사에게 물려 그 독이 온몸으로 퍼지면서 아버지를 괴롭힐 것입니다. 그때가 되면 신들은 아버지께 내리신 불사의 권능을 필멸의 목숨으로 바꿀 테니, 아버지는 언젠가 죽음을 맞으시게 될 것입니다. 그때 운명의 세 여신이 오실 것이고, 이 중의 한 분은 아버지의 운명의 실을 감으실 것입니다."

이 오키로에는 천기(天機)를 누설하고 있었다. 그러나 그녀의 예언이 끝난 것이 아니었다. 오키로에는 가슴 깊은 바닥에서 한숨을 내쉬었고, 두 뺨 위로 눈물을 흘리며 말을 했다.

▲케이론에게 활쏘기를 배우는 아킬레우스_장 밥티스트 레뇨 남작의 작품

"운명의 여신들은 저에게 이제 천기누설을 그만두어야 한다고 하십니다. 아, 운명의 여신들은 제 예언력을 간파하시고, 그 예언력이 은혜로 얻은 권능이 아니라 제게 내린 하늘의 분노라고 여기고 있습니다. 미래를 알지 못한다면 얼마나 좋겠습니까? 저에게는 보입니다. 인간의 모습이 내게서 물러나고 있는 것 같습니다. 이제 풀이 내 입맛에 당기고, 나를 기쁘게 합니다. 이제 저는 드넓은 평야를 넘나들기를 갈망합니다. 나는 암말로, 그리고 내 아버지의 생김새에 따라 변신할 것입니다. 저는 지금 말로 변신되어 갑니다. 그렇지 않아도 반은 말의 몸인 제 몸이…… 아, 아버지. 제가 왜 말로 변신되어야 합니까? 반인 반마의 딸인 제가 왜 온전한 말로 변신되어야 합니까?"

오키로에가 울먹거리며 한 이 말의 끝부분은 미처 알아들을 수가 없었다. 그녀의 말소리는 이미 말의 울음소리로 변해 가고 있었다. 그리고 잠시 후 그녀는 완벽한 말의 울음소리를 외치며 두 손을 풀밭 위에 뻗었다. 그런 다음 그녀의 손가락은 자꾸만 커지다가 이윽고 딱딱한 말발굽으로 변했다. 머리도 커지고 목도 길어졌다. 옷자락은 꼬리의 갈기가 되었고, 어깨를 덮던 금발은 머리로부터 목뒤와 등으로 흐르는 갈기가 되었다. 그리고 그녀의 목소리와 모습의 변신이 함께 일어났다. 이 놀라운 변신으로 그녀는 암말로 거듭났다.

돌로 변한 바토스 노인

필리라의 아들이자 반인반마인 케이론은 슬퍼하며, 암말로 변신한 딸의 모습을 되돌려 달라고 아폴론 신에게 빌었다. 하지만 천기를 누설한 오키로에의 죄업은 주신 제우스의 노여움을 샀기 때문에 아폴론으로서도 어쩔 수 없었다. 당시 아폴론은 엘리스와 메세니아 들판에 나가 있었다. 그는 소치기의 모습을 하고 있었는데, 한 손에는 나무에서 잘라낸 막대기가, 다른 손에는 일곱 개의 갈대를 나란히 붙여 만든 목신의 시링크스가 들려 있었다.

아폴론은 코로니스를 잃은 슬픔에 목신의 파이프인 시링크스로 마음을 달래며 소치기 일을 하고 있었다. 그러나 옛사랑을 생각하며 시링크스를 불 때에는 마음이 슬퍼져 가축을 제대로 돌볼 수가 없었다. 가축무리는 아폴론이 시링크스를 연주할 때 필로스의 벌판으로 넘어갔다.

이때를 놓치지 않고 제우스와 마이아 사이에서 태어난 헤르메스가 아폴론의 소들을 숲속에다 감추어두었다. 이를 본 사람들은 아무도 없었다. 그 근처에서 이름이 꽤 알려진 노인 외에는 아무도 도둑질을 눈치채지 못했다. 모든 이웃은 그 노인을 바토스라고 불렀다. 그는 숲과 풀밭 목초지, 그리고 부유한 넬레우스의 혈통 좋은 암말을 지키고 있었다.

헤르메스는 그 노인이 행여 자신이 한 일을 떠벌릴까 봐 두려워 그에게 온화하게 말했다.

"낯선 자여, 노인장이 누구인지 모르나, 혹시 누가 노인장에게 가축무리를 보지 못했느냐 묻거든 못 보았다고 대답하시오. 그리고 여기

▲**헤르메스와 바토스**_야콥 요르단스의 작품

잘생긴 암소가 한 마리 있으니, 내가 그 대가로 노인장에게 베푸는 성
의로 여기고 거두어주시오."

노인 바토스는 암소를 받고는 가까이 있던 돌 하나를 가리키며 말
했다.

"걱정하지 마시오. 그대의 뜻대로 될 것이오. 저기 저 돌이 고자질
하는 일이 있으면 있었지, 내가 고자질로 떠벌리진 않을 것이오."

제우스의 아들인 헤르메스는 짐짓 그 자리를 떠났다가, 그 노인을
믿을 수 없어 다른 사람으로 변신하고는 노인에게로 돌아와 다른 목
소리로 물었다.

"노인장, 이곳을 지나가는 내 가축을 못 보셨습니까? 보셨다면 내
게 당신의 도움을 주시오. 그리하면 황소 한 마리에 암소 한 마리까지

▲ **헤르메스와 바토스**_디르크 반 베르겐의 작품

노인장에게 선물할 것이오."

　노인은 상급(賞給)이 두 배가 된다는 말에 생각이 달라졌다. 그래서
노인은 변신한 헤르메스에게 조금 전의 일을 고해 바쳤다.

　"가축들은 저 언덕 아래에 있을 것이오."

　그가 가리킨 언덕 아래에는 헤르메스가 숨겨둔 가축들이 있었다.
전령의 신 헤르메스는 웃으며 말했다.

　"한 입으로 두말하는 사기꾼, 조금 전 내 앞에서 철석같이 약속하고
는 돌아서서 다른 소리를 해? 노인장은 나를 우롱하고 배신했어."

　헤르메스는 바토스 노인을 단단한 돌로 변신시켰다. 오늘날 시금석
이라고 불리는 돌이 바토스 노인이 변신하여 만들어진 돌이다.

헤르메스와 헤르세

헤르메스는 아틀라스의 딸 마이아와 제우스 사이에서 난 아들로, 어릴 때부터 많은 재능을 가지고 있었다. 헤르메스의 재능을 높이 산 제우스는 그를 전령으로 삼기로 했다. 그래서 헤르메스는 신들과 인간들, 여러 신들 사이를 오가며 다리 역할을 하게 되었다. 죽은 이의 영혼을 산 자들의 세계에서 죽은 자들의 세계로 데려다주는 것도 헤르메스가 하는 일이었다.

뱀 두 마리가 새겨진 지팡이를 든 헤르메스가 하늘 높이 날아올랐다. 그는 아테나 여신에게 봉헌된 땅, 그리고 잘 심어진 리케이온의 숲을 내려다보았다. 그때, 대지 위에는 순결한 처녀들이 꽃으로 장식된 바구니에 신성한 제물을 담고 아테나 여신의 즐거운 성채로 향했다. 하늘을 선회하던 헤르메스는 자신이 갈 길을 잊은 채 처녀들을 내려다보았다. 그런데 처녀 중에 아름다운 헤르세가 헤르메스의 눈에 들어왔다. 그녀는 케크롭스의 세 딸 중 맏이였다. 헤르메스는 헤르세의 아름다움에 걷잡을 수 없이 설레었다. 그는 목적지를 바꾸기로 마음먹고 하늘에서 땅으로 내려섰다. 외모라면 어느 정도 자신 있는 헤르메스였지만 헤르세에 비하면 어쩐지 자신이 한없이 초라한 것 같아 그는 머리카락을 손질하고, 옷매무새를 매만져 술이 달린 옷 가장자리와 금장식이 겉으로 잘 드러나게 했다.

헤르세가 사는 궁전에는 상아와 거북이 껍질로 장식된 세 개의 침실이 있었는데, 그 중 판드로소스는 오른쪽, 아글라우로스는 왼쪽, 헤르세는 중앙에 침실이 있었다. 헤르메스는 이 궁전 안채로 숨어들었

▲ **리케이온 숲 위를 나는 헤르메스**_요하네스 글라우버의 작품

다. 맨 먼저 그를 본 것은 왼쪽에 자리하고 있던 막내인 아글라우로스
였다. 그녀는 헤르메스에게 정체가 무엇이며, 무엇 때문에 숨어들어
왔느냐고 물었다. 이에 헤르메스는 주저 없이 대답했다.

  "나는 제우스의 아들인데, 내가 여기에 온 것은 헤르세 때문이다.
그러니 너는 네 언니의 동생 노릇을 제대로 하고, 장차 내 아들의 이
모가 되도록 하여라. 호의로써, 사랑에 빠진 나를 도와주길 바란다."

  아글라우로스는 일찍이 금발의 여신 아테나가 맡긴 바구니 안을 들
여다보던 눈으로 헤르메스를 바라보았다. 그리고는 그 제안을 받아들
이는 대신에 엄청나게 많은 황금을 요구했다. 헤르메스가 이 요구를

받아들이지 않자 아글라우로스는 그를 궁전에서 내쫓았다.

이때 호전적인 아테나 여신이 이 모습을 내려다보면서 화를 참느라고 한숨을 쉬었다. 한숨 소리가 어찌나 컸던지, 여신의 젖가슴과 배를 가리고 있던 흉갑이 부르르 떨렸다. 여신은 그토록 당부했는데도 불구하고 궤짝을 열고, 어미 없이 태어난 신의 아들을 엿본 이 아글라우로스를, 그 궤짝 뚜껑을 열던 아글라우로스의 손을 잊었을 리 없었다. 그런데 그 더러운 손이 여신의 눈앞에서 이번에는 탐욕스럽게 황금을 요구하는 모습에 아테나 여신은 대로하였다.

아테나 여신은 이내 질투의 여신 젤로스를 찾아갔다. 젤로스는 어둡고 지저분하기 짝이 없는 집에 살고 있었다. 그 집은 햇살이 비치기는커녕 바람도 한 점 불지 않는 깊은 계곡에 있었다. 아테나 여신은 이 집 앞에서 걸음을 멈추었다. 그녀는 고귀한 몸으로 질투의 집 안에는 들어갈 수 없게 되어 있었다. 여신은 창끝으로 문을 두드렸다. 문이 열리자 집 안에서 마침 마성을 돋구어주는 뱀의 살을 먹고 있던 젤로스가 걸어 나오며 아테나 여신을 보고는 비명을 질렀다.

젤로스는 질투의 여신으로 잠이라는 것을 알지 못했다. 밤이고 낮이고 근심 걱정에 쫓기고, 남의 좋은 꼴을 보면 속이 상하여 보는 것만으로도 나날이 여위어가는 것이었다.

아테나 여신은 역겨움을 꾹 참고 질투의 여신에게 말했다.

"케크롭스의 막내 딸 아글라우로스에게 네 독을 좀 나누어주어라. 이는 내가 너에게 바라는 바다."

여신은 이렇게 말한 뒤 하늘로 날아올랐다. 젤로스는 여신의 명령을 거역할 수 없어, 검은 구름으로 몸을 감싸고 그곳을 떠났다.

◀**헤르세의 방에 드는 헤르메스**_파올로 베로네세의 작품

▲**돌이 되는 아글라우로스**_장 밥티스트 마리 피에르의 작품

그리고 케크롭스의 딸 아글라우로스의 방으로 날아가, 여신이 명한 대로 손을 썼다. 먼저 심술이 뚝뚝 듣는 손을 처녀의 가슴에 대어 그 안을 가시덩굴로 채우고 시커먼 독기를 뿜어 뼛속에까지 독기가 스며들게 한 뒤, 심장에도 따로 독기를 흘려 넣었다. 젤로스는 여기에서 그치지 않고, 아글라우로스가 오로지 헤르메스와 헤르세만을 질투하도록 화려한 복장의 헤르메스와 헤르세의 결혼 장면을 형상으로 빚어 보여 주었다. 아글라우로스는 그 환영을 보고는 그만 질투의 화신이 되었다.

가슴에서 이는 질투의 불길이 처녀의 가슴을 먹어들어 갔다. 이후 아글라우로스는 언니 헤르세의 방문 앞에 드러누워 꼼짝하지 않았다.

이윽고 헤르메스가 헤르세를 만나러 돌아왔다. 그는 아글라우로스에게 길을 비키라고 타일렀다. 그러나 아글라우로스는 소리를 질렀다.

"이제 내 언니에게 그만 오세요. 당신을 쫓아내기 전에는 여기에서 꼼짝도 하지 않겠어요."

막무가내로 버티고 있는 그녀에게 헤르메스가 분노하여 말했다.

"그래? 그 말 잊지 않도록 하여라."

헤르메스는 가지고 있던 지팡이로 툭 건드려 문을 열었다. 아글라우로스는 그가 한 말이 심상치 않게 여겨져 일어나려고 했다. 그러나 사지가 노곤하고 무거워 앉은 자리에서 꼼짝도 할 수 없었다. 아글라우로스는 다시 한 번 일어나 보려고 했다. 그러나 역시 무릎이 말을 듣지 않았다. 치명적인 냉기가 그녀의 가슴에 들어갔고, 삶의 통로와 그녀의 호흡을 멈추게 했다. 돌은 이제 그녀의 목을 소유하고 있었다. 그녀의 얼굴은 굳어졌고, 그녀는 석상으로 변신되어 앉아 있었다. 돌은 하얗지도 않았다. 그녀의 마음은 새까맣게 변신한 석상처럼 더러워져 있었다.

제우스와 에우로페

아틀라스의 외손자이자 전령의 신인 헤르메스는 말버릇이 고약하고 뱃속이 검은 처녀 아글라우로스를 벌하고는 아테나 여신에게서 이름을 따온 도시 아테네를 떠나 하늘로 올랐다. 아버지 제우스가 이 아들을 불러 말했다.

"내 명령의 신실한 전령이여. 서둘러 네가 익히 아는 길을 따라가 왼편에 있는 네 어머니 별자리를 바라보며 한참을 더 날다 보면 시돈이라는 땅에 이를 게다. 가서 보면 그 땅 왕의 가축 무리가 산자락에서 풀을 뜯고 있을 터이니, 이 가축 무리를 바닷가로 내몰아라."

주신의 명령을 받은 헤르메스는 일각도 지체하지 않고 창공을 날아올라, 산자락에서 풀을 뜯고 있는 소떼를 해변 쪽으로 몰아넣었다. 소떼가 향하는 바닷가에는 그 나라의 공주가 처녀들과 자주 어울려 놀던 풀밭이 있었다. 사랑을 성취하려는 마음과 품위를 지키려는 마음은 서로 조화를 이룰 수 없다. 신들의 주신인 제우스는 전능한 신으로 고개짓만으로도 능히 만물을 죽일 수도 있고, 살릴 수도 있다. 그런 제우스가 자신의 위엄을 팽개치고 황소의 모습으로 변신하고는 다른 소들에 섞여 풀밭에 그 모습을 나타내었다.

제우스가 변신한 황소의 털은 아무도 밟지 않은 데다 남풍에 녹지 않은 눈처럼 눈이 부실 정도로 희었다. 목의 하얀 살은 더할 나위 없이 튼튼했고, 늘어진 살덩어리는 탄탄하고도 실했다. 뿔은 날카롭지는 않아도 장인이 다듬어 놓은 듯 반짝거렸다. 눈빛은 부드러웠고, 얼굴은 평화로워 보였다. 제우스의 이런 변신에 아게노르의 딸은 이 황

에우로페 납치_시몽 부에의 작품

에우로페 납치_시저 반 에베르딩겐의 작품

소를 보자 마음에 들었는지 그 가까이에 다가와, 황소의 입 앞에 꽃 한 송이를 갖다 대었다. 황소는 곧 제 차지가 될 에우로페의 손에 입을 맞추었다.

에우로페는 황소의 입맞춤이 간질거렸는지 손을 살며시 빼고, 황소의 머리를 쓰다듬었다. 제우스는 자신의 머리를 쓰다듬는 에우로페의 여린 손길을 느끼고 마냥 입을 벌렸다. 황소는 그녀를 어르기도 하고, 푸른 풀밭을 뛰어다니기도 하며, 모래사장에 그 눈 같은 흰 몸을 눕히기도 하였다.

에우로페는 제우스의 여인 중 헤르메스의 어머니인 마이아와 함께 대우가 매우 좋은 인물이다. 헤라에게 별다른 해코지를 당하지도 않는다. 제우스는 서두르지 않았다. 처음에는 가벼운 걸음으로 해변을 걷다가 서서히 파도가 밀려오는 곳까지 걸어 나갔다. 황소의 몸은 바다에 잠기더니 이제는 에우로페가 내려올 수 없는 곳까지 들어왔다.

에우로페는 그제야 기겁하고는 바다에 빠지지 않으려고 황소의 뿔을 잡은 채 뒤를 돌아보았다. 그러나 이미 땅과는 멀어져 있는 상황이었다. 황소는 점점 깊은 바다를 향해 나아갔다. 황소는 그대로 크레타 섬까지 헤엄쳐 가더니, 고르티나 샘 근처의 플라타너스나무 밑에서 다시 제우스로 변신해서 에우로페와 사랑을 나누었다.

하룻밤에 읽는 그리스·로마 신화
신들의 사랑과 욕망

| 제3부 |

광기의 시대

카드모스의 테베 건설

아게노르 왕은 하나밖에 없는 고명딸 에우로페가 황소로 변한 제우스에게 납치되어 돌아오지 않자, 오빠인 카드모스를 보내어 에우로페를 찾아보게 했다. 찾지 못하면 아예 돌아올 생각도 하지 말라는 단서를 붙였다. 카드모스는 고향을 떠나 오랫동안 방방곡곡을 찾아 다녔지만 끝내 누이를 찾을 수 없었다. 그렇다고 빈손으로 귀국할 수도 없었다.

카드모스는 카스탈리아 동굴에서 아폴론 신에게 신탁을 구했다. 신관(神官)이 해석한 아폴론의 신탁은, 머지않아 카드모스가 들판에서 암소 한 마리를 만나게 될 것인즉 그 암소가 걸음을 멈추거든 거기에다 도시를 세우고 이 도시를 테베라고 명명하라는 것이었다. 과연 도중에 카드모스는 암소를 만나게 되는데, 그 암소를 따라가서 암소가 눕는 장소에 이르렀으니 바로 이곳이 나중에 위대한 도시 테베가 되는 곳이다.

이어 제우스 신에게 제사를 올려야겠다고 생각한 카드모스는 데리고 온 부하들에게 명하여, 깨끗한 물을 떠오게 했다. 근처에는 아직 어떤 나무도 도끼를 맞아 그 신성을 훼손당한 적이 없는 오래된 숲이 있었고, 그 한가운데엔 동굴이 하나 있었다. 무성한 관목에 덮여 있는 그 동굴의 천장 아래엔 참으로 맑디맑은 물이 솟아오르는 샘이 있었다. 그러나 이 동굴에는 무지막지한 뱀이 한 마리 있었는데, 이 뱀의 머리는 황금빛 비늘로 덮여 있었다.

이 사실을 모르던 카드모스의 부하들은 그만 그 뱀에게 살해당하고 말았다. 카드모스는 부하들을 기다렸지만, 한낮이 되어도 돌아오지

▲**용을 무찌르는 카드모스**_자신의 부하들을 잡아먹는 용과 싸우는 카드모스. 헨드리크 골치우스의 작품

앉자 그들을 찾으러 나섰다. 숲으로 들어간 카드모스는 즐비한 부하들 시체와 턱이 피로 물든 괴물을 보고는 분노하였다.

카드모스는 큰 바위를 들어, 있는 힘을 다해 뱀에게 던졌다. 그만큼 큰 바위라면 능히 성벽도 무너뜨릴 만했으나 뱀은 끄떡도 하지 않았다. 이어서 카드모스는 투창을 날렸다. 투창은 바위보다는 훨씬 효과적인 공격 무기 노릇을 했다. 말하자면 그 창이 뱀의 비늘을 꿰뚫고는 뱀의 몸에 깊숙이 박힌 것이다.

카드모스가 그 뱀을 죽이고 한숨 돌릴 때, 어디에선가 작은 목소리가 들려왔다. 그 소리는 아테나 여신의 음성으로, 카드모스에게 그 뱀의 이빨을 수습하여 대지에 뿌리라고 명령했다.

카드모스는 아테나가 시키는 대로 땅바닥에 이랑을 만들고 그 이빨을, 운명에 의해 한 무리의 인간으로 돋아나게 되어 있는 이빨을 뿌렸다. 그러자 땅에 떨어진 이빨에서 무장한 전사들이 솟아올랐다. 카드모스는 그 전사들에게 돌을 던졌는데, 이들은 서로 죽이고 죽는 싸움을 하여 마지막에 다섯 명만이 남게 되었다. 이들 다섯 명이 카드모스를 도와 테베를 세우고 테베 귀족의 조상이 된다.

카드모스는 아프로디테의 딸 하르모니아와 결혼하였다. 신들은 올림포스 산에서 내려와 이 결혼식에 하객으로 참석했다. 헤파이스토스는 신부에게 더할 나위 없이 아름답게 만든 목걸이를 선물로 주었다.

그러나 카드모스 일가의 앞날에는 기구한 운명이 기다리고 있었다. 카드모스가 죽인 뱀이, 실은 군신 아레스에게 봉헌된 것이었기 때문이다. 이 때문에 카드모스의 딸 세멜레, 이노, 그리고 손자 악타이온과 펜테우스가 모두 비참한 죽음으로 삶을 마감했다. 뿐만 아니라 카드모스와 하르모니아도 테베 백성들로부터 환영받지 못해, 그 땅을 버리고 엔켈레아이인들의 나라로 옮겨가서 살았다. 엔켈레아이인들은 이 둘을 반갑게 맞아들였고, 카드모스를 자기네 나라 왕으로 세웠다. 그러나 자식들이 당한 불행이 견디기 어려운 무게로 두 사람의 마음을 괴롭혔다. 어느 날 카드모스가 이렇게 한탄했을 정도였다.

"뱀의 목숨이 신들에게는 이렇게도 중요했던가? 차라리 내가 뱀이었던 것만 같지 못하다."

이 말이 떨어지자마자 카드모스의 모습이 뱀으로 변신되어 갔다. 그것을 보고 있던 하르모니아는 남편의 운명이 그러할진대 자기 역시 남편과 그 운명을 함께할 수 있게 해달라고 신들에게 빌었다. 두 사람은 이렇게 해서 뱀이 되었다.

아르테미스와 악타이온

카드모스와 하르모니아의 후손 중 처음으로 애통의 원인을 제공한 것은 외손자 악타이온이었다. 악타이온은 여신의 분노로 사슴으로 변신되었다가 자기의 사냥개에게 물려 죽었다. 그런데 악타이온이 여신에게 징벌당한 것은 특별한 잘못이 있어서가 아니었다. 그에게 죄가 있다면 사냥을 나가 숲속에서 길을 잃은 것뿐이다.

악타이온이 여신으로부터 징벌당한 무대는 야생 짐승들의 핏자국으로 얼룩진 산속이었다. 카드모스의 외손자 악타이온은 동료들과 함께 사냥개를 데리고 사냥을 나왔다.

이 산에는 소나무와 날카롭고 뾰족한 노송나무가 덮인 계곡이 있었다. 이 계곡은 사냥의 여신 아르테미스에게 봉헌된 곳이다. 이 계곡에는 사람의 손길이 닿지 않은 곳으로, 천연의 조화가 예술품을 빚어놓은 것 같은 동굴이 하나 있었다. 이 동굴의 천장에는 석회석과 응회석이 자연스런 아치를 만들어 놓았다. 오른쪽에는 맑은 샘물이 졸졸 흐르고 있었다. 숲의 여신은 사냥에 지쳤을 때, 이곳에 와서 맑은 물에 몸을 담그고 목욕하며 피로를 풀었다.

이날도 사냥의 여신은 동굴로 들어가자 무기를 담당하는 님프에게 투창과 화살통과 시위 벗긴 활을 맡겼다. 이렇게 아르테미스 여신이 님프들의 수발을 받으며 목욕하고 있는 동안, 사냥을 끝마친 악타이온은 발길을 한 번 잘못 디뎌 숲을 헤매다가 아르테미스의 동굴 입구로 들어섰다. 그리고 그는 전혀 뜻하지 않게 여신의 목욕 장면을 목격하게 되었다.

아르테미스와 악타이온_카미유 코로의 작품

▲악타이온과 아르테미스_티치아노의 작품

벌거벗은 님프들 사이에 유난히 키가 큰 여신의 나신은 대리석을 조각한 것처럼 미끈하면서 눈이 부시게 아름다웠다. 악타이온은 여신의 나신을 본 순간 동굴 앞의 바위처럼 멈춰 섰다. 님프들은 벌거벗은 채로, 불시에 들이닥친 남자를 보고 숲이 떠나가도록 비명을 질렀다. 그녀들은 자신들의 벌거벗은 나신보다는 여신이 벌거벗은 알몸을 가리려고 그녀의 몸을 덮었다. 그러나 여신이 님프들보다 키가 컸기에 여신의 맨 어깨가 드러나는 것이 자연스러웠다. 실오라기 하나 걸치지 않고 불시에 알몸을 들켰기에 여신의 뺨은 태양 빛을 받아 새벽의 장밋빛처럼 붉게 물들었다. 여신은 자신을 둘러싸고 있는 님프들 사이에서 몸을 돌려 어깨 너머로 악타이온을 바라보았다. 여신과 시선이 마주친 악타이온은 불같이 이글거리는 여신의 눈을 보는 순간, 모든 것이 여신에게 빨려 들어가는 듯한 섬뜩함을 느꼈다. 여신의 주위에 활과 화살이 있었으면 좋았을 테지만, 옆에 있을 리 없었다. 화살을 쏠 수 없었던 여신은 화살 대신 무서운 눈길을 보낸 것이다. 순결성에 상처를 입은 아르테미스는 크게 분노하여 악타이온에게 일갈했다.

"아르테미스의 벌거벗은 몸을 보았다고 그 입으로 말할 수 있거든 말해 보아라."

말을 마친 여신은 샘물을 그의 얼굴에 뿌리며 저주를 내렸다. 아르테미스의 저주를 받은 악타이온은 사슴으로 변신하였다. 악타이온은 자신이 데려온 사냥개들에게 추격당해 물어뜯기며 숨을 거뒀다. 후일담이지만, 악타이온이 그 많은 사냥개에게 뜯기어 숨이 끊어질 즈음에야 저 사냥의 여신 아르테미스는 분노를 풀었다고 한다.

 제우스와 세멜레

　악타이온의 죽음 이야기가 올림포스에 전해지자 신들의 의견은 엇갈렸다. 어떤 신들은 여신의 행위가 적절한 수준을 넘어 지나치게 가혹했다고 했다. 또 다른 신들은 여신의 처녀성에 비추어 합당한 방법이었다고 말했다. 두 부류의 의견은 나름대로 합리적인 이유를 들었다. 오직 제우스의 아내 헤라만은 아르테미스를 찬양도 비난도 하지 않고 아게노르 집안에 내린 재앙을 속으로 기뻐하였다. 그것은 그 옛날 연적인 에우로페에게 품었던 앙심을 그녀의 자손인 악타이온에게 돌렸던 것이다. 그런데 이 일로 인한 감정의 불똥이 엉뚱한 쪽으로 튀었다. 헤라는 테베의 공주 세멜레가 위대한 제우스와 관계하여 아이까지 임신한 사실을 알아내고는 질투와 분노로 슬퍼했다.

　질투에 사로잡힌 헤라 여신은 그녀의 옥좌에서 일어나 황금빛 구름 속에 몸을 가리고 세멜레의 집에 접근했다. 여신은 늙은 여자로 변신하고는 구름을 제거한 다음 자신의 변신된 몸을 나타냈다. 여신은 세멜레의 유모 베로에로 치장했기에 자연스럽게 그녀에게 접근할 수 있었다. 그렇게 하여 오랜 시간 세멜레와 이런저런 이야기를 나누다가 제우스의 이야기가 나왔을 때, 유모는 한숨을 쉬며 말했다.

　"아씨의 그분이 제우스 신이라면 얼마나 좋겠어요. 그러나 저는 모든 것이 두렵답니다. 왜냐하면 세상에는 많은 사내들이 순진한 처녀의 침실을 기웃거릴 때 신을 빙자하여 행세하곤 하지요. 행여 그분이 자기 입으로 자신이 제우스 신이라고 해도 아씨께서는 마음 놓아서는 안 됩니다. 만일 그가 아씨를 진정으로 사랑한다면, 그에 대한 증거를

▲**제우스와 세멜레**_카를로 마라타의 작품

보이도록 여쭈어보세요. 그래서 제우스 신이 맞는다면, 올림포스에
계실 때의 진짜 본 모습을 한 번 보여달라고 부탁해 보세요.”

헤라의 꾐에 넘어간 세멜레는 제우스를 만나자 우선 부탁이 있다고
말하고 나서, 그 부탁이 무엇인지는 밝히지 않은 채 꼭 들어달라고 졸
랐다. 제우스는 사랑하는 그녀의 요청을 거절하지 않고 말했다.

"내 그대의 청을 거절하지 않으리. 그대가 더욱 안심할 수 있도록 저 무서운 저승의 강 스틱스에 걸고 맹세하겠네."

제우스는 스틱스 강에 걸고 서약을 세웠기 때문에, 이제 그 어떤 약속도 취소할 도리가 없었다. 그제야 세멜레는 제우스에게 신의 본 모습을 보여달라고 졸랐다. 제우스는 그녀가 그 말을 하는 동안 그녀의 입을 막으려 했지만, 그녀의 성급한 말이 먼저 공중으로 새어 나온 뒤였다. 제우스는 신음했다. 왜냐하면 이제 그녀가 말한 청을 안 들어줄 수가 없었기 때문이다.

제우스는 슬픔에 잠긴 채 올림포스로 올라간 후, 비교적 가벼운 우의를 걸치고 벼락도 매우 약한 것으로 들고는 아게노르의 손녀가 사는 집으로 들어갔다. 그러나 빛을 가능한 한 줄이려 한 노력도 부질없이 필멸의 인간에 불과한 세멜레는 제우스의 광채를 보자마자 새카맣게 불타 죽고 말았다.

제우스는 죽은 세멜레의 배에서 태아를 꺼내 허벅지 안에 넣고 꿰매었다고 한다. 이윽고 자궁에서 보내야 하는 달이 차자 갓난아기가 제우스의 허벅지를 통해 탄생했으니, 이게 바로 술의 신 디오니소스의 탄생 과정이다. 제우스는 이 아기를 이모인 이노에게 맡겼는데, 그 후 니사 산의 님프들이 행여 헤라 여신에게 들킬까 봐 제우스의 아들을 동굴에다 숨기고 우유로 길렀다.

◀ **세멜레의 죽음**_줄리오 로마노의 작품

양성을 경험한 테이레시아스

어느 날 올림포스의 주신 제우스가 신들의 음료인 넥타르를 마시면서, 헤라 여신과 노닥거리며 농담을 주고받았다.

"남자와 여자가 사랑을 나눈다면 쾌락을 더 느끼는 것은 남자가 아니라 여자일 게요. 여자 쪽에서 보는 재미가 나을 테니까."

제우스의 장난과 같은 희롱에 헤라는 그렇지 않다고 말했다. 두 신은 티격태격 양보 없이 다투다가 결국 남자와 여자, 즉 양성으로 사랑을 나눠본 테이레시아스에게 누구 말이 맞는지 알아보도록 했다. 테베의 시각장애인 현자인 테이레시아스는 예언자 말고도 남성과 여성의 삶을 번갈아 살아본 인물로도 알려져 있다. 그가 성전환하여 양성을 살아본 사연은 다음과 같다.

테이레시아스가 길을 걷다가 한창 짝짓기하는 뱀들을 보았는데, 막대기로 그들의 염장질을 방해하다가 암컷 뱀을 죽여버렸다. 그리고 테이레시아스에게 때아닌 봉변을 당한 암컷 뱀은 죽기 전에 그에게 저주를 내려, 그를 여자의 몸으로 바꿔버렸다. 그렇게 약 7년간 여자로 살던 테이레시아스는 다시 길에서 또 짝짓기하는 뱀을 만나고, 또 몽둥이로 뱀을 죽였는데 이번엔 수컷 뱀을 죽여서 수컷 뱀의 저주로 남자로 다시 돌아왔다. 두 번째로 뱀을 죽인 이유는 어쩌면 암컷 뱀을 죽여봤던 경험을 통해 때려죽인 뱀과 같은 성별로 몸이 변하는 저주에 걸리리라는 걸 테이레시아스가 깨닫고 남자로 돌아가기 위해서였을 것이다.

테이레시아스는 위대한 두 신의 다분히 장난기가 넘치는 논쟁을 심

▲**여자로 변신한 테이레시아스**_피에트로 델라 베치아의 작품

판할 입장에 몰리자, 여성이 느끼는 쾌락이 9라면 남성은 1에 불과하다고 말했다. 이에 논쟁에서 진 헤라가 분노하여 화풀이로 테이레시아스의 눈을 멀게 하자, 제우스가 자신의 편을 들어준 대가이자 헤라의 저주에 대한 보상 격으로 예언의 능력을 줬다. 또한 제우스는 테이레시아스에게 남보다 일곱 배의 긴 수명을 줬는데, 그리하여 이 장님 예언자는 신화 이곳저곳에 시공을 초월하여 나타나 예언한다.

나르키소스

　테이레시아스의 신통한 예언력은 아오니아 전역으로 퍼져나가, 사람들이 그에게 앞날의 예언을 받고자 몰려들었다. 그들 중 강의 님프 리리오페가 있었다. 리리오페는 강의 신 케피소스의 굽이치는 강에 휘말리면서 순결을 잃었는데, 그로부터 달이 차자 아이를 낳았다. 리리오페는 넋이 빠지게 할 정도로 잘생긴 아기의 얼굴을 보고 나르키소스라는 이름을 짓고는 테이레시아스에게 데려가 아기의 운명을 물어보았다. 그러자 테이레시아스는 명확하게 대답했다.

　"이 아이가 자기 얼굴을 보지 않으면 오래 살 것이오."

　많은 님프와 사람들은 테이레시아스의 예언을 허무맹랑하게 여겼다. 그러나 의외의 사건이 그의 예언이 들어맞았음을 입증해 주었다. 나르키소스라 불리는 소년이 자신의 기이한 광기에 사로잡혀 죽게 된 것이다. 그의 죽음에 얽힌 사연은 다음과 같다.

　강의 신 케피소스의 아들이 열여섯 살이 되자 어엿한 미소년으로 자라났다. 그즈음에 많은 님프나 심지어 같은 남자들도 그에게 사랑을 느껴 구애해 왔다. 그러나 그는 자신의 아름다움에 대한 자부심이 너무 완고했기에 어떤 님프나 사람에게도 눈길을 주지 않았다.

　님프 에코는 숲과 언덕을 좋아해 사냥에 열중하고 있었다. 그녀는 아르테미스의 총애를 받으며 여신이 사냥하는 데를 따라다녔다. 그러나 그녀에게는 결점이 한 가지 있었는데, 그것은 말하기를 좋아하여 잡담할 때나 논의할 때나 마지막까지 지껄여대는 버릇이었다.

▲어린 나르키소스의 운명을 예언하는 테이레시아스_줄리오 카르피오니의 작품

어느 날 헤라 여신이 남편 제우스를 찾고 있었는데, 혹시 남편이 님프들과 노닥거리고 있지는 않나 하고 의심하였기 때문이었다. 그녀의 의심은 적중하였다. 에코는 님프들이 달아날 때까지 여신을 붙들어 놓으려고 계속 지껄여댔다. 그녀의 속셈을 알아차린 헤라는 에코에게 다음과 같이 선언하였다.

"나를 속인 그 혀가 답변하는 것 외에는 사용할 수 없으리라. 남이 말하고 난 뒤에 말할 수 있으나 남보다 먼저 말할 수는 없을 것이다."

이후 에코는 산속에서 사냥하고 있는 나르키소스를 보았다. 에코는 이 미소년을 사랑하게 되어 그의 뒤를 따라갔다. 그녀는 얼마나 그 아름다운 목소리로 말을 걸어 그와 얘기하고 싶었던가! 그러나 이제는 불가능한 일이었다. 그 미소년은 사냥하던 동료들과 떨어지게 되었다.

"누구든 근처에 있느냐?"

나르키소스는 소리 높여 외쳤다.

"있느냐?" 하고 에코가 대답했다.

아무도 오지 않았으므로 나르키소스는 다시 외쳤다.

"이리 와!"

그러자 그녀도 "이리 와!"라고 그를 불렀다.

그는 뒤돌아보다가 아무도 오지 않자 "왜 너는 나를 피하느냐?" 하고 외쳤다.

나르키소스가 외치자 에코는 사랑에 찬 마음으로 같은 말을 하고 그에게로 달려갔다. 에코가 그의 목에 팔을 감으려 하자 그는 깜짝 놀라 뒤로 물러섰다.

"놓아라. 네가 나를 붙잡는다면 차라리 난 죽어버리겠다."

나르키소스가 단호한 어조로 말하였다. 에코는 애원했으나 아무 보

▲에코_탤벗 휴스의 작품

람도 없었다. 그는 그녀의 곁을 떠나버렸고, 그녀는 하는 수 없이 부끄러워 붉어진 얼굴을 숲으로 감추었다.

　그때부터 그녀는 동굴 속이나 깊은 산속 절벽 가운데서 살게 되었다. 그녀의 몸은 슬픔으로 인해 여위어 마침내 살이 모두 없어졌다. 그녀의 뼈는 바위로 변신하고 몸에서 남은 것이라고는 목소리밖에 없게 되었다. 이 목소리[메아리]는 지금도 그녀를 부르는 어떤 사람에게도 대답할 준비를 하고 있고, 끝까지 말하는 옛 습관을 지니고 있다.

　나르키소스가 싫어한 것은 에코뿐만이 아니라 다른 님프들도 마찬가지였다.

　어느 날 한 님프가 그의 마음을 끌기 위해 노력하였으나 아무 효과도 보지 못하였으므로, 그도 언젠가는 사랑이 무엇인지, 또 정이 보답을 받지 못하는 것이 어떤 것인지를 깨닫게 해주십사고 기도를 올렸다. 그러자 복수의 여신 네메시스가 이 기도에 응답하였다.

어느 곳에 맑은 샘이 하나 있었는데, 그 샘물은 마치 은빛처럼 빛나고 있었다. 양치기들도 그곳으로는 양떼를 몰지 않았고, 산양이나 다른 짐승들도 가지 않았다. 나뭇잎이나 가지가 떨어져 수면이 더럽혀지는 일도 없었고, 커다란 나무가 햇빛을 가려주었다.

어느 날 나르키소스는 사냥과 더위와 갈증으로 지쳐 이 샘에 왔다. 그는 몸을 굽히고 물을 마시려 하다가 물속에 비친 자신의 그림자를 보았다. 그는 물속에 비친 그림자가 이 샘에 사는 어떤 아름다운 님프인 줄 알았다. 반짝이는 두 눈, 디오니소스와 아폴론의 머리카락같이 곱슬곱슬한 머리, 둥그스름한 볼, 상아처럼 흰 목덜미, 단아한 입술, 그리고 이 모든 것 위에 빛나는 그림자를 그는 넋을 잃고 바라보았다.

그는 그 모습이 못 견디게 사랑스러워 입 맞추려고 입술을 가까이 댔다. 그리고 사랑하는 사람을 포옹하려고 팔을 물속으로 집어넣었다. 그러자마자 그것은 달아나 버렸고, 잠시 후 다시 돌아와 그 매력을 새로이 하였다.

그는 그곳을 떠날 수가 없었다. 그는 언제까지나 샘 곁에서 서성거리며, 먹는 것도 잠자는 것도 잊은 채 자신의 그림자를 바라보고 있었다. 그는 물의 님프라고 생각되는 자기 그림자에게 말을 걸었다.

"아름다운 이여, 그대는 왜 나를 피하는가? 나의 얼굴이 그대가 싫어할 정도로 못생기지는 않았을 텐데. 님프들은 나를 사랑하고, 그대 또한 나에게 무관심하지 않은 것 같은데. 내가 팔을 내밀면 그대도 내밀고, 나에게 미소 짓고, 내가 손짓하면 그대도 손짓하지 않는가?"

이때 그의 눈물이 물 위에 떨어져 그림자가 흔들렸다. 그림자가 희미해지는 것을 보고 그는 외쳤다.

나르키소스와 에코_플라시도 콘스탄치의 작품

나르키소스와 에코_존 윌리엄 워터하우스의 작품

"제발 부탁이니 기다려 주오. 손을 대서는 안 된다면 바라볼 수나 있게 해주오."

그의 가슴에서 타는 사랑의 불꽃이 시나브로 그의 몸을 태워 안색은 날로 초췌해지고 힘은 쇠약해지고, 전에 그다지도 님프 에코를 매혹케 한 그 아름다움은 사라져 버렸다. 그러나 에코는 아직 그의 곁을 떠나지 않은 채 그저 그가 "아, 아!" 하고 외치면 같은 말로 대답하는 것이었다. 그렇게 나르키소스는 혼자서 애만 태우다가 그만 죽음을 맞고 말았다. 그의 망령이 저승의 강을 건널 때, 그는 배 위에서 몸을 굽혀 물속에 비친 자기 모습을 찾으려 하였다.

님프들은 그의 죽음을 슬퍼하였다. 특히 물의 님프들이 그랬다. 그리고 그들의 가슴을 두드리며 슬퍼하니, 에코도 자기 가슴을 두드렸다. 님프들이 나르키소스의 가여운 주검을 장례 지내 주려고 나뭇더미를 준비하고 화장하려 하였으나 시체를 발견할 수가 없었다. 그 자리에는 다만 한 송이 꽃이 조붓한 자태로 피어 있었다. 그 꽃은 속은 자줏빛이고 흰 잎으로 둘러싸여 있었다. 그것은 나르키소스[수선화]라 불리며, 그에 대한 추억을 영원히 간직하고 있다.

◀**나르키소스의 죽음**_헬렌 소니크로프트의 작품

신을 믿지 않은 펜테우스

나르키소스의 슬픈 이야기가 널리 퍼지자, 그의 운명을 예언한 테이레시아스의 명성도 그만큼 유명해지게 되었다. 그에 대한 소문은 아카이아 방방곡곡과 온 세상으로 널리 알려지게 되었다. 그러나 에키온의 아들 펜테우스는 테이레시아스 노인의 예언을 경멸하고, 시력을 잃은 그의 불행을 조롱했다. 이에 테이레시아스 노인은 경박한 펜테우스를 향해 입을 열었다.

"그대 역시 눈먼 사람이 되었다면 좋았을 것을……. 그러면 저 거룩한 디오니소스의 축제 현장을 보지 않을 것을! 그러나 그대가 신을 보는 날이 올 것이오. 지금도 나는 세멜레의 아드님이신 디오니소스께서 이 땅에 곧 오실 것을 예언하는 바이오. 그때 그대는 신에게 성전의 명예를 받들지 않는다면 몸이 천 군데로 찢어지며, 그대의 피로 숲과 그대의 어머니와 이모들을 더럽힐 것이다. 신을 부정하는 그대여, 이 어둠 속에서 내가 너무 많은 것을 보았다고 불평하리라."

펜테우스는 테이레시아스 노인이 이런 말을 할 때 그를 쫓아냈지만, 시각장애인 선지자의 예언은 성취되었다. 술의 신인 디오니소스가 승리의 행진으로 나타날 시간이 다가오자 디오니소스 신을 숭배하고자 테베의 들판은 온통 축제의 환희로 울려 퍼졌다. 신을 추앙하고자 남녀노소의 군중이 모두 나와, 새롭게 등장하는 신을 위한 축제를 준비했다. 그러나 펜테우스는 신을 거부하면서 백성들을 향해 신을 믿지 말라고 질책하였다. 그의 외할아버지 카드모스와 이모부인 아타마스, 그리고 그의 친구들은 펜테우스 왕의 처사를 비난했다. 그들은

▲**디오니소스 신도들을 박해하는 펜테우스**_18세기 필사본 채색판화

펜테우스 왕에게 신을 추방해서는 안 된다고 제지하려고 애썼지만 펜
테우스 왕의 결단을 막을 수 없었다. 그들의 훈계는 오히려 펜테우스
의 광기를 부채질하여 더 폭력적으로 변하게 할 뿐이었다.

이윽고 왕이 보낸 무사들이, 피투성이가 되어 돌아왔다. 펜테우스
가 얼굴을 찌푸리며 디오니소스는 어디에 있는지 물었을 때, 그들은
신을 보지 못했다고 말했다.

"그 대신 그를 신봉하는 한 사람을 잡아왔습니다. 사람들의 말로는
이자가, 이 축제를 집전한 신관(神官)이라고 합니다."

전령의 무사들에게 잡혀 온 포로는 펜테우스 앞에 무릎을 꿇었다.
그는 마이오니아 출신의 사람으로 디오니소스 종교의 신도였다. 펜테
우스는 포로를 보자 분노하여 그의 목을 치고 싶었으나 애써 마음을
가라앉히고, 가혹하게 문초하기 위해 입을 열었다.

"내 너를 죽여 너희 집단에 경계의 본보기로 보이겠다. 너의 이름은 무

엇이며, 어디에서 태어났고, 왜 이렇게 요망한 제사를 벌이게 됐느냐?"

두려움이 없는 포로는 담담하게 말했다.

"내 이름은 아코이테스(편하게 죽는 자)라 합니다. 고국은 마이오니아로 부모님은 평민 출신입니다. 아버님은 강건한 황소가 경작할 밭도, 털이 복슬복슬한 양들도 남기지 않으셨습니다. 그 자신은 가난할 뿐이어서 강가에서 물고기를 낚시하였기에 아버님의 전 재산은 바로 고기 잡는 기술이었던 것이지요. 아버님이 죽을 때 저에게 강물 외에는 아무것도 남기지 않았습니다. 하지만 저는 아버님처럼 이 세상을 살기가 싫었습니다. 그래서 뱃길을 헤아려 키를 잡는 기술을 배웠습니다. 저는 산양자리와 곰자리 등의 천체를 곧잘 헤아리고, 바람의 구역과 항구에 대해서도 제법 알지요.

한번은 델로스 섬으로 가던 중 키오스 섬에 들렀을 때의 일입니다. 노잡이들이 배를 해변에다 대자 저는 배에서 젖은 모래 위로 뛰어내렸습니다. 그리고 우리는 이곳에서 야영하게 되었지요. 새벽녘에 잠을 깬 저는 동료들에게 샘 있는 곳을 알려주고 물을 길어오라고 일렀습니다. 그러곤 저는 산들바람이 부는 언덕을 올라 주위를 둘러보았지요. 저는 곧 동료들을 불러 배로 돌아왔지요. 그런데 물 길러 갔던 동료 중 오펠테스가 먼저 오는데, 그의 옆에는 처녀처럼 아름다운 미소년이 따라왔습니다. 저는 그 미소년의 외모와 옷차림과 걸음걸이를 살펴보았고, 거기서 필멸의 존재로 여겨질 아무것도 느끼지 못했습니다. 저는 동료들에게 말했습니다.

'어느 신인지 모르지만, 저분 안에는 분명히 신성이 깃들어 있소. 오, 신이시여. 우리를 소중히 여기시고 우리의 수고를 도우소서. 귀하신 분을 함부로 대한 이들도 용서해 주십시오.'

▲**디오니소스**_조반니 프란체스코 로마넬리의 작품

   그랬더니 딕티스가 '우리를 위한 기도는 그만두시오.'라고 소리쳤지요. 그는 밧줄을 타고 돛대 위로 오르내리는 일에 매우 뛰어난 자였지요. 리비스와 노란 머리 멜란토스, 알키메돈도 딕티스와 같은 말을 했지요. 소리 질러 노잡이에게 박자를 맞추어주는 에포페우스 또한 그들과 비슷한 말을 했지요. 모두 노략질에 눈이 어두웠던 모양이지요. 저는 그들에게 외쳤습니다.

   '나는 이 배에 신성하신 분을 억지로 태워 우리의 뱃길을 저주받게 할 수 없다. 여기서 나는 가장 큰 몫을 가지고 있으니 내 말에 따라야 한다.'

   그리고 저는 배에 오르는 입구를 가로막고 나섰지요. 그러자 우리 동료 중 가장 대담한 리카바스가 화를 냈습니다. 무서운 살인에 대한 처벌로 에트루리아의 도시에서 추방된 그는 도망자 신세였지요. 제가 저항하자 이자는 주먹으로 내 목을 내리쳤습니다. 제가 밧줄을 굳게 붙잡지 않았다면, 바다로 내던져졌을 것입니다. 저는 밧줄을 잡아당

겨 뱃전으로 올라갔습니다. 불경한 동료들이 리카바스에게 박수를 보
냈습니다. 그리고 마침내 신께서 다가왔습니다. 그 미소년은 디오니
소스 신이었습니다. 그분은 고함소리에 잠을 깬 듯이 물었습니다.

'왜들 이렇게 소란스럽소? 왜 이렇게 고함을 지르는 것이오? 뱃사람
들, 내가 어떻게 이곳에 오게 되었는지 그리고 나를 어디로 데리고 갈
셈인지 말해 주시오.'

프로레우스가 말했습니다.

'네가 어떤 항구에 도달하고 싶은지 말하라. 그러면 네가 원하는 곳
에 데려가 주마.'

그러자 디오니소스 신께서 말했지요.

'나를 낙소스 섬으로 인도하라. 낙소스는 내 고향으로, 그곳에 나를
인도한다면 여러분을 잘 대접하겠소.'

그들은 음흉하게도 바다의 모든 신들의 이름으로 그러겠다고 맹세
하더니, 저에게 돛을 올리라고 했습니다. 낙소스는 우리의 오른쪽에
있었습니다. 그에 따라 제가 오른쪽으로 항해했더니, 오펠테스가 소
리쳤습니다.

'지금 무슨 짓이냐? 어떤 광기가 너를 미치게 했느냐!'

오펠테스와 다른 뱃사람들도 함께 이구동성으로 배를 왼쪽으로 몰
라고 제게 강요했습니다. 저는 그제야 그들이 음모를 꾸미고 있다는
것을 느꼈습니다. 참으로 무서운 음모였습니다. 저는 그들을 향해 소
리를 질렀습니다.

'나는 더 이상 키를 잡을 수 없다. 배를 몰고 싶으면 너희들이 키를
잡아라.'

저는 그들의 사악함에 함께하고 싶지 않았습니다. 그래서 키잡이

▲**디오니소스의 어린 시절**_요한 빌헬름 슈체의 작품

노릇을 더는 못하겠다고 했습니다. 저는 그들 모두에게 욕을 먹었고, 그들 가운데 아이탈리온이라는 자가 '마치 너 없으면 우리 모두가 바다에 빠져 죽기라도 한다는 말이냐?' 이러면서, 제 자리를 차지하고는 키를 잡았습니다. 배는 낙소스와는 반대 방향으로 향했습니다. 그제야 디오니소스 신께서는 몸소 나서시어 놈들을 조롱했습니다. 제가 신께서 놈들을 조롱하셨다고 하는 것은, 놈들의 속셈을 알아차리시고는 갑판에 서서 바다를 바라보고 울먹이듯이 말씀하셨기 때문이지요.

'당신들이 내게 약속한 것이 틀리지 않습니까? 이 방향은 내가 가고자 하는 방향이 아니오. 내가 그대들에게 무슨 잘못이라도 했습니까? 어른 여럿이 혼자 길 떠난 소년 하나를 이렇게 골리다니, 이런 경우는 대체 어디에 있단 말입니까?'

저는 한동안 진심으로 울었습니다. 그러나 사악한 제 동료들은 저를 비웃으며 여전히 낙소스와 반대 방향으로 배를 몰았습니다. 그때 배가 바다 위에 멈췄습니다. 물 빠진 항구로 들어간 것처럼 우뚝 서버린 것입니다. 뱃사람들은 노를 젓는 것을 멈추지 않았고 돛을 펼쳐 앞으로 나아가려고 애썼습니다. 그런데 노에는 담쟁이덩굴이 감기기 시작하면서 손잡이 쪽으로 뻗어 올라오고 있었고, 돛에는 무거운 열매 송이가 달라붙었습니다. 신께서는 어느 틈에 포도송이 관을 머리에 쓰시고는 그 옆에는 어디서 나타났는지 모르지만, 호랑이와 환상적인 형태의 스라소니, 그리고 얼룩무늬 표범 같은 무서운 짐승들이 으르렁거렸습니다.

뱃사람들은 겁을 집어먹고는 혼비백산하여 바다로 뛰어들었습니다. 맨 먼저 바다에 뛰어들던 메돈의 몸 색깔이 검게 변하더니 지느러미가 자라기 시작했고, 등뼈가 활처럼 휘기 시작했습니다. 그에게 리카바스가 '네가 무슨 기이한 동물로 변하느냐?'하고 말하자, 그의 입이 넓어지고 코가 비뚤어지며 그의 굳어진 피부 위에 투명 막이 덮였습니다. 리비스는 멈추어버린 노를 저으려다가 노가 움직이지 않으니까 제 손을 봅니다. 그의 손은 점점 줄어들었는데, 이제는 더 이상 손으로 볼 수 없고 지느러미로 변신되어 가는 것이었습니다. 어떤 뱃사람은 꼬인 밧줄을 풀어내려고 손을 위로 들었는데 팔이 없자 바다로 뛰어들었습니다. 그의 몸은 반달의 뿔이 구부러진 것처럼 꼬리 끝이

▲ **디오니소스와 돌고래가 새겨진 그리스 도자기**_고대 그리스 카일릭스 도자기에 디오니소스가 묘사된 그림이다.

구부러져 있었습니다. 그들은 배 주위 사방으로 물보라를 일으키며 뛰어다녔습니다. 물 위로 솟았다가 다시 곤두박질치며 바닷물 속으로 몸을 감췄는데, 그들 모두는 돌고래로 변해 있었습니다.

저는 남아 있는 유일한 사람이었습니다. 저는 무섭기도 하고 정신이 없기도 해서 부들부들 떨었습니다. 그랬더니 신께서 저를 격려하시며, 두려워 말고 배를 낙소스 섬으로 몰라고 했습니다. 저는 낙소스 섬에 이르자 디오니소스를 섬기는 신도가 되었습니다."

아코이테스가 긴 이야기를 마치자 펜테우스 왕은 여전히 화를 가라앉히지 않고는 소리를 질렀다.

"너의 황당한 이야기를 끝까지 듣고 보니 더욱 화가 나는구나. 여봐라, 이자를 끌고 가서 무서운 고문을 하여 스틱스 강에 묻어라."

▲디오니소스의 신도들에게 쫓기는 펜테우스_마르크 가브리엘 샤를 글레이르의 작품

끌려간 마이오니아인 아코이테스는 깊숙한 감옥에 갇혔다. 그리고 전해지는 바에 따르면 펜테우스 왕의 명에 따라 형장들이 그를 고문하고 죽이는 데 필요한 연장인 불 칼 같은 것을 준비하고 있는데, 감옥 문이 저절로 열리고, 형장들이 아니면 누구도 풀 수 없는 사슬과 족쇄가 저절로 풀려나갔다고 한다.

이런 기적이 일어났는데도 펜테우스 왕은 디오니소스에 대한 박해의 손길을 거두려고 하지 않았다. 그는 디오니소스 축제 현장에 자신이 직접 나서 키타이론 산으로 갔다. 키타이론 산의 전경은 신을 맞이하려는 신도들로 꽉 차 있었다. 청동의 나팔 소리가 전장에 나가 있는 군마들의 힘살을 부풀리는 듯 하늘과 땅을 울리는 신도들의 노래와 외침이 펜테우스의 가슴에 불을 질렀다. 분노로 인해 그의 가슴속 불이 이글이글 타올랐다. 그는 산의 중턱에 있었기에 사방을 볼 수 있었다. 그때 신도 중에서 신성한 의식을 치르는 펜테우스의 어머니가 눈에 띄었다. 그녀는 펜테우스를 알아보고는 미친 듯이 달려 내려와 지팡이로 아들을 때리며, 뒤따르던 자매에게 외쳤다.

▲ **펜테우스의 최후**_폼페이 유적 벽화

"애들아, 너희 둘 다 이리 와 나를 도와다오. 여기 거대한 멧돼지가 우리 밭 사이를 배회하고 있는데, 그 멧돼지를 내가 쳐야 한다."

펜테우스 어머니의 말이 떨어지자 열광해 있던 무리가 멧돼지로 보이는 펜테우스를 공격하기 시작했다. 기겁한 펜테우스는 말투를 바꾸어 자기 잘못을 시인했다. 어머니의 지팡이에 맞아 이미 머리가 터진 그는 두 이모를 향해 애원했다.

"이모님, 악타이온의 혼령을 생각해서라도 부디 이성을 되찾고 저를 살려주세요."

그러나 한 이모는 악타이온이 무엇을 의미하는지 알지 못하며, 그가 비는 동안 오른팔을 잘라버렸다. 또 한 이모인 이노는 나머지 왼팔을 잘라버렸다. 이제는 팔을 벌리고 애원할 수 없게 된 펜테우스는 불구가 된 몸을 보여주면서 "이것 좀 봐요, 어머니! 아들이 불구가 되었어요."라고 말했다. 그 광경을 본 그의 어머니는 큰 소리로 울부짖고, 머리채가 휘날리도록 머리를 뒤로 젖혔다가는 자기 머리로 아들의 머리를 받아버렸다. 가격당한 펜테우스의 머리는 산산이 부서져 공중으로 튀겨나갔다. 피에 얼룩진 손가락으로 조각난 그의 머리를 붙잡고 그녀는 외쳤다.

"보아라. 나의 동료들이여, 이 승리는 우리 것이다!"

승리의 외침에 무리는 눈 깜짝할 사이에 펜테우스 왕의 남은 사지를 갈가리 찢어버렸다. 이러한 무서운 사건이 있고 나서 테베의 여자들은 새로운 신을 위해 예배를 자주 드리고, 유향을 바치며, 신성한 제단을 경외한다.

하룻밤에 읽는 그리스·로마 신화

신들의 사랑과 욕망

| 제4부 |

탐욕의 시대

미니아스의 딸들

미니아스의 딸 알키토에는 술의 신 디오니소스를 추앙하는 신도들 무리에 휩쓸리지 않았고, 디오니소스의 의식을 받아들여야 한다고 생각하지 않았다. 심지어 그녀는 디오니소스가 제우스의 아들이라는 것을 부인했다. 또한 그녀의 여동생들도 디오니소스를 믿지 않았으며 언니를 따랐다.

디오니소스의 제사장은 신의 축제는 반드시 거행되어야 하고, 이날만은 하녀들이 여주인에게서 풀려나 신을 섬길 수 있어야 한다고 주장했다. 즉 여주인과 하녀가 이날만은 유방을 짐승 가죽으로 가리고, 머리카락의 댕기를 풀고, 화환을 써야 하며, 그들의 손에는 티르소스 지팡이를 들어야 한다는 것이었다.

이어서 제사장은 디오니소스 신을 모욕하면 무서운 징벌을 면치 못할 것이라고 예언했다. 여자들은 모두 제사장의 예언을 귀담아들었다. 그녀들은 디오니소스 축제일이 오자 일상생활인 베틀 일과 양털 짜는 일과 집안일을 모두 제쳐놓고, 축제가 열리는 곳으로 나아가 신께 유향을 바치고, 갖가지 이름으로 신을 부르며 찬양했다.

디오니소스 신은 '두 번 태어난 신' '경계를 넘나드는 신'으로서 삶과 죽음의 경계, 남성과 여성, 인간과 짐승, 젊은이와 노인, 이성과 광기, 현실과 허구 등의 경계를 넘는 모습으로 상징화되는 경우가 많다. 포도주뿐만 아니라 광기 · 축제 · 황홀경 · 풍요 · 야성 · 다산의 신이기도 하다. 이 디오니소스 신은 불로의 젊음이어서 올림포스에서도 가

▶**디오니소스**_카라바조의 작품

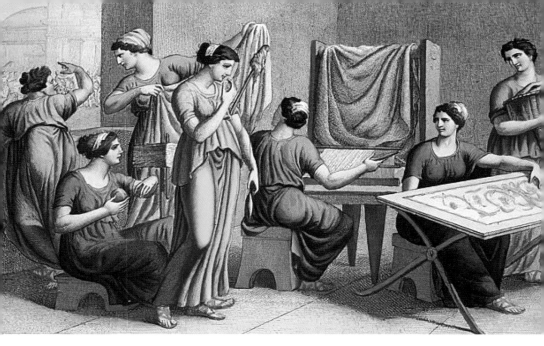

장 젊고 아름다운 신으로 대우받았다. 이 신은 염소 뿔과 같은 뿔을 가지고 있는데, 인간들 앞에 뿔을 달지 않고 나타날 때는 그 머리가 마치 처녀의 머리와 같다. 신은 일찍이 갠지스 강이 흐르는 머나먼 인도 땅의 가무잡잡한 사람들까지 정복했다.

디오니소스는 무서운 신으로 펜테우스와 도끼를 든 리쿠르고스 등을 신성모독죄로 징벌했다. 신은 두 마리의 살쾡이 목에다 고삐를 걸어 자신이 탄 수레를 끌게 했다. 그의 뒤로는 많은 마이나데스 신도들과 사티로스들, 술에 취한 노인 실레노스가 따른다. 그가 가는 곳이면 어디서든 젊은 청년들의 환호성과 여자들의 함성, 방울북, 속이 빈 청동 바라가 울리고, 길게 구멍을 뚫은 회양목 피리 소리가 울려 퍼진다. 테베의 여자들은 디오니소스 신에게 온화하고 소박한 모습을 보이고, 규정된 대로 신의 신성한 예식을 거행해 달라고 기도한다.

그러나 미니아스의 딸들만이 집안에 들어앉아 실 감는 손길을 멈추지 않았다. 그녀들 중 한 명은 부드러운 엄지손가락으로 솜씨 좋게 실을 뽑으며 입을 열었다.

"다른 집의 처녀들 모두 근본 없는 축제에 나가 휴일을 즐기니까, 우리도 오늘 하루를 재미있게 보내야 하지 않겠어요? 직조의 여신 아테나에게 붙들려 있는 우리는 다양한 옛날이야기를 하면서 시간을 보내는 것이 어때요? 한 명이 입으로 이야기하고, 나머지는 귀로 들으면서 손으로 일한다면 얼마나 좋은 일이겠어요."

모두들 그녀의 제안에 찬동하자 먼저 말을 꺼내었던 처녀가 이야기하게 되었다.

그녀는 많은 이야기 중에서 어느 것을 할지 곰곰이 생각했다. 팔레스타인 사람들 사이에서 전해지는, 고기로 변신하여 비늘에 덮인 몸으로 연못에서 헤엄을 쳤다는 바빌로니아의 데르케티스 이야기는 어떨까? 또는 그녀의 딸이 날개가 돋아나 만년을 비둘기장에서 보냈다는 이야기는 어떨까? 아니면 마법과 약초의 힘을 빌려 젊은 청년들을 물고기로 변신하게 했다가 저 자신도 같은 처지가 된 물의 요정 이야기는 어떨까? 또는 이전에 흰 열매를 맺었던 나무가 핏방울에 닿은 뒤로 이제는 보라색 색조를 띠고 있는 이야기는 어떨까? 처녀는 생각을 거듭한 끝에 비교적 아는 사람이 적은 이 마지막 이야기를 하기로 마음먹었다. 처녀는 양털로 실을 자으며 이렇게 말하기 시작했다.

피라모스와 티스베

　"피라모스와 티스베는 세미라미스 여왕이 다스리는 동안 바빌로니아에서 제일가는 미남과 미녀로 서로 이웃해 살고 있었으므로 자주 내왕하였고, 이 관계는 마침내 애정으로 발전했어. 두 남녀는 서로 결혼하고 싶었으나 양가 부모들의 반대로 애를 태우고 말았지. 그러나 부모들의 반대가 소용없었던 것은 두 남녀의 마음속에 같은 비중으로 타오르는 사랑의 불꽃 때문이었어. 두 사람은 몸짓이나 눈짓으로 사랑을 속삭였지. 두 집 사이의 벽에는 구조가 잘못되어 틈이 난 곳이 있었는데, 이제까지 아무도 그것을 발견하지 못했어. 그러나 사랑하는 두 사람은 그 틈을 발견할 수 있었어. 사랑의 힘이지. 이 틈이 두 사람의 대화 통로가 되어 달콤한 사랑의 밀어가 안전하게 넘나들었어. 피라모스가 벽 이쪽에, 티스베가 벽 저쪽에 서 있을 때 두 사람의 입김은 하나가 되었어. 그들은 한탄했지.

　'무정한 벽이여, 너는 왜 우리 두 사람을 떼어놓는가? 그러나 우린 결코 너를 미워하지 않는다. 우리가 이렇게 사랑을 속삭일 수 있는 것도 다 네 덕택이니까.'

　그들은 이 같은 말을 벽 양쪽에서 속삭였어. 그리고 밤이 되어 헤어져야 할 때는 더 가까이 갈 수가 없었으므로 남자는 남자 쪽 벽에, 여자는 여자 쪽 벽에 입을 맞추었지.

　다음날 아침, 새벽의 여신이 밤하늘의 별을 밀어내자 두 사람은 다시 같은 장소에서 만났어. 두 사람은 자신들의 애타는 운명을 한탄한 끝에 마침내 한 가지 묘안을 생각해 냈지.

▲갈라진 벽틈으로 피라모스와 사랑의 대화를 나누는 티스베_존 윌리엄 워터하우스의 작품

다음날 밤 온 가족이 잠들었을 때 집을 나와 들판으로 가기로 한 것이야. 그리고 마을의 경계선 너머에 있는 '니노스의 무덤'이라고 부르는 유명한 영묘 앞에서 만나기로 하고, 먼저 간 사람이 나무 밑에서 기다리기로 했어. 그 나무는 흰 뽕나무였는데, 시원한 샘가에 있었어. 모든 것이 약속되자 그들은 태양이 물 밑으로 내려가고 밤이 그 위에서 떠오르기를 고대했지.

마침내 티스베는 베일로 얼굴을 가리고 가족들 몰래 집을 빠져나와 약속한 곳에 가서 약속한 나무 밑에 앉아 있었어. 그런데 어둠 속에 혼자 앉아 있는데, 한 마리의 사자가 나타났어. 사자는 방금 무엇을 잡아먹었는지 입에서 지독한 냄새를 풍기며, 물을 마시려고 샘 가까이로 다가왔어. 티스베는 재빨리 바위틈에 몸을 숨겼지. 그런데 달아날 때 그만 쓰고 있던 베일을 떨어뜨리고 말았어. 사자는 물을 듬뿍 마신 후 다시 숲속으로 돌아가려고 몸을 돌이키다 말고 땅 위에 떨어져 있는 베일을 발견하자 피 묻은 입으로 그것을 찢어버렸어.

피라모스는 늦게야 약속 장소로 걸어가고 있었어. 그는 모래 위에 난 사자의 발자국을 발견하고 안색이 창백하게 변했지. 그는 곧 발기발기 찢긴 피 묻은 베일을 발견하고 울부짖었어.

'오, 가엾은 티스베여, 그대가 죽은 것은 내 탓이다! 나보다 더 살 가치가 있는 그대가 먼저 죽다니, 나도 그대의 뒤를 따르겠다. 그대를 이런 무서운 곳에 오도록 해놓고 늦은 내가 잘못이다. 오라, 사자들아! 바위 속에서 기어 나와 죄 많은 놈을 너희들의 이빨로 물어뜯어라!'

피라모스는 베일을 손에 들고 약속 장소로 가서 무수한 입맞춤과 눈물로 나무를 적셨어.

'나의 피로 너의 몸을 물들이리라!'

▲ **피라모스의 죽음을 발견한 티스베**_니콜라우스 크뉘퍼의 작품

그는 칼을 빼어 자신의 가슴을 찔렀어. 상처에서는 피가 샘솟듯 흘러내려 뽕나무의 하얀 열매를 붉게 물들였지. 피는 땅 위에 흘러 뿌리에 스며들고, 그 붉은빛은 줄기를 타고 열매에까지 올라갔어.

그때까지 티스베는 공포에 떨고 있었어. 그러나 사랑하는 사람을 실망시켜서는 안 되겠다고 생각하고 조심스레 걸어 나왔지. 그리고 불안한 마음으로 그를 찾았어. 위험에서 벗어난 무서운 이야기를 빨리 알려주고 싶었기 때문이었지.

그러나 약속 장소로 왔으나 뽕나무의 빛깔이 달라진 것을 보고서 그녀는 이곳이 약속 장소인지를 의심하였어. 잠시 주저하는 동안 그

녀는 쓰러져 신음하는 어떤 사람을 발견했어. 티스베는 깜짝 놀라 뒤로 물러섰어. 전율이 그녀의 몸을 스쳤는데, 그것은 마치 잔잔한 수면 위에 한 가닥 바람이 지나갈 때 일어나는 물결과 흡사하였지.

그러자 곧 사랑하는 사람임을 안 그녀는 소리를 지르며 가슴을 쥐어뜯었어. 그리고 숨이 다 넘어가는 그를 부둥켜안고 상처에 눈물을 쏟으며, 싸늘한 입술에다 수없이 키스를 퍼부었지. 그녀는 부르짖었어.

'오, 피라모스, 이게 어찌 된 일인가요! 말 좀 하세요. 피라모스, 나예요, 나. 당신의 티스베예요. 제발 머리를 들어봐요!'

티스베의 말을 듣자 피라모스는 눈을 떴으나 곧 감아버렸어. 티스베는 피 묻은 자신의 베일과 칼 없는 칼집을 발견하였지.

'자결하셨군요. 그것도 나 때문에……'
하고 티스베는 울부짖었어.

'그래요, 이번만은 나도 용기가 있어요. 나의 사랑도 당신의 사랑 못지않습니다. 나도 당신의 뒤를 따르렵니다. 죽음이 우리 사이를 갈라놓았으나, 그 죽음도 결코 우리 사이를 갈라놓을 수 없어요. 내가 당신의 뒤를 따르렵니다. 그리고 우리들의 불행한 부모님, 우리의 청을 물리치지 마소서. 사랑과 죽음이 저희를 결합시켰으니 꼭 한 무덤에 묻어주소서. 그리고 뽕나무야, 너는 우리들의 죽음을 기념해 다오. 네 열매는 우리 피의 추억이 되어다오.'

이렇게 말하면서 티스베는 칼로 가슴을 찔렀어. 티스베의 부모도 딸의 소원을 받아들였어, 신들 또한 그것을 옳게 여겼지. 두 사람의 몸은 한 무덤에 묻혔고, 그 이후로 검붉은 열매를 맺게 되었지."

◀ **피라모스와 티스베의 죽음**_장 프랑수아 드 트로이의 작품

아프로디테와 아레스의 밀회

피라모스와 티스베의 비극적인 이야기는 여기서 끝났다. 그리고 얼마간 미니아스의 딸들은 하던 일을 멈추고 침묵을 지켰다. 처녀들이었으니 피라모스와 티스베의 애절한 사랑 이야기를 듣고 한동안 말을 잊은 것이 당연했을 것이다.

드디어 침묵을 깨고 말한 사람은 레우코노에였다. 그녀의 새로운 이야기에 자매들은 귀를 기울였다.

"천상의 빛을 비추는 태양신 아폴론도 사랑에는 어쩔 수 없었던 적이 있어. 이제 내가 저 태양신 아폴론이 사랑에 빠진 이야기를 해주마. 미의 여신 아프로디테와 전쟁의 신 아레스의 불륜 장면을 맨 처음 목격한 것도 아폴론이었지. 태양신은 태양 마차를 타고 하늘에 있기에 대지에서 일어나는 모든 장면을 볼 수 있었어. 그는 아프로디테와 아레스의 불륜 사실을 헤파이스토스에게 밀고했어. 불의 신이자 대장장이의 신인 헤파이스토스는 제우스와 헤라 여신의 아들이자 아프로디테의 남편이란 사실을 너희도 잘 알고 있지. 아내가 다른 신이 아니라 자기 동생인 아레스와 몰래 정을 통하고 있다니, 하늘이 노래졌어. 아레스도 제우스와 헤라 여신 사이에서 태어난 아들로 헤파이스토스의 동생이었지. 헤파이스토스의 충격은 말로 할 수 없을 정도였어. 아폴론의 고자질에 헤파이스토스는 연장을 다 떨어뜨렸어. 곰곰이 생각하던 헤파이스토스는 즉시 청동을 두드려, 눈에 보이지 않는 그물을 만들어 침실 침대 위에 쳐놓았어.

이윽고 헤파이스토스가 출타하는 척하며 집을 비웠어. 그런 줄도

▲**헤파이스토스의 대장간에 간 아폴론**_디에고 벨라스케스의 작품

모르고 아프로디테는 아레스를 불러들여 침실 침대에서 사랑을 나누
었지. 그들이 한창 사랑에 빠졌을 때, 침대 위에 설치해 둔 보이지 않
는 그물이 그들을 덮쳐 꼼짝하지 못하게 결박했어. 그러자 헤파이스
토스는 그들에게 망신을 주고자 올림포스 신들에게 외쳤어.

'여기 미의 여신과 전쟁의 신의 불륜 장면을 구경하시오.'

헤파이스토스의 말 한마디에 아폴론을 비롯하여 모든 신들이 헤파이스토스의 침실로 몰려들었어. 신들은 적나라한 알몸으로 뒤엉켜 있는 그들의 모습에 실소를 금치 못했어.

어떤 신은 아프로디테의 옷을 보자 보란 듯이 그 옷을 챙겨 달아났어. 그리고 전령의 신 헤르메스는 그들을 부러워했지. 그는 자기가 아레스처럼 창피를 당하더라도 미의 여신이라면 얼마든지 감수하겠다고 공언했어. 그의 넉살에 신들은 껄껄거리며 한바탕 웃어넘겼지. 그때 바다의 신 포세이돈이 나섰어.

'헤파이스토스여, 이만하면 충분하니 이제 그 그물을 풀어주게.'

그러나 헤파이스토스는 거절했어.

'불륜은 죄악입니다. 그러니 이번 기회에 단죄를 내려야 합니다.'

포세이돈은 많은 위자료를 보상으로 걸었지. 그리고 아레스가 그 대금을 전액 내도록 했어.

'헤파이스토스여, 아레스가 위자료를 내지 않는다면 나라도 낼 터이니, 그만 멈추시게.'

결국 이 사건은 포세이돈의 중재로 끝이 났어. 그리고 아프로디테는 아글라에아가 준 옷을 입고 자신의 거처인 파포스 섬으로 돌아갔다고 해."

◀아레스와 아프로디테의 망신_요아킴 브테바엘의 작품

레우코토에와 클리티에

레우코노에의 이야기는 계속되었다.

"미의 여신이 그런 수모를 당하고도 가만히 있겠어? 아프로디테는 아레스와의 사랑을 고자질한 아폴론을 벼르고 있다가 기어이 복수했는데, 어떻게 했냐고? 저기 다프네가 변한 월계수 나무 좀 봐. 어떤 생각이 떠올라? 그래, 여신은 아들 에로스를 시켜서 아폴론의 욕정에 불을 붙여 복수하려는 것이야.

에로스의 황금 화살을 맞은 아폴론은 사랑의 불길로 타오르기 시작했어. 세상을 밝히는 태양신이여, 그대의 뜨거운 열과 빛나는 빛이 무슨 소용이 있소? 그 불길로 모든 땅을 태우는 그대에게 이제 새로운 불꽃으로 불타오르게 될 것이지. 모든 것을 내려보는 그대는 레우코토에라는 처녀를 한 번 바라본 순간 사랑에 빠지고 말았지. 레우코토에에게 푹 빠진 태양신은 때가 되지 않았는데도 그녀를 보고자 동쪽 하늘에서 일찍 솟아올랐어. 그리고 황혼의 파도 속에 천천히 움직여 오래도록 그녀를 응시하고자 시간을 들였어. 태양신의 이런 행동 때문에 그 짧았던 겨울 해가 길어져 필사자들을 당황하게 했지. 뿐만 아니야. 레우코토에를 사랑한 나머지 상사병에 걸려 빛이 어두워지면서, 필사자들의 가슴을 공포로 가득 채웠지. 태양이 어두워지는 것은 달 때문이 아니야. 달이 태양을 가리면(일식) 세상이 어두워지지. 그러나 당시 세상이 어두워진 것은 달 때문이 아니라 태양신의 상사병 때문이었지.

태양신이 오로지 레우코토에를 향해 일편단심을 기울여 그녀를 사

▲**레우코토에를 포옹하는 아폴론**_프랑수아 마리 앙투안 부아조의 작품

랑하기 전 그렇게 사랑했던 파에톤의 어머니 클리메네, 아이아이아
섬에 사는 키르케의 아름다운 어머니 페르세이스도, 심지어 태양신을
열렬히 사랑해 온 클리티에마저 본 척을 하지 않았어. 속으로 애태우
던 클리티에는 자신의 감정을 태양신에게 고백했는데, 그것마저 외면
당하고 말았지. 클리티에는 자신의 사랑 고백이 외면당하자 크게 상
처를 받았어. 태양신이 이런 애인들을 모두 잊고 있었던 것은 레우코
토에 때문이었지.

　레우코토에는 페르시아의 왕 오르카모스와 에우리노메의 딸이야.
그녀의 어머니 에우리노메는 향료의 나라인 페르시아에서 가장 아름
다운 여인이었으나, 딸인 레우코토에는 어머니의 미모를 능가할 정도
로 절세의 미인이었어.

　서쪽 하늘 아래에 태양 마차를 끄는 천마의 목초지가 있어. 천마들
은 풀 대신에 그 귀한 암브로시아를 먹지. 그런데 어느 날 천마들이

이곳에서 암브로시아를 먹고 있을 동안 태양신은 살며시 이 목초지에서 빠져나와 레우코토에의 집으로 숨어들었어. 그는 레우코토에에게 쉽게 접근하고자 그녀의 어머니 에우리노메의 모습으로 변신했지. 그리고 레우코토에가 열두 하녀에 둘러싸인 채 양털실을 잣고 있는 방으로 슬며시 들어가, 어머니인 것처럼 그녀에게 사랑스럽게 키스했어. 그리고 하녀들에게 둘만의 이야기가 있으니 모두 방에서 나갈 것을 요구했지. 하녀들이 모두 나가자 태양신은 다시 레우코토에를 포옹하더니 본래의 모습으로 돌아왔어. 눈앞에서 변신하는 모습을 본 레우코토에는 손에 들고 있던 물레가락과 실감개를 떨어뜨리며 놀라고 말았어. 태양신은 그런 그녀를 진정시키며 자신의 마음을 고백했어.

'나는 긴 세월의 흐름을 재며 삼라만상을 내려다보는 태양신이다. 우주의 눈을 가진 나를 믿어라. 나는 너에게 반해 이렇게 사랑을 고백하노라.'

그녀는 태양신의 고백에 겁에 질려 있었어. 무서워하는 그녀의 얼굴이 태양신에게는 더욱 아름답게 보였어. 태양신이 오들오들 떨고 있는 그녀를 포옹하자 결국 레우코토에는 태양신을 거부하지 못하고 그를 받아들였지.

한편 태양신을 짝사랑하고 있던 클리티에는 태양신이 레우코토에와 관계를 맺었다는 사실을 알았어. 마음의 상처를 깊이 입은 클리티에는 질투심에 사로잡혀 이성을 잃고, 레우코테에가 태양신에게 순결을 잃었다고 소문을 냈어. 이 소문은 레우코토에의 아버지 오르카모스의 귀에 들어갔고, 엄격하기로 유명한 그는 제아무리 태양신이라 해도 딸의 부정한 행위를 용서하지 않았어. 다급해진 딸은 아버지에게 전후 사정을 설명하고, 태양을 향해 두 팔을 벌리고 외쳤어.

▲ **질투에 울고 있는 클리티에**_사랑하는 아폴론이 레우코토에에게만 빠져 있자 클리티에가 슬퍼하는 장면이다. 샤를 드 라 포스의 작품.

'그분이 저를 강제로 관계한 것입니다. 제가 원한 것이 아닙니다.'

억울한 딸은 태양신이 억지로 자신을 폭행했다고 아버지에게 항변했으나, 아버지의 분노를 잠재우지 못했어. 아버지는 딸의 간절한 애원에도 불구하고 딸을 산 채로 모래에 묻어버렸지. 태양신은 이 사실을 알고 급박하게 연인에게 구원의 손길을 내밀었으나, 안타깝게도 레우코테아가 돌아올 수 없는 강을 건넌 뒤였어.

태양신은 자신의 아들 파에톤이 불에 타 죽은 이후 이보다 더 슬픈 일은 겪지 못했다고 슬픔을 토로했어. 태양신은 핏기를 잃고 싸늘해진 그녀의 시신에 생명의 온기를 불어넣으려고 노력했으나, 모든 것이 허사였어. 그는 눈물을 흘리며 그녀의 시신과 무덤에 향기로운 넥타르를 뿌리며, 그녀가 연기가 되어 하늘에 오를 것이라고 말했어. 그

러자 넥타르에 젖은 연인의 시신이 녹으면서 주변의 대지가 향기로운 물방울로 촉촉해졌지.

클리티에는 레우코테아가 사라지면 태양신의 사랑을 다시 받을 수 있다고 생각하고 이런 일을 꾸몄지만, 상황은 그녀의 생각과 완전히 달랐어. 태양신은 레우코테에가 없어도 옛 연인에게 눈길 한번 주지 않았어. 그들의 사랑은 완전히 끝이 난 것이지. 실연의 아픔으로 클리티에는 시름시름 앓았어. 초췌한 몰골로 그녀는 다른 님프들과 어울리지 못한 채 고개를 숙이고 밤낮없이 주저앉아 있었어.

그렇게 9일 낮 밤이 지나는 동안 그녀는 물 한 모금도 마시지 않고 한 조각의 빵도 먹지 않았어. 다만 이슬과 눈물만이 그녀의 메마른 입술을 적실 뿐이었지. 그녀는 마치 망부석이 된 것처럼 땅에 붙어버렸어. 그녀의 얼굴만 하늘의 태양신을 따라 움직일 뿐이었지. 그녀는 창백한 식물로 변했고, 그녀의 얼굴은 제비꽃과 비슷한 꽃이 되었어. 해바라기로 변한 클리티에는 뿌리가 땅을 향해 뻗었음에도 얼굴은 여전히 태양신을 향하고 있었어. 그녀의 모습은 변했으나, 태양신을 향한 그녀의 사랑은 여전히 굳건했지."

◀**해바라기가 된 클리티에**_루이스 웰든 호킨스의 작품

살마키스와 헤르마프로디토스

아테나 여신을 추앙하는 맏이 레우코노에의 사랑의 삼각관계 이야기는 끝났다. 그녀의 경이로운 이야기는 자매들의 귀를 매료시켰다. 그러나 세 자매 중 하나는 이치가 그렇다는 것이지 세상에 그런 일이 가능하다는 것을 부인했다. 또 다른 자매는 진정한 신들이 모든 것을 할 수 있다고 말했다. 그러나 여전히 세 자매는 디오니소스 신만을 인정하지 않고 괄시했다.

세 자매는 한동안 양털실을 감기에 침묵을 지켰다. 그러다 이미 이야기한 레우코노에가 아직 이야기하지 않은 막내에게 이야기하라고 일렀다. 막내 알키토에는 베틀에 걸린 날실 사이로 북을 넣으면서, 이야기하기 위해 입을 열었다.

"나는 이다 산의 양치기 다프니스의 사랑 이야기는 하지 않을 것이야. 물의 님프 노미아가 다프니스의 애인을 질투해 이 양치기를 돌로 변신시켰다는 이야기는 너무나 잘 알려진 이야기이지. 사랑에 빠진 자의 질투가 얼마나 무서운지 모르는 사람은 없을 거야. 또 자연의 법칙을 뛰어넘어 남자와 여자 양성(兩性)의 삶을 모두 경험한 인물인 시톤의 이야기도 시시해. 그리고 쇳덩이로 변신한 켈미스 이야기와 소나기에서 생겨난 쿠레테스 이야기, 꽃과 나무로 변신한 크로코스와 스밀락스 이야기도 그저 그렇지. 나는 매우 색다르고 재미있는 이야기로 언니들의 마음을 즐겁게 해줄게.

헤르마프로디토스는 전령의 신 헤르메스와 미의 여신 아프로디테 사이에서 태어났어. 그는 아버지와 어머니를 반반씩 닮아서 매

▲**헤르마프로디토스**_사무엘 반 호흐스트라텐의 작품

우 잘생긴 미모를 지니고 있었지. 이름도 아버지와 어머니의 이름에
서 반반씩 물려받았지. 헤르마프로디토스는 이다 산의 동굴에서 물
의 님프들에 의해 길러졌는데, 그가 열다섯 살이 되었을 때 주변 환
경에 싫증을 느끼고 리키아와 카리아의 도시를 구경하기 위해 여행
을 떠났어.

　헤르마프로디토스는 여행 중 할리카르나소스(오늘날의 튀르키예 보드룸)
근교의 숲에서 물이 맑은 호수를 발견했어. 이 호수는 어찌나 맑은지
바닥까지 훤히 들여다보였는데 주변에는 갈대도 없었고, 열매 맺는
물풀, 잎사귀 끝이 뾰족한 골풀도 없었어.

　이 호수에는 님프가 살고 있었는데, 사냥도 할 줄 모르고 활도 쏠
줄 모르고, 달음박질에도 재주가 없는 님프였지. 그녀의 이름은 살마

키스로, 다른 님프들은 곧잘 그녀를 놀려대곤 했어.

'살마키스, 너도 창이나 알락달락한 화살통을 들고 나와서 달리기 겨루기에 참가해 봐. 운동이 되는 것은 물론이고, 시간 보내기에는 더 없이 좋은 놀이야.'

하지만 살마키스는 창도 안 잡았고, 화살통도 안 들었고, 달리기에도 관심을 보이지 않았어. 그런 짓으로 시간 보내는 게 마음에 안 들었던 모양이었지. 살마키스는 틈만 나면 빗으로 머리를 빗고 물을 내려다보면서 머리 손질을 바꿔보고, 이러면서 지내는 걸 좋아했어. 그러다 재미없으면 알몸이 비치는 옷을 입은 채로 부드러운 풀밭에 드러누워서 하늘을 보기도 하고. 가끔 꽃도 꺾었어.

그런데 그녀는 어느 날 호수에서 꽃을 꺾다가 헤르마프로디토스를 보게 되었어. 살마키스는 소년을 보는 순간 욕정에 사로잡혔어. 살마키스는 금방이라도 달려가 소년을 껴안고 싶은 욕망이 일어났지만, 마음이 가라앉을 때까지 기다리기로 했지. 그녀는 가슴 울렁거림이 좀 가라앉을 때까지 기다렸지. 그리고 소년에게 가장 예쁜 모습을 보여주기로 마음먹고는 치장하고 소년에게 다가가 말을 붙였어.

'여보세요, 혹시 신이 아니신지 모르겠네요. 신이라면 디오니소스 신일 테죠? 신이 아니고 인간이라면, 당신의 부모 형제들은 복 받은 분들입니다. 누이들이 있다면 그분들도 큰 복을 받은 분들입니다. 당신에게 젖을 빨린 유모가 있다면 그분도 그랬을 거고요. 그러나 이들과 견줄 수 없을 만큼 큰 복을 받은 분은 당신과 결혼을 약속한 처녀, 당신이 장차 아내 삼기로 마음먹은 처녀일 거예요. 물론 그런 처녀가 있다면 말이지요. 그런 처녀가 있으면, 그 처녀 몰래 가만히 나를 좀 만나 사랑해 주세요. 없으면 나를 애인삼아 주면 이보다 좋은 일이 없

▲**살마키스와 헤르마프로디토스**_지오반니 안토니오 펠레리니의 작품

을 테지요. 애인이 없으면, 바라건대 나를 사랑해 주세요. 나와 혼인
해 주세요.'

　살마키스가 이렇게 말하자 소년의 얼굴은 아주 새빨개졌어. 그는
아직 사랑이라는 게 뭔지도 모르는 소년이었지. 이때 살마키스는 소
년의 뺨에 입이라도 맞추어주려고 다가가 소년의 목을 껴안았어. 놀
란 소년은 비명을 지르며 외쳤어.

　'놓지 않으면 뿌리치고 말겠어요!'

　뜻밖의 반응에 놀란 살마키스는 소년에게 향한 팔을 거두고 이렇게
말했어.

　'그럼 내가 가겠어요. 당신을 방해하려고 이러는 것은 아니니까요.'

　살마키스는 돌아서서 가는 척했어. 그러자 헤르마프로디토스는 살마키스가 가버렸다고 생각하고, 옷을 벗은 후 연못에 들어가 목욕했지. 그는 손바닥으로 자신의 알몸을 찰싹찰싹 때리면서 물속으로 뛰어 들어갔어. 그랬다가 한참 뒤 물에서 나왔지. 물에 젖은 몸은 반짝거렸어. 투명한 병 속에 넣어둔 상아 조각처럼, 아니면 백합과도 같았어. 소년은 곧 다시 물로 들어갔지.

　'이제 됐다. 저 소년은 이제 내 것이다.'

　살마키스는 이렇게 중얼거리고는 옷을 벗고 소년을 따라 호수 한가운데로 뛰어 들어갔어. 소년은 그녀가 나타나자 기겁하고 저항했지만,

▲**살마키스와 헤르마프로디토스**_프란체스코 알바니의 작품

물에서 힘을 쓰지 못했어. 그녀는 소년의 몸을 휘감고 강제로 입을 맞추면서 그의 가슴을 더듬었어. 그가 몸부림치자 그녀는 신들을 우러러 부르며, 둘이 절대로 떨어질 수 없도록 만들어달라고 소원을 빌었어.

　'오, 내 사랑이여. 몸부림칠 테면 쳐봐. 내게서 빠져나갈 수는 없어. 오, 신이시여. 이대로 있게 하소서. 이 소년과 제가 한 몸이 되어 떨어지지 않게 해주소서.'

　그녀의 소원은 이루어져, 두 사람의 몸은 하나가 되었어. 한 덩어리가 된 소년과 님프의 몸은 붙은 자국도 보이지 않는, 진짜 하나가 되었지. 그래서 남성이라고 할 수도 없고 여성이라고 할 수도 없는 하나의 육체, 그러니까 양성을 두루 갖춘 하나의 육체가 되었던 것이야.

　헤르마프로디토스는 수면에 비친 제 모습을 보았어. 그러고는 물에 들어올 때는 남성이었던 자신의 육체가 반남성, 반여성의 육체로 변해 있는 걸 알았어. 헤르마프로디토스는 너무나도 큰 충격을 받고, 자신의 부모인 헤르메스와 아프로디테에게 빌었지. 이 연못 속에 누구든 들어오는 자는 자기와 같이 만들어달라고 말이지. 헤르메스와 아프로디테는 그 소원을 들어주었고, 그 결과 그가 목욕하던 샘물에서 목욕을 한 사람은 누구든지 헤르마프로디토스와 마찬가지로 한 몸에 남자와 여자의 기능을 전부 가지게 되었다고 해.”

　이제 그녀들의 이야기가 끝났다. 그리고 미니아스의 딸들은 디오니소스 신을 경멸하고 디오니소스 축제를 모독하였다. 그런데 그때 세 자매의 귀에 북소리와 청동 바라 소리가 울려 퍼졌다. 그리고 몰약 냄새와 사프란 냄새가 풍기면서 믿을 수 없는 일이 일어났다. 이상하게도 베틀이 초록색으로 변하면서, 베틀에 매달려 있는 천은 담쟁이덩굴처럼 단풍을 내뿜었다. 일부는 포도 덩굴로 변했고, 이전에 실이었던 것이 이제 포도나무 싹으로 바뀌었다. 포도나무 가지가 날실에서 솟아오르고, 보라색은 착색된 포도에 화려함을 부여했다. 어느덧 날이 저물어 어둡다거나 밝다고 말할 수 없는 시간이, 이를테면 낮과 밤의 경계 구간이 왔다. 그때 집이 갑자기 흔들리고 횃불이 타오르는 것 같았고, 건물은 빛나는 불로 빛나고, 야만적인 야생 짐승의 유령이 울부짖는 것처럼 보였다.

세 자매는 연기가 자욱한 방에 숨어 이 불빛이 무서워 오돌오돌 떨었다. 그렇게 웅크리고 있는데, 그들의 작은 팔다리 위로 피막(被膜) 비슷한 게 뻗어나 가벼운 날개로 팔을 덮었다. 또한 그녀들은 어둠 때문에 자기 모습이 무엇으로 변신했는지 알지 못했다. 그녀들에게 생긴 날개는 이들의 몸을 공중으로 솟을 수 있게 해주었다. 그러나 이 날개는 여느 새들의 날개와는 달랐다. 그리고 그녀들은 말을 하려 했으나 목소리 역시 몸에 비례하여 매우 작은 목소리를 내고, 삐걱거리는 소리로 낮은 불만을 표현했다. 그들은 숲이 아닌 집을 자주 방문하였다. 그리고 빛을 혐오하면서, 밤에 주로 활동하였다. 디오니소스 신을 부정한 그녀들은 그 재앙으로 박쥐로 변신한 것이다.

아타마스와 이노, 티시포네

디오니소스의 신성한 힘은 테베 사람들의 입에 오르내렸고, 디오니소스의 이모인 이노는 가는 곳마다 새로운 신성의 위대한 힘을 전파하였다. 테베의 건국자 카드모스와 그의 아내 하르모니아의 네 딸 중 하나였던 이노는 불행한 자매들보다 슬픈 일을 당해야 할 이유가 없었다. 헤라 여신은 오르코메노스의 왕 아타마스와 결혼하여 여러 아들을 낳고 디오니소스의 유모 역할을 했던 이노를 올림포스에서 내려다보며 중얼거렸다.

"연적인 세멜레는 새까만 재가 되었지. 그녀가 낳은 아들은 마이오니아의 뱃놈들을 돌고래로 변신시켜 바다에 처넣었고, 어미로 하여금 제 자식 펜테우스를 찢어 죽이게 하였으며, 미니아스의 세 딸을 박쥐로 변신시켜 응징했다. 그런데도 나 신들의 여왕은 가시 같은 불륜의 자식을 치지도 못하고 한탄이나 하는 것 외에는 아무것도 할 수 없다니. 이게 어디 말이나 되는 일인가? 내 권능이 이것밖에 되지 않는가? 이것이 나의 유일한 힘인가? 그렇다. 디오니소스가 나에게 무엇을 해야 하는지 가르쳐주는 것 같다. 펜테우스의 비극을 통해 디오니소스는 분명히 내게 한 수를 가르치고 있다. 적에게도 가르침을 받는 것이 옳다. 광기를 이용하면 모든 것이 형통하다. 그래, 한때 디오니소스를 보살폈던 이노에게 광기를 불어넣어 이 계집을 미치게 하자. 그러면 그 계집도 세멜레처럼 자멸하고 말 것이다."

음침한 주목 숲에 묻힌 채 명계로 내려가는 내리막길이 있다. 그곳에서는 느릿느릿한 스틱스 강이 안개로 덮여 있다. 갓 묘지에 묻힌 망

▲ 망자들에게 저승의 강 스틱스를 건네주는 뱃사공 카론_호세 벤리우레의 작품

령들이 강 옆으로 난 기다란 길로 내려간다. 공포의 겨울은 이 황량한 지역들을 멀리 그리고 넓게 가지고 있으며, 새로 도착한 망령들은 스틱스의 성읍으로 인도하는 길이 어디 있는지, 또는 검은 하데스의 음침한 궁전이 어디 있는지 알지 못한다. 넓은 도시에는 천 개의 통로가 있으며, 모든 곳에 문이 열려 있다. 바다가 온 대지의 강을 받는 것처럼, 그 자리도 그렇게 받는다. 아무리 많은 망령이 들어가도 저승의 궁이 붐비는 일은 절대로 일어나지 않는다. 그들은 몸과 뼈와 피가 없는 허깨비로 방황한다. 어떤 망령들은 심판의 장소를 배회하며 돌고, 또 다른 망령들은 하데스의 궁으로 들어간다.

이 궁을 지키는, 머리 셋 달린 케르베로스가 망령들을 노려보며 짖고 있었다. 케르베로스의 울음소리는 세 마리의 개가 짖는 요란한 소리였다. 헤라 여신은 끔찍하고 무자비한 복수의 여신들을 소환했다. 그녀들은 지옥의 청동문 앞에 앉아, 검은 독사가 우글거리는 머리카락을 빗고 있었다. 그녀들이 어둠의 그늘 속에서 신들의 여왕을 알아보자마자, 그 명예를 대접하기 위해 자리에서 벌떡 일어섰다.

이 장소는 '저주받은 거처'라고 불리는 겁별의 집이다. 이곳에는 자그마치 7천2백 평이나 되는 땅이 꽉 차게 드러누운 채 독수리에게 간을 파먹히는 티티오스가 사슬에 묶여 있다. 탄탈로스 역시 지옥의 물속에 잠겨 있다. 신들의 비밀을 누설한 벌로 지옥의 물에 턱까지 잠겨, 목이 말라 물을 마시려 하면 물이 빠지는 형벌을 받고 있다. 시시포스도 영겁(永劫)의 죄업을 받고 있다. 그는 이곳에서 굴려 올려 놓으면 순식간에 굴러 내려오는 바위와 영원히 씨름하는 벌을 받고 있다. 익시온도 이곳에서 영원히 멈추지 않는 불타는 수레바퀴에 묶인 채 끝없이 돌고 있다. 그는 끔찍한 형벌을 받고 있음에도 자기가 흑심을 품었던 헤라 여신을 알아보고는 추파의 눈길을 보내고 있다. 그가 지옥에 떨어지기 전 인간과의 동침으로는 성적 욕구가 해소되지 않았는지, 헤라에게 성욕을 느낀다. 게다가 한술 더 떠서 헤라가 자신을 좋아한다고 떠벌리고 다니는 바람에 제우스로부터 벌을 받고 이곳에 오게 되었다. 사촌이자 남편 되는 신랑들을 첫날 밤에 살해한 벨로스의 손녀들도 이곳에서 밑 빠진 항아리에다 영원히 물을 길어 붓는 형벌을 받고 있다.

크로노스의 딸 헤라가 이 모든 것을 엄숙한 표정으로 본 후에, 익시온과 시선이 마주쳤다. 여신은 한때 자신에게 흑심을 품은 그에게 표독한 시선을 보냈다. 이어서 시시포스를 바라보면서 입을 열었다.

"너의 형 되는 아타마스는 제 계집을 끼고 나를 우습게 여기거나 말거나 화려한 궁에서 호사를 누리고 있는데, 아우 되는 너는 왜 여기에서 이런 벌을 받고 있느냐?"

헤라 여신은 에리니에스 세 자매에게 자기가 화가 나 있는 까닭과 이곳 명계에 내려온 이유를 설명하고 도움을 구했다. 여신은 에리니

▲**지하 세계의 헤라 여신**_대(大) 얀 브뢰헬의 작품

에스 세 자매를 이용해서 아타마스를 범죄에 연루시켜 카드모스 왕가를 엉망진창으로 파괴하고자 할 참이었다. 헤라 여신은 약속, 명령, 간청을 함께 섞어 복수의 세 자매 여신에게 간청했다. 헤라가 이렇게 말했을 때, 티시포네가 뱀들이 우글거리는 머리를 흐트러진 채 그녀의 얼굴에서 뒤로 쓸어 넘기더니 입을 열었다.

"긴 얘기는 필요 없습니다. 무슨 분부를 하시든 그것을 행할 것이오니, 이제 이 증오스러운 영역을 떠나시어 지내기 좋은 올림포스로 오르소서."

헤라 여신은 기뻐하며 올림포스로 돌아왔다. 여신이 명계에서 나오자 무지개의 여신 이리스가 여왕의 몸에 물과 향수를 뿌려 정결케 하였다.

인정사정없는 티시포네는 즉시 피에 담갔던 횃불을 집어 들고 핏방울이 뚝뚝 듣는 붉은 외투를 걸치고 몸부림치는 뱀을 허리띠로 두르더니 명계를 나섰다. 슬픔과 두려움과 공포와 불안한 얼굴의 광기가 그녀와 동행했다.

그녀는 이제 아타마스 거처의 문턱에 도달했다. 티시포네가 문에 서자 문설주가 부르르 흔들렸고, 단풍나무 문이 갑자기 낯색을 잃었으며, 태양도 구름 속에 빛을 감췄다.

디오니소스의 이모이자 아타마스의 아내인 이노는 이 불길한 조짐에 놀라고 말았다. 그녀와 마찬가지로 놀란 아타마스는 이노와 함께 집을 빠져나가려고 했지만, 냉혹한 복수의 여신이 이들을 가로막았다. 뱀의 주름으로 뒤틀린 팔을 뻗은 그녀가 머리를 흔들자 머리카락의 한올 한올을 이루는 뱀들이 놀라 일시에 쉭쉭거렸다. 어떤 뱀은 그녀의 어깨에 머리를 곧추세우며 혀를 날름거렸다. 또 다른 뱀은 그녀의 주위를 활공하여 쉿 소리를 내며 붉은 피를 쏟아냈다. 그런 다음 티시포네는 머리카락 한가운데에서 가장 민첩하게 움직이는 두 마리의 뱀을 역병적인 손으로 뜯어내 이노와 아타마스에게 던졌다. 한 마리는 이노의 젖가슴으로 파고들었고, 또 한 마리는 아타마스의 가슴으로 파고들어 독을 뿜어냈다. 그러나 사악한 뱀은 두 사람의 팔다리에 어떤 상처도 입히지 않았다. 뱀의 독 이빨에 물린 것은 그들의 몸이 아니라 정신이었다. 티시포네에게는 명계의 수문장인 케르베로스의 침, 레르나 호수에 사는 히드라의 독에다 눈물과 분노, 사랑의 망각, 이 모든 것을 함께 혼합한 고약이 있었다. 티시포네는 이 같은 재료를 신선한 피에 섞어 속이 빈 놋쇠 그릇에 끓여서 녹색 독미나리 줄기로 휘저어 독약을 만들어 다녔다. 이 독에 중독된 아타마스와 이노가 부들부들 떨고 있는 동안, 광기를 불러일으키는 독약이 두 사람의 가슴 속에 깃들인 정신을 휘저을 것이다. 티시포네는 횃불을 반복적으로 흔들면서 불길의 원을 만들어 자신이 맡은 일을 완수했다고 혜

▲**복수의 여신 티시포네**_성명 미상의 작품

라에게 알렸다. 이렇게 승리한 복수의 여신은 위대한 하데스의 빈 영역으로 돌아가 그녀가 입었던 뱀의 띠를 풀었다.

　미친 광기로 가득 찬 아타마스는 궁전 한가운데서 큰 소리를 쳤다.

　"여봐라! 이 나무에 그물을 펼쳐라. 왜냐하면 지금 막 새끼를 거느린 사자를 보았다."

　광기에 사로잡힌 그는 사자로 보이는 아내의 뒤를 쫓았다. 그리고 이노의 품에 있던 어린 아들 레아르코스를 빼앗았다. 아타마스는 웃

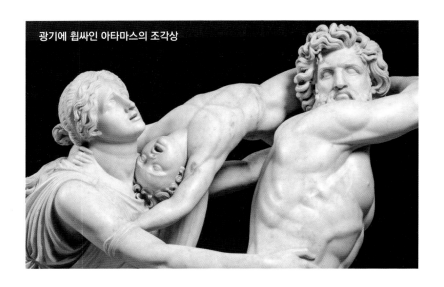

광기에 휩싸인 아타마스의 조각상

고 있던 아이의 작은 발목을 움켜지고는 허공을 향해 빙빙 돌리더니 발목을 놓아버렸다. 아이는 단단한 벽에 부딪치면서 머리가 깨져 그 자리에서 즉사하였다.

이 모습이 눈앞에서 일어나자 이노도 발광하기 시작했다. 그녀는 큰 소리를 지르고, 또 한 아이 멜리케르테스를 안은 채 조카인 디오니소스를 부르며 달아났다. 이노의 외침을 들은 헤라 여신은 미소 지으며 코웃음을 쳤다.

"호, 네가 기른 주정뱅이 술의 신이 잘도 너를 도와주겠다."

아타마스 궁 가까이에 바다로 깎아지르는 절벽 바위가 있는데, 절벽 아래로는 파도에 깎여나간 동굴 하나가 있다. 비가 와도 들이치지 않는 깊은 동굴이었다. 이 절벽 바위 위에 우뚝 선 이노는 아기를 안은 채 바다로 뛰어들었다. 이노와 아기가 떨어진 곳에서 흰 포말의 고리가 나타났다가 곧 사라졌다. 이 모습을 지켜본 아프로디테는 바다의 신 포세이돈에게 탄원했다.

"하늘에 이어 큰 영토를 다스리는 바다의 신이여. 바라건대 당신의 눈앞에서 이오니아 바다에 몸을 던진 두 모녀를 불쌍히 여겨, 그들을 바다 신의 계열에 들게 하소서. 저 역시 바다와 인연이 깊습니다. 제가 바다 거품에서 태어났다는 것은 당신도 잘 알고 있을 겁니다."

포세이돈은 그녀의 요청에 고개를 끄덕이고는 필멸의 모든 것을 두 모자에게서 거두어 가고, 그들에게 존경할 만한 위엄을 입혀주었다. 그러고는 그들의 이름과 외모를 한꺼번에 바꾸어 아기에게는 팔라이몬이라는 이름을, 어머니에게는 레우코토에라는 이름을 부여하였다.

한편, 이노를 모시던 시돈 출신 시녀들은 그녀의 발자국을 쫓아 절벽의 바위 위에 올랐다. 그녀들은 주인인 그녀가 세상을 떠난 것으로 여기고는 카드모스 일가의 애통한 내력에 슬퍼했다. 그리고 그녀들은 헤라 여신을 비난했는데, 이는 연적에 대해 부당하고 너무 가혹한 처사라는 것이었다. 그녀들의 비난에 짜증난 헤라가 독설을 퍼부었다.

"오냐, 내가 얼마나 가혹한지를 소문 내봐라. 그렇다면 너희를 엄청난 기념비로 만들 것이다."

그러나 헤라 여신의 저주는 그녀들에게 안중에 없었다. 이노의 충직한 시녀 하나가 "나는 주인을 따라 바다로 뛰어들겠다."라고 말했고, 그녀가 바다로 도약하려고 할 때, 바위에 뿌리가 내리는 바람에 바다에 빠지지 않게 되었다. 다른 시녀들도 두 팔을 바다로 내밀어 몸을 움직이려는 찰나에 그대로 바위로 변신하였다. 지금도 이 바위는 절벽 위에서 바다를 내려다보는 모습으로 남아 있다고 한다.

 페르세우스와 아틀라스

    뱀으로 변신한 카드모스와 하르모니아는 비록 인간의 형상을 잃었으나, 그래도 인도를 정복하고 그곳에서 신으로 추앙받은 외손자 디오니소스가 있어 둘은 마음의 위안이 되었다. 이뿐만 아니라 그들의 외손자는 인도에서 아카이아를 거쳐 그리스 전역에서도 신으로 숭배를 받게 되었다.

    그런데 디오니소스 신을 하찮게 여기는 자가 있었다. 그는 아바스의 아들이자 디오니소스와 핏줄이 닿는 아크리시오스라는 아르고스의 왕이었다. 아크리시오스는 디오니소스가 제우스의 아들임을 인정하지 않았기에, 부하들에게 성문을 닫고는 디오니소스의 입성을 거부하게 했다.

    아크리시오스는 제우스가 황금비로 변신하여 자신의 딸 다나에와 관계해 낳은 페르세우스도 제우스의 자손이 아니라고 믿었다. 그러나 얼마 후에 그는 디오니소스를 모욕했고 그의 외손자를 인정하지 않았다는 사실을 후회하였다.

    디오니소스가 올림포스로 올라가 신으로 등극할 즈음에 페르세우스는 활기찬 괴물이라는 전리품을 들고 돌개바람에 실려 하늘을 날아 고국으로 돌아오고 있었다. 그는 메두사의 머리를 잘라 승리의 귀향을 하는 중이었다. 이 메두사의 머리는 머리카락 올올이 모두 뱀으로 되어 있었는데, 페르세우스가 메두사와 결투하여 승리한 전리품이었다. 페르세우스가 리비아 사막 위를 지날 때 메두사의 머리에서 핏방울이 떨어졌다. 이 피에 적셔진 땅에서 또 다른 뱀들이 생겨났는데,

▲**금비로 변신한 제우스와 다나에**_레옹 프랑수아 코메르의 작품

치명적인 독을 품은 독사들로 지금도 리비아 사막에는 독사들이 많다고 한다.

　페르세우스는 이때부터 적당한 바람에 의해, 무한한 공간인 하늘을 다 누비고 다녔다. 그는 북극 하늘 위의 큰곰자리를 세 번이나 보았고, 먼 남쪽 하늘에 떠 있는 게자리의 집게발을 세 번이나 보았다. 그리고 여러 번 동쪽 끝으로 갔고, 서쪽 하늘도 날아올랐는데 서쪽 끝 아틀라스 왕국에서 멈췄다. 그곳에서 샛별이 새벽의 여신 에오스의 여명을 부르고 태양 마차의 말들이 고개를 내밀 때까지 페르세우스는 거침없는 여정을 쉬어가게 해달라고 아틀라스 왕에게 요청하였다.

▲**하늘을 나는 페르세우스**_프레더릭 레이튼의 작품

"나의 친구시여, 고귀한 종족의 영광이 당신에게 영향을 미친다면, 나는 제우스 신의 아들입니다. 혹시 업적에 감탄하신다면 아마 왕께서 제 업적에 놀라실 것입니다. 하룻밤 이곳에서 쉬게 허락하신다면 그 화려했던 무용담을 이야기해 드릴 것입니다."

그러나 아틀라스는 간직하고 있는 신탁을 염려하고 있었다. 파르나소스 산정의 율법의 여신 테미스는 이렇게 예언했었다.

"아틀라스여, 너의 황금 사과를 도둑맞을 날이 올 것이다. 네 나무가 그 금을 벗겨낼 때, 제우스의 아들이 너의 사과를 손에 넣을 것이다."

테미스의 예언을 두려워한 아틀라스는 그의 과수원 둘레에 높고 단단한 벽을 쌓고, 거대한 용 라돈이 황금 사과나무를 지키게 했다. 그러면서도 안심이 되지 않자 그의 영토에서 모든 낯선 사람들을 멀리 추방했다. 또한 제 땅에 오는 나그네에게 사과나무 근처에는 얼씬 못하게 해오던 참이었다. 아틀라스는 다른 나그네에게 해오던 말을 페르세우스에게도 똑같이 했다.

"거짓으로 가장한 그대의 허장성세가 이곳에서는 통하지 않네. 여기서는 제우스의 아들이 아니라 제우스 주신이라 할지라도 마찬가지일세."

페르세우스는 그가 자신의 아버지를 폄훼하는 데 마음이 상했다. 그는 물러서지 않고 앞으로 나아가려고 할 태세를 갖췄다. 아틀라스도 자신의 말이 먹히지 않자 힘으로 페르세우스를 몰아내려고 했다. 페르세우스는 아틀라스의 무력을 대항하면서(누가 아틀라스와 힘으로 맞설 수 있겠는가?) 한편으로 거인의 거친 성정에 설득력 있게 이성으로 대하려 했다.

"내 우정을 당신이 이토록 대수롭잖게 여기니 보여드릴 게 있소."

페르세우스는 이렇게 외치면서, 얼굴을 돌리며 메두사의 끔찍한 머리를 꺼내어 들었다. 아틀라스는 메두사의 잘린 머리의 쏟아지는 시선과 마주쳤다. 그 순간 그는 자기 자신의 몸집만큼이나 거대한 산으로 변신되어 갔다. 그의 수염과 머리카락은 숲으로 변했으며, 그의 어깨와 손은 산 능선이 되고, 이전에 그의 머리였던 것은 산꼭대기가 되었다. 그의 뼈는 단단한 바위가 됐다. 그러고 나서 사방으로 퍼져나가 그는 거대한 높이로 자라났고, 온 하늘의 그토록 많은 별이 그의 어깨 위에서 빛을 비추었다.

안드로메다와 바다 괴물 케토

아틀라스를 돌로 만든 후 하늘을 날아가던 페르세우스는 계속 날아가 에티오피아 사람들의 나라에 도착하였다. 에티오피아의 왕은 케페우스였다. 왕후 카시오페이아는 자기의 아름다움을 자만하여 스스로를 바다의 님프 네레이데스와 비교하였다.

에티오피아의 왕후 카시오페이아의 교만을 알게 된 네레이데스들은 기분이 몹시 상했다. 그녀들은 바다의 신 포세이돈에게 저 오만한 인간들을 벌주도록 요청하였다. 이에 포세이돈은 그 벌로 에티오피아에 홍수를 일으키고 전염병이 돌게 했으며, 바다의 여신이며 괴물인 케토를 보냈다.

포세이돈이 보낸 케토는 에티오피아를 파괴하려 하였다. 케토의 공격을 막을 방도를 찾던 케페우스 왕은 암몬 신의 신탁을 구했는데, 신탁은 바로 자신의 사랑하는 딸 안드로메다를 제물로 바치면 에티오피아가 질병에서 벗어날 것이라는 것이었다.

마침 페르세우스가 공중에서 에티오피아 땅을 내려다보니, 안드로메다가 바위에 쇠사슬로 몸을 결박당한 채 뱀 형상을 한 바다의 케토가 접근하기를 기다리고 있었다. 그녀의 얼굴이 너무도 창백하였고 몸은 미동도 하지 않았기 때문에, 흐르는 눈물과 미풍에 흩날리는 머리칼이 아니었더라면 페르세우스는 그녀를 대리석상으로 착각하였을 것이다. 그는 이 광경을 보고 놀란 나머지 날개를 젓는 것조차 잊을 정도였다. 그녀 위를 날면서 그가 말하였다.

"오, 처녀여. 서로 사랑하는 연인들을 결합시키는 사슬에 묶여 있어

▲**제물이 된 안드로메다**_에드워드 존 포인터의 작품

야 할 그대가 이런 쇠사슬에 묶여 있다니! 원하건대 그대의 이름과 그대의 나라와 그리고 왜 이같이 결박되어 있는지를 가르쳐 주시오."

처음에 그녀는 수줍어서 아무 말도 하지 못하였다. 그리고 할 수만 있었다면 손으로 얼굴을 가렸을 것이다. 그러나 페르세우스가 계속해서 질문을 하자, 잠자코 있으면 죄를 지었기 때문에 이렇게 되었다고 의심받을까 봐 자기 이름과 지금의 상황을 이야기하였다. 그리고 자기 어머니가 자신의 아름다움을 자랑한 일을 얘기하였다.

그녀가 말을 끝내기도 전에 바다 저쪽에서 이상한 소리가 나더니, 바다 괴물 케토가 나타나 머리를 수면 위에 내놓고 넓은 가슴으로 파도를 헤치며 다가오고 있었다. 처녀는 소스라치게 놀라며 비명을 질렀고, 방금 이곳에 도착하여 이 광경을 본 부모는 비통한 심정을 가눌 수가 없었다. 그러나 그들은 아무런 대책도 강구할 수가 없었다. 그때 페르세우스가 말하였다.

"눈물은 나중에라도 얼마든지 흘릴 수 있는 것이지만, 지금은 한시 바삐 따님을 구해야 합니다. 제우스의 아들로서의 나의 신분과 고르곤의 정복자로서의 나의 명성은 구혼자로서 자격이 충분할 것입니다. 그러나 신들이 허락한다면 다시 공을 세워 따님을 아내로 맞아들이고자 합니다. 만약 나의 무용에 의해 따님이 구출된다면 따님과의 결혼을 허락해 주십시오."

그녀의 부모는 쾌히 승낙하였다. 이제 괴물은 아주 가까이 접근해 왔다. 그때 페르세우스는 갑자기 대지를 박차고 하늘 높이 치솟았다. 독수리가 높이 날다가 햇볕을 쬐고 있는 뱀을 보자 덤벼들어 그 목을 잡고 머리를 돌려 독 이빨의 사용을 막는 것처럼, 그는 괴물의 등으로 돌진하여 칼로 그 어깨를 찔렀다. 상처를 입은 괴물은 공중으로 몸을

▲**페르세우스와 안드로메다**_안드레아 스키아보네의 작품

벌떡 일으켰다가 바닷속으로 도망쳤다. 해안에 모여 있던 군중의 함성이 산을 울리는 듯하였다. 그녀의 부모는 기뻐 어쩔 줄 몰라 하면서, 장래의 사위를 포옹하며 생명의 은인이라고 불렀다. 안드로메다는 페르세우스의 부축을 받아 무사히 바위에서 내려왔다.

　페르세우스는 바닷물로 손을 씻기 전에 뱀으로 덮인 메두사의 머리를 잠시 땅에다 놓았다. 날카로운 바닷가 바위에 머리가 상하지 않도록 해변에다 부드러운 나뭇잎으로 깔고 그 위에 해초를 놓은 다음, 메두사의 머리를 상하지 않도록 조심스레 놓았다. 페르세우스가 놓은 해초는 메두사의 머리가 닿자 괴물의 권능을 줄기 안으로 빨아들였다. 그리고 굳어지기 시작했는데, 잎도 줄기도 돌처럼 굳어진 것이다. 바다의 님프들이 이 해초의 씨앗을 파도에 실어 보냈다. 오늘날까지도 산호는 대기에 닿으면 돌이 되는 성질을 지니고 있다. 말하자면 물속에서는 식물인데 수면 위로 나오면 돌이 되어버리는 것이다.

# 메두사

딸이 구출되자 기쁨에 겨운 안드로메다의 부모는 페르세우스를 데리고 궁전으로 돌아왔다. 궁전에서는 성대한 잔치가 열려 축제의 기쁨으로 충만했다. 페르세우스는 먼저 세 분 신을 위한 제단을 쌓았다. 왼쪽에는 전령의 신 헤르메스, 오른쪽에는 전쟁의 여신 아테나, 그리고 중앙에는 신들의 주신 제우스를 위한 제단이었다. 페르세우스는 아테나 여신에게는 암소, 헤르메스에게는 송아지, 제우스 신에게는 황소를 제물로 바쳤다. 그리고는 자기 공훈에 대한 보상으로 안드로메다에 대한 권리를 주장하고 지참금 없이 아내로 맞아들였다.

결혼의 신 히멘과 사랑의 신 에로스는 그들 앞에 횃불을 흔들었다. 불은 풍부한 향수로 가득차 있고, 화환 역시 지붕에서 바닥까지 화려하게 매달려 있다. 도처에서 수금소리, 피리소리, 노랫소리가 결혼식 하객의 기분을 들뜨게 했다. 성문은 활짝 열렸고, 황금의 궁의 문도 남김없이 열렸다. 에티오피아 귀족들은 모두 왕실이 준비한 호화스러운 연회에 참석했다.

그들이 연회를 마치고 관대한 디오니소스의 선물로 그들의 마음을 응원한 후에, 아바스의 외손자 페르세우스는 그 나라의 관습과 습관을 물었다. 하객 중 한 명이 그의 질문에 주민들의 문화와 습관을 말해 준 후, 오히려 페르세우스에게 질문했다.

"바다 괴물을 물리친 가장 용감한 페르세우스시여, 머리카락 대신 뱀들이 우글거리는 저 괴물의 머리를 대체 어떻게 잘라버렸는지, 바라건대 그 이야기를 들려주십시오. 대단한 용기와 무예를 겸비한 분

▲**괴물 케토를 물리친 페르세우스**_피에르 미냐르의 작품

이 아니라면 어림도 없을 것 같아서 묻는 것입니다.”

　아바스의 후손 페르세우스의 무용담은 다음과 같다.

　메두사는 태초 바다의 신 폰토스와 대지의 신 가이아의 자식인 포르키스와 그의 여동생 케토 사이에서 태어났다. 머리카락이 뱀이고 흉측한 모습을 가진 두 언니와는 달리 메두사는 매우 아름다운 모습을 한 미녀였다.

　아테나에게 도시 아테네를 빼앗긴 포세이돈은 아테나에게 복수하기 위해 아테나의 신전에서 메두사와 사랑을 나누었다. 자신의 신성

▲**포세이돈과 메두사**_프리드리히 에른스트 볼프롬의 작품

한 신전에서 사랑을 나누는 모습을 본 아테나는 분노하였다. 그러나 신(神)인 포세이돈에게 저주를 내리지 못하자 대신 인간인 메두사에게 저주를 내렸다.

아테나는 메두사에게 두 언니보다 더 흉측한 모습으로 바뀌는 저주를 내렸다. 메두사의 아름다웠던 머리카락은 무수한 독사로 바뀌었으며 톱니같이 날카로운 치아, 멧돼지의 어금니, 청동 손, 황금 날개, 튀어나온 눈, 긴 뱀의 혀를 가진 혐오스러운 모습으로 변하게 되었다.

또한 불사의 몸을 가진 두 언니들과는 달리 메두사는 불사의 몸이 아니었으며, 머리카락이 독사가 아니었던 두 언니들과는 달리 메두사의 머리카락은 독사였다.

흉측한 모습으로 변해 버린 자신의 모습을 본 메두사는 큰 충격에 빠졌고, 이내 두 언니들과 함께 서쪽의 죽은 자들의 나라, 게리온의 주거지인 헤스페리데스의 정원 근처로 도망쳐 살게 되었다. 그녀들은 가끔 사람들이나 동물들이 사는 도시나 숲 속에 나타나서 그곳에 사는 존재들에게 공포를 주며 떠돌아다녔기에, 분명한 주거지는 알 수 없다. 하지만 그녀들의 자매였던 그라이아이 3자매만은 항상 그녀들의 위치를 알고 있었다.

폴리덱테스 왕의 계략에 빠진 페르세우스는 메두사를 찾아 길을 나섰다. 이때 그를 도와주기 위해 아테나 여신이 신들의 도구들을 페르세우스에게 빌려주었는데, 아테나 자신의 방패인 아이기스, 헤라의 주머니, 머리에 쓰면 몸이 보이지 않는 하데스의 투구 키네에, 하늘을 날 수 있는 헤르메스의 신발이 그것이었다.

페르세우스는 메두사가 사는 곳을 찾을 수 없었다. 이때 아테나가 나타나 청동 거울을 주면서 고르곤(메두사와 두 언니를 일컬음)이 사는 곳은 그 언니들인 그라이아이만이 알고 있다고 가르쳐 주었다.

그라이아이는 눈 하나와 이빨 하나를 함께 사용하는 세 자매 괴물인데, 태어날 때부터 머리가 백발 노파의 모습이었다. 이들은 고르곤 세 자매의 언니뻘이었는데 데니오(무서운), 에니오(공포), 펨프레도(깜짝 놀라게 하는)라는 세 자매였다.

페르세우스는 아틀라스 산맥의 그라이아이 동굴로 가서 그라이아이들 중 하나가 눈을 빼서 다른 하나에게 건네줄 때, 그 눈을 가로채

목 잘린 메두사_페테르 파울 루벤스의 작품

버렸다. 눈이 없어진 그라이아이들은 동생 고르곤 세 자매가 사는 곳을 가르쳐 줄 수밖에 없었다. 페르세우스는 후환을 없애기 위하여 눈을 돌려주지 않고 호수에 던져버렸다고 한다.

메두사의 위치를 알게 된 페르세우스는 서쪽의 죽은 자들의 나라로 찾아갔고, 그녀들은 어김없이 히페르보이오스인들의 나라에서 횡포를 부리고 있었다. 페르세우스는 그녀들이 잠들기만을 기다린 후, 거울처럼 잘 닦은 청동 방패를 이용해 메두사의 얼굴을 직접 보지 않고 칼로 목을 베었다. 곧 메두사의 목에서 두 줄기의 피가 솟구쳤고, 그 피에서 천마 페가소스와 크리사오르(황금 칼을 쥔 용사)가 태어났다. 페가소스는 울부짖으며 메두사의 죽음을 일러주었고, 그 소리에 깬 두 언니들은 메두사가 살해당한 것을 깨닫고 격분하였다. 그녀들은 메두사를 살해한 범인을 찾으려 하였으나, 투명 투구를 쓴 페르세우스의 모습을 전혀 볼 수 없었다. 페르세우스는 아테나에게서 두 언니가 불사라는 사실을 알았기에, 메두사의 머리를 마법 주머니에 넣고 유유히 빠져나왔다.

피네우스의 반란

　페르세우스가 자신의 무용담을 마치자 에티오피아 귀족들은 벌린 입을 닫을 수 없었다. 그만큼 그의 무용담은 영웅적인 이야기였다. 이 야기가 끝날 무렵 궁전으로 들어오는 폭도들의 떠들썩한 소리가 나더니, 안드로메다의 약혼자인 피네우스가 자신의 부하들과 함께 뛰어 들어왔다. 그는 안드로메다가 자기의 약혼녀라고 주장했다. 이 말에 케페우스는 이렇게 말했다.

　"네가 지금 무슨 짓을 하고 있느냐? 이따위 당치 않은 짓을 하다니, 미친 게 아니냐? 바다 괴물을 물리치고 우리 왕국을 구한 영웅에 대한 대접이 겨우 이것이냐? 안드로메다가 네게서 떠난 것은 죽음을 앞두고 있을 때다. 그 아이의 숙부이자 약혼자인 너는 그 아이가 사슬에 묶여 바다 괴물의 제물로 결박되어 있을 때 멀거니 서서 바라만 보지 않았더냐? 그런데도 너는 남이 그 아이를 구한 것을 투기하여 그의 공적을 가로채려 하다니, 참으로 창피한 일이다. 보상이 탐났다면, 그 아이가 죽음의 순간에 놓인 저 바위 위에서 구하려고 했어야 마땅하지 않겠냐? 그러니 그 아이를 구한 저분에게 양보하도록 하라. 나는 저분에게 공훈의 보상으로 딸아이를 주기로 약속했다. 저분은 너보다 먼저 선택된 것이 아니고 목숨을 걸었기에 선택된 것이니, 그리 알아라."

　피네우스는 아무 대꾸도 하지 않고, 왕과 페르세우스를 번갈아 보며 누구를 공격할지 궁리했다. 그리고 잠시 망설이다가 페르세우스를 향해 창을 힘껏 던졌다. 그러나 창은 과녁을 비켜나 페르세우스의 의

▲**페르세우스와 안드로메다의 결혼식**_장 밥티스트 레뇨 남작의 작품

자 등받이에 꽂혔다. 그러자 페르세우스는 의자에서 뛰어내렸다. 불같이 분노한 그는 꽂혀 있는 창을 뽑아 피네우스를 향해 던졌다. 피네우스가 재빨리 제단 뒤로 몸을 숨기지 않았다면 그의 가슴은 자신이 던진 창에 꿰뚫렸을 것이다. 그러나 페르세우스가 던진 창은 피네우스의 부하인 로이토스의 이마에 적중하여 연회장의 만찬석에 피를 뿌렸다. 사태가 여기에 이르자 폭도들은 일제히 날뛰기 시작했다. 창이 무수히 날았다. 개중에는 케페우스가 그의 사위와 함께 죽어야 한다고 말하는 자들도 있었다. 그러나 케페우스는 그 자리에서 떠나 옳고 선한 믿음과 호의를 관장하는 신들의 이름을 부르며, 이 소란은 자신의 뜻이 아니라는 것을 보증하려는 듯 빌었다. 전쟁의 여신 아테나가

▲**페르세우스와 안드로메다의 결혼식을 방해하는 피네우스**_도메니쿠스 반 베이넌의 작품

이미 그곳에 당도하여, 그녀의 방패로 형제 페르세우스를 보호하고 그에게 용기를 불어넣어 주었다.

　피네우스의 부하 중 인도에서 온 아티스라는 자가 있었다. 그는 강의 님프 중 하나인 림나이에의 아들로 갠지스 강에서 태어난 자였다. 이자는 잘생긴 외모에다 의상까지 화려하게 차려입어 여러 사람 중 눈에 띄었다. 열여섯 살의 꽃다운 나이인 이 청년 무사는 보라색 자포를 입었고, 금박으로 장식된 목걸이가 그의 목을 우아하게 만들었다. 겨냥을 흘리는 법이 없는 그런 아티스가 페르세우스를 겨냥하여 창을 던졌다. 그러나 거리가 너무 멀었다. 그러자 아티스는 이번에는 활을 잡았다. 활쏘기에 능한 그가 부드러운 각궁에 시위를 걸자 페르세우스는 제단 위에서 타고 있던 장작개비 하나를 집어던졌다. 아티스는 미처 활시위를 당겨보지도 못하고 얼굴을 가격당해 머리가 부서지면서, 얼굴이 두개골 안으로 함몰되었다.

아티스의 가장 친한 친구이자 아시리아 출신인 리카바스는 그가 중상을 입고 마지막 숨을 몰아쉬는 것을 보자 처음에는 울음으로 통곡하다가 곧 아티스의 활을 잡고는 외쳤다.

"이제 그대는 나와 싸워야 할 것이오. 내 친구를 죽인 기쁨을 오래는 누리지 못할 것이다. 그를 죽인 일이 너를 영광스럽게 하기보다는 치욕으로 떨게 할 것이다."

리카바스는 자신의 말이 떨어지기도 전에 활시위를 당겼다. 페르세우스가 날아오는 화살을 민첩하게 피하는 바람에 화살은 그의 옷의 주름에 박혔다. 그러자 페르세우스는 돌아서서 그의 구부러진 칼을, 이미 메두사의 목을 벤 바 있는 이 칼을 리카바스의 가슴에다 박았다. 리카바스는 죽어가면서도 검은 암흑 속을 헤매는 몽롱한 눈으로 아티스를 둘러보았고, 그에게 기어가 죽어도 떨어지지 않을 정도로 진한 우정을 명계에 이르기까지 누리려 했다.

이어서 시에네 출신인 포르바스와 리비아 출신인 암피메돈이 성급하게 공격하려다가 오히려 역공당해 피를 뿌리며 쓰러졌다. 날이 넓은 도끼를 부리는 에리토스는 페르세우스가 던진, 부조가 깊이 새겨진 크고 무거운 술잔에 맞아 그 자랑스러웠던 도끼도 사용하지 못한 채 피를 뿜으며 뒤로 벌렁 나자빠져 죽었다. 그런 다음 세미라미스의 후손인 폴리덱몬과 스페르키오스 강변에 살던 리케토스, 그리고 머리카락이 아름답기로 유명한 헬릭스, 플레기아스, 클리토스가 차례로 죽었다. 그리고 페르세우스는 죽어가는 자들의 시체 더미를 짓밟고

▲페르세우스와 안드로메다의 결혼식을 방해하는 피네우스_프란스 프랑켄 2세의 작품

다니며 싸웠다.

피네우스는 페르세우스와 가까이서 대적하지 않으려고 하였고, 멀리 떨어진 채 페르세우스를 향해 창을 던졌다. 그러나 창은 빗나가 이다스의 몸을 관통했다. 그는 피네우스를 따라온 동료였으나, 격전이 벌어지자 어느 편도 들지 않고 갈팡질팡하다가 창에 맞은 것이다. 그는 잔인한 피네우스를 원망스러운 눈으로 노려보면서, 마지막 입을 열었다.

"내가 네 편을 들어 너의 적을 나의 적으로 삼았지만, 너에게 공격당할 줄이야. 이제 나의 죽음은 곧 너의 죽음이 될 것이다."

말을 마친 이다스는 몸에서 창을 뽑아 피네우스에게 던지려 했으나 창이 뽑힌 자리에서 피를 쏟고는 바닥에 쓰러졌다. 이어서 에티오피아의 이인자 호디테스가 클리메노스의 칼 아래 쓰러졌다. 이런 가운데 힙세우스는 프로토에노르를 죽였고, 페르세우스는 힙세우스를 죽였다. 그들 중에는 정의를 신봉하고 신을 두려워하는 늙은 에마티온이 있었다. 그는 나이가 많아 칼을 쥘 수는 없었으나, 폭도들을 꾸짖으며 입으로 싸웠다. 크로미스의 표적이 되어 난간에 서 있던 그는 크로미스의 칼에 머리가 베어져 곧장 제단 위로 쓰러져 눈을 감는 가운데도 폭도들을 향해 큰 소리로 꾸짖었다.

이어서 쌍둥이 권투선수인 브로테아스와 암몬 형제가 나서서 페르세우스를 두둔하고 나섰지만, 피네우스의 칼에 목숨을 잃었다. 대지의 여신의 사제인 암피코스도 피네우스가 벌이는 피의 아수라장에 제물이 되었다. 결혼식을 위해 초대받은 음유시인 람페티데스도 쓰러졌다. 그는 한 손에는 리라를 켜고 폭력이 난무하는 싸움판과는 전혀 어울리지 않은 행색이었다. 그가 구석에서 몸을 숨기려 했으나 파이탈로스가 그를 발견하고는 "스틱스의 망령들에게나 노래하라."라고 말하며 칼을 휘둘러 쓰러뜨렸다. 음유시인이 눈을 감자 그의 리라에서 구슬픈 소리가 났다. 바로 옆에서 싸우던 용맹한 리코르마스가 그 모습을 보고는 파이탈로스를 가격해 복수했다.

페르세우스 편을 들었던 멜라네우스, 나사모니아 땅의 매우 부유한 도릴라스도 죽임을 당했다. 나사모니아 땅에는 도릴라스만큼 넓은 토지를 소유하거나 그만큼 많은 옥수수를 추수하는 사람이 없는 것은 당연했다. 박트리아 출신의 할키오네우스가 던진 창이 도릴라스의 사타구니를 관통하여 그가 비명을 지르자 할키오네우스는 "너의 그 넓

▲ **페르세우스와 안드로메다의 결혼식을 방해하는 피네우스**_세바스티아노 리치의 작품

은 땅은 포기하고 이제 네 누울 자리만 가져가거라."라고 말하고 그 시신 곁을 떠났다. 페르세우스는 그의 복수자로 나서 도릴라스에게 박혀 있는 창을 뽑아 할키오네우스에게 날렸다. 화살처럼 날아가는 창은 할키오네우스의 얼굴 정면을 관통하여 머리를 터뜨렸다. 페르세우스는 이 기세를 몰아 클리티우스와 클라니스라는 형제를 절명시켰다. 이 형제는 한 어머니에게서 태어났으나 죽을 때에는 다른 상처로 죽었다. 잿빛 창은 클리티우스의 엉덩이를 관통하였고, 클라니스의 목을 꿰뚫었다. 멘데스 출신의 켈라돈도 죽어갔다. 아스트레우스는 팔레스타인의 어머니에게서 태어났지만, 아버지가 누구인지 모른 채 죽어갔다.

페르세우스에게는 이미 행해진 것보다 더 많은 일이 여전히 남아 있었다. 그것은 폭도들이 힘을 다해 페르세우스를 공격해 왔기 때문이다. 그들은 이제 페르세우스를 편드는 사람의 수가 줄자 사방에서 그를 포위하여 이빨을 드러냈다. 이제 페르세우스를 도와줄 사람은 늙은 왕과 왕비와 안드로메다뿐이었다. 연약한 그들은 페르세우스를 도울 수 없었다.

피네우스와 폭도들은 혼자 싸우는 페르세우스를 포위했다. 창과 화살이 난무하게 쏟아지는 가운데 페르세우스는 왕궁 기둥을 방패 삼아 위기를 넘겼다. 카오니아 출신의 몰페우스는 왼쪽에서, 아라비아 출신의 에켐몬은 오른쪽에서 그를 공격해 왔다. 페르세우스는 굶주린 호랑이가 양쪽에서 들려오는 소의 울음소리에 어느 쪽을 공격할까 망설이는 모습처럼, 누구를 대항하여 공격할지 망설였다. 그러나 먼저 공격해 오는 몰페우스를 향해 본능적으로 대항해 제압하고는 이어서 에켐몬을 향해 역공하여 격퇴하였다. 모든 것이 눈 깜짝할 사이에 일어났다. 하지만 페르세우스는 출중한 무예와 전적이 있다고 해도 피네우스의 그 많은 폭도들을 상대하기에 역부족이라는 것을 느끼고는 외쳤다.

"이 중에서 나의 적이 아닌 사람은 모두 얼굴을 돌려라!"

페르세우스는 메두사의 머리를 높이 쳐들었다.

"그런 엉터리 마술이라면 다른 데 가서 알아보거라."

테스켈로스가 창을 겨냥하며 이렇게 외치다가 그 모습 그대로 석상으로 변신했다. 암픽스는 페르세우스에게 칼을 던지려다 그 모습 그대로 돌로 변신하였다. 나일 강 하구의 명예로운 가문의 후손이라 사칭하던 닐레우스가 "페르세우스여, 내 조상에 기원하니, 위대한 후예에게 죽는 걸 명계에 이를 때까지 고맙게 여겨라!" 하고 자신의 말을

▲페르세우스와 안드로메다의 결혼식을 방해하는 피네우스_위그 타라발의 작품

채 마치기도 전에 먼저 입이 굳어왔다. 그의 목소리는 혀끝에서 말려 몸속으로 들어가더니 석상으로 변신하였다. 에릭스가 동료들에게 힘을 주려고 외쳤다.

"몸이 굳는 것은 너희들이 겁을 먹고 있기 때문이다. 저따위 미물인 메두사의 머리에 겁먹지 말고 움직여라. 나와 함께 달려가서, 저런 가짜 무기를 탈취하자."

그는 서둘러 발걸음을 옮기려 했는데, 땅이 그의 발걸음을 붙잡았다. 그의 몸은 굳어져 그 자리에서 석상으로 변신하였다.

페르세우스를 돕던 아콘테우스라는 군인이 있었다. 그는 페르세우스와 함께 힘을 합쳐 싸우다가 그의 말을 잊어버리고 그만 메두사의 눈을 보고 말았다. 아스티아게스는 아콘테우스가 아직도 살아 있는 줄 알고 그의 긴 칼로 그를 공격했다. 칼이 아콘테우스의 몸을 찌르자 살집을 헤집지 못하고 튕겨나갔다. 이미 석상이 된 그의 몸에 칼은 두 동강이 난 것이다. 아스티아게스는 놀라다 메두사의 눈빛을 보고는 석상이 되었다.

궁전 안은 돌이 된 폭도들로 가득찼다. 피네우스는 그제야 자기가 무슨 일을 저질렀고 무엇이 잘못되었는지 깨달았다. 그는 자신을 둘러싼 다양한 모습의 석상들을 보고는 눈물을 흘렸다. 그는 부하들에게 어서 움직여 자기를 도와달라고 애원했다. 하지만 석상으로 변신한 부하들 모두 고통에 일그러진 표정과 뒤틀린 동세로 굳어져 있어, 죽어갈 때의 고통을 말해 주고 있었다. 피네우스는 돌아서서 자신이 패배한 것을 인정하고는 손을 뻗어 자신의 잘못을 고백하며 팔을 비스듬히 펴고 말했다.

"페르세우스여, 그대가 승리했소. 이제 그 무서운 무기는 거두어 주시오. 내가 무기를 든 것은 반란을 꾀하려고 한 것이 아니오. 나는 다만 내 약혼녀를 되찾으려고 무기를 들었던 것이오. 그대의 공적이 내 약혼녀를 취하기에는 손색이 없는 줄 압니다. 그러나 내게는 훨씬 오래된 세월이 있소. 이제 당신에게 항복하니 나는 부끄럽지 않소. 그대 같은 영웅에게 지는 것은 당연한 일이오. 내가 지금 바라는 것은 약혼녀도 아닙니다. 내 소원은 하나뿐이오. 그것은 목숨이오. 목숨만 살려 준다면 모든 것은 그대에게 양보할 것이오."

피네우스는 페르세우스에게 무릎을 꿇고 애원하면서도 그를 보지 못했다. 페르세우스가 피네우스를 뚫어지게 바라보며 말했다.

▲ **페르세우스의 승리**_장 마르크 나티에의 작품

"가장 비겁한 피네우스야. 내가 네게 줄 수 있는 것은 모두 주겠다. 이제 너는 무기로 다치게 하지 못할 것이니 두려워 말라. 왜냐면 나는 너를 대리석의 기념상으로 만들어 줄 것이니, 누가 너를 칼로 찌를 수 있단 말이냐. 너는 이 궁전 앞에 선 채 만인의 구경거리가 될 것이니, 이 어찌 영광스러운 일이 아니냐."

말을 마친 페르세우스는 메두사의 머리를 피네우스에게 돌렸다. 피네우스는 떨리는 얼굴로 몸을 돌렸다. 그러자 눈을 돌리려고 애쓰면서도 목이 뻣뻣해지고 몸에 피가 날아가 버리며 돌로 굳어졌다. 그러나 그의 소심한 특징과 그의 간절한 얼굴, 그리고 그의 손이 매달려 있고, 죄책감에 찬 태도는 여전히 남아 있었다.

페르세우스는 신부인 안드로메다와 함께 그의 고향 도시의 성벽으로 돌아갔다. 그의 외조부 아크리시오스는 외손자를 그의 어머니와 함께 내쫓았으나, 페르세우스는 외조부의 원수를 갚아주었다. 페르세우스가 타국에서 모험을 진행하는 동안 아크리시오스의 쌍둥이 형제인 프로이토스가 반란을 일으켜 왕국을 차지하고 있었다. 그러나 프로이토스의 무력과 그가 가로챈 그 튼튼한 성채도 메두사의 번득이는 눈동자 앞에서는 무사하지 못했다.

하룻밤에 읽는 그리스·로마 신화
신들의 사랑과 욕망

| 제5부 |

능욕의 시대

뮤즈를 괴롭혔던 피레네우스

황금 소나기에서 태어난 영웅인 페르세우스의 뒤를 보호해 주던 아테나 여신은 구름으로 몸을 감싼 채 세리포스 섬을 떠나 오른쪽으로 키트노스, 기아로스 섬을 끼고 테베의 뮤즈들이 거처하는 헬리콘 산을 바라보고 바다를 건넜다. 이윽고 산에 이른 여신은 시의 음률에 밝은 뮤즈들에게 입을 열었다.

"메두사가 낳은 저기 날개 달린 말(페가소스)이 발길질하여 생긴 샘을 보기 위해 여기 왔다. 나는 페가소스가 제 어미의 피에서 태어나 솟아오르는 것을 보았기에, 샘 또한 보고 싶은 것이다."

아홉 뮤즈 중 막내인 우라니아가 반갑게 말하였다.

"여신이여, 이 거처를 방문한 용건이 무엇이든 간에 저희는 여신을 환영합니다. 알고 계신 소문은 사실입니다. 페가소스가 발굽으로 대지를 차 만든 샘이 있습니다."

우라니아는 아테나 여신을 신성한 샘 곁으로 모셨다. 여신은 한동안 페가소스의 발길질로 생겨난 샘을 감탄하면서 바라보았다. 여신은 이어서 무수한 꽃이 피어 있는 오래된 나무의 숲과 동굴과 풀을 둘러보았다. 그리고 기억의 여신 므네모시네의 딸들을 축복했다.

우라니아는 여신의 축복에 감사하며 말했다.

"오, 지혜를 주시고 무용이 뛰어나신 아테나 여신이여. 당신의 위대한 무용의 업적으로 우리와 함께 계셨을 자리에서 열두 신의 자리에 오르신 신이시여. 저희가 하는 일과 저희가 사는 곳을 찬양하신 여신의 말씀 모두를 승인하나이다. 저희는 이곳이 안전하고 행복한 곳이

▲ **아홉 뮤즈를 방문한 아테나 여신**_자크 스텔라의 작품

라 믿고 있지만, 사악한 인간들이 이곳을 호시탐탐 노리고 있습니다. 지금도 제 눈에는 저 무서운 다울리스의 폭군 피레네우스가 보이는 듯합니다. 지금도 그가 저지른 짓을 생각하면 소름이 돋아 무서움에 떨고 있습니다. 피레네우스는 트라키아 군대로 다울리스와 포키스의 들판을 불법으로 점령한 다음, 왕이 되어 다스리는 폭군이었습니다. 그는 폭풍우가 몰아치는 가운데 그의 나라를 가로질러 헬리콘 산으로 가던 우리를 발견하고는 자신의 궁전에서 비를 피했다가 가라고 권했지요. 우리는 의심하지 않고 그의 호의를 고맙게 받아들였습니다. 그러나 그는 우리에게 공경하는 척하며 친절을 베풀었지만, 속으로는 흑심을 품고 있었습니다. 폭풍우가 그치고 우리가 궁전을 떠날 채비를 하자 그는 궁전의 문을 닫아걸고 우리를 겁탈하려고 했습니다. 하지만 우리는 곧 날개를 펴고 하늘로 날아올랐고, 피레네우스는 우리 뒤를 쫓아 성벽 꼭대기까지 올라가서는 우리를 잡으려 몸을 날렸지요. 결국 그는 거꾸로 떨어져 두개골의 뼈가 부러지면서 땅을 자신의 사악한 피로 물들이고 말았습니다."

▲피레네우스 왕의 겁탈을 피하는 뮤즈들_제임스 손힐의 작품

우라니아 뮤즈가 이야기하고 있는 동안 공중에서 한 무리의 새가 그들에게 경의를 표하는 목소리가 들려왔다. 아테나 여신은 목소리가 들리는 쪽으로 돌아보았다. 목소리가 어찌나 또렷했던지 어느 인간의 목소리인지 궁금했던 아테나 여신은 놀라고 말았다. 다름 아니라 사람의 목소리를 흉내 내는 까치 아홉 마리가 나뭇가지에 앉아, 자기들끼리 그들의 운명을 슬퍼하고 있었다.

아테나 여신이 궁금해하자 우라니아 뮤즈가 설명했다.

"저들은 까치로 변신된 지 얼마 안 된 것들입니다. 저들은 우리와 노래 겨루기에서 져서 새가 된 것입니다. 원래 저것들은 펠라 땅의 부유한 피에로스와 파이오니아 여자 에우이페 사이에서 태어난 딸들입니다. 그녀들의 어머니 에우이페는 아홉 번이나 위대한 출산의 여신 에일레이티이아를 불러 그분의 도움을 받아 아홉 딸을 낳았습니다. 이 어리석은 자매들은 그들의 수를 자랑스러워했고, 하이모니아와 아카이아의 수많은 도시를 순회하던 중 이곳 헬리콘 산까지 와서 저희에게 도전을 해왔습니다. 저들 중 하나가 이렇게 말했지요.

'당신들의 공허한 멜로디로 저속한 자들을 속이는 짓은 이제 웬만큼 해두세요. 테스피아이의 뮤즈시여, 정말 노래에 자신이 있다면 우리와 겨뤄보는 것이 어떨까요? 우리라면 목소리로 보나 기예로 보나 여신들께 못지않을 것이고, 마침 숫자까지 같으니까요. 우리를 못 이기시면, 여신들께서는 페가소스가 판 샘과 시적 영감을 일으키는 아가니페 샘을 떠나세요. 대신 우리가 지면 이 땅을 떠나 저 눈에 덮인 파이오니아까지 물러나겠어요. 님프들을 심판으로 세우고 노래 경연을 겨루어보자고요.'

하찮은 것들과 경연을 벌인다는 것이 수치스러웠지만, 겨루어보지

▲ 피에리데스 자매들이 까치로 변신하는 모습_안 피오트르 노르블랭의 작품

도 않고 승리를 양보한다는 것은 이보다 더 수치운 것처럼 보였습니다. 심판으로 선택된 님프들은 강가에서 공정한 심판이 될 것을 맹세하고, 자연 바위로 만든 자리에 앉았습니다.

　그런 다음, 제비뽑기를 할 새도 없이 저들 중 하나가 올림포스 신들에게 대적한 티탄의 거인들을 칭송하고 우리 신들을 조롱하는 노래를 시작했습니다. 그리고 그 무서운 티폰이 깊은 땅 밑에서 나와 올림포스 신들을 패닉 상태로 몰아넣는 내용의 노래를 하면서도, 신들이 모두 이집트로 도망쳐 나일 강에 숨었다고 신들을 모독하고 조롱했습니다. 티폰이 거침없이 나일 강을 공격하자 우리 신들은 모두 짐승으로 변신하여 몸을 숨겼다는 거예요. 그 처녀의 말에 따르면 제우스 신께서는 양떼의 우두머리인 숫양으로 변신했는데, 리비아의 암몬 신에게 둥글게 나선형으로 말린 뿔이 달리게 된 것도 이때의 일이라고 합니다. 아폴론 신은 까마귀, 술의 신 디오니소스는 산양, 아폴론 신의 누이이신 아르테미스 여신은 고양이, 헤라 여신은 흰 암소, 아프로디테 여신은 물고기, 헤르메스 신은 홍학으로 변신했다고 합니다. 이 처녀는 리라 연주에 맞추어 이런 노래를 부르면서 저희를 조롱했습니다.

저희가 부른 노래의 이야기를 일일이 말씀드려서 무엇 하겠습니까? 지혜로운 여신께서 신들을 칭송한 저희 노래를 짐작으로 헤아리소서."

아테나 여신은 그 아름답기로 유명한 뮤즈의 노래도 궁금했다.

"그대들의 노래를 순서대로 내게 들려주시오."

여신은 말을 마치고 나무 그늘에 앉았다. 우라니아가 말을 이었다.

"저희들은 큰언니이자 저 유명한 오르페우스의 어머니 칼리오페를 대표로 뽑았습니다. 칼리오페는 일어나서 그녀의 긴 머리카락을 담쟁이로 모으고, 엄지손가락으로 리라의 화음을 조율하며 연주에 맞춰 이런 내용의 노래를 불렀습니다."

# 페르세포네 납치

우라니아 뮤즈는 칼리오페가 불렀던 노래를 그대로 읊어주었다.

"데메테르 여신은 대지에서 자라는 곡물, 특히 밀의 성장과 땅의 생산력을 관장하는 여신이야. 얌전하고 조용한 성품이지만, 올림포스 12신 중 대지의 여신인 만큼 그 입지는 대단한 편으로 우리는 그분의 은덕을 입지 않은 자가 없지. 내 이제 그분의 은덕을 노래하니, 바라건대 내 노래가 여신의 힘을 드러내는 데 모자람이 없을진저! 그분이야말로 극구 칭송받아야 합당한 여신이기 때문이야.

거대한 트리나크리아 섬이 티폰의 사지를 짓누르고 있었으니, 이 괴물은 누구인가? 감히 올림포스를 넘보다가 이 거대한 섬에 깔린 자가 아니더냐. 이자는 일찍이 올림포스로 단신으로 쳐들어갔고, 열두 신들조차 겁을 먹고 모두 이집트로 도망가 버렸어. 제우스가 한 번은 도망치는 티폰의 뒤를 쫓아 카시오스 산까지 쫓아갔다가 오히려 역공당해 자기가 들고 있던 낫으로 손발의 힘줄이 끊기는 굴욕을 선사한 자가 아니더냐. 이자는 이따금 섬을 벗어나려고 몸부림치며 몸을 일으키려고 했으나, 무슨 수로 이 신들의 감옥을 벗어나겠는가? 이자의 오른손은 아우소니아의 펠로로스 곶에 묶여 있고, 왼손은 파키노스 곶에 묶여 있으며, 그의 양다리는 릴리바이움 곶에 묶여 있는데, 머리는 아이트나 산에 깔린 채로 입으로 재와 불꽃을 사방으로 뿜어내었으니, 지금도 아이트나 산 아래엔 지진이 자주 일어난다고 해. 그의 힘에 대지가 몹시 요동쳤지.

그래서 저 적막한 어둠의 명계를 다스렸던 하데스는 날마다 자신의

▲**티폰과 싸우는 제우스**_티폰에게 수세에 몰린 제우스는 천신만고 끝에 승리하여, 티폰을 트리나크리아 섬 아래에 가둔다. 윌리엄 블레이크의 작품

왕국이 노출될까 봐 두려워서 안절부절못했어. 행여라도 땅이 갈라져 하늘의 빛이 들어오면 망령들이 공포로 아비규환을 이룰 것이야. 어둠의 통치자는 파멸을 두려워하여, 검은 말이 이끄는 마차를 타고 시칠리아 땅을 조사하기 위해 지상으로 나왔지. 땅의 균열과 불안한 곳이 없는 것을 충분히 확인하고는 마음을 놓았더라. 그러나 우라노스의 딸인 아프로디테가 자신의 성산에서, 이승으로 나온 저승의 왕 하데스를 발견하고는 아들인 에로스를 포옹하며 말했지.

'에로스 내 아들이여, 내 무기이자 내 팔이자 내 기둥인 내 아들이여. 먼 옛날 세 왕국을 놓고 제비뽑기할 때, 세 번째로 제비를 뽑아 저승의 땅인 타르타로스를 차지한 왕이 나타났구나. 너는 이미 태양신을 굴복시켰고, 제우스 신마저도 네 화살을 두려워하지 않더냐? 그런데 어찌 심연의 명계만은 네가 지배하지 못한단 말인가? 저승 땅은 세상의 3분의 1이다. 장차 이 저승을 정복하지 못하면 우리는 올림포스의 웃음거리가 되고 말 것이다. 사랑의 신인 네가 이래 가지고서 나보다 낫다고 할 수 있겠느냐? 두 처녀 신인 아테나와 아르테미스가 네 말을 듣고도 사랑은 거들떠보지 않잖으냐? 이래서는 안 된다. 네가 손쓰지 않으면 저기 데메테르의 딸 역시도 처녀로 살아가게 될 거다. 지금 너의 힘을 보일 때가 다시 되었다. 저기 검은 말을 타고 있는 존재는 두 번 다시 이승에서 볼 수 없는 좋은 기회이다. 그러니 너의 솜씨를 보여줘 데메테르의 딸과 그녀의 숙부인 하데스를 엮어 네 이름을 날리거라.'

아프로디테의 말이 끝나자 에로스는 자신의 화살통을 열었고 어머니의 소원에 따라 천 개의 화살 중 가장 날카롭고, 가장 실하고, 주인 뜻에 복종하는 살 한 대를 골랐지. 화살을 고른 에로스는 활에 걸어 하데스의 가슴 한복판을 향해 활시위를 당겨 명중시켰어.

엔나 골짜기에는 백합과 오랑캐꽃 등 아름다운 꽃들이 장관을 이루고 있었어. 이 골짜기에 꽃보다 아름다운 페르세포네가 그녀의 동료들인 아켈로오스의 딸들과 함께 바구니와 앞치마에 꽃을 따 담고 있었어. 그런데 하데스가 이 광경을 보고는 한눈에 페르세포네에게 사랑을 느끼고 말았어. 왜냐하면 에로스의 화살을 맞았기 때문이지. 하데스는 앞뒤 가리지 않고 단숨에 처녀를 낚아챘어.

▲**페르세포네 납치**_니콜라 미냐르의 작품

　페르세포네는 비명을 지르며 어머니와 아켈로오스의 딸들에게 살려달라고 했지만 허사였어. 페르세포네를 납치한 하데스는 말을 몰아 깊은 호수를 지나고, 갈라진 대지의 틈으로 유황이 거품을 일으키며 끓어오르는 팔리카 연못 위를 지나고, 코린토스 출신의 왕이 세운 큰 항구와 작은 항구를 지났지요. 키아네 샘과 피사의 아레투사 샘 중간에는 두 개의 곶이 있는데, 이 해협에 키아네라고 하는 님프가 살고 있었지. 키아네 님프는 납치당하는 페르세포네를 알아보고는 몸을 일으켜 하데스에게 탄원했어.

　'하데스 신이시여. 페르세포네 님을 놓아주세요. 더는 이 강을 건널 수 없습니다. 데메테르 여신께서 원치 않으시는 바에, 신께서는 여신의 뜻에 어긋나는 사위가 되실 수 없습니다. 신께서는 여신의 따님을 납치하기보다는 여신에게 먼저 따님을 달라고 청해야 합니다. 저 역시도 강의 신 아나피스에게 사랑받았으나, 제가 그분과 결혼한 것은 그분으로부터 구애를 받았고 제가 그분의 청혼을 받아들였기 때문입니다.'

샘의 님프는 이렇게 말했고, 그의 길에 서서 두 팔을 벌려 하데스를 막아섰지. 크로노스의 아들은 더 이상 분노를 억제하지 않았지. 하데스는 역정을 내면서 그의 끔찍한 채찍으로 말의 등을 치는 동시에 그의 강한 팔로 저승의 왕홀을 땅에 내리치니, 샘 바닥이 갈라지고 그 아래로 타르타로스까지 향하는 길이 열렸지. 하데스는 이 길을 통하여 타르타로스로 내려갔지.

키아네 님프는 불쌍한 페르세포네를 바라보았지만, 어찌할 수 없는 불가항력에 샘의 권리가 짓밟히는 것 같아 한없이 눈물을 흘렸지. 얼마나 슬퍼하여 울었는지 슬픔이 님프의 육신을 녹여 물이 곧 님프, 님프가 곧 물이 되었어. 님프의 사지가 녹기 시작하자 뼈가 흐물거려졌고 사지 곳곳도 녹아버렸어. 그녀의 푸른 머리카락, 그녀의 손가락, 그녀의 다리와 발, 등, 어깨, 옆구리, 유방이 녹아 사라졌어. 마지막으로, 살아 있는 피 대신에 순수한 물이 그녀의 망가진 혈관으로 흘러들었고, 손에 붙잡을 수 있는 것은 아무것도 남아 있지 않아.

데메테르 여신은 아이트나 화산에서 불을 붙여온 횃불을 들고 밤낮을 가리지 않고 휴식도 잊은 채 서리가 내린 어둠이 밝아질 때 딸을 찾아 나아가고, 태양이 바다에 잠길 때까지 딸을 찾았어. 지친 여신은 갈증에 시달렸고, 어떤 물방울도 입을 씻지 못했어, 우연히 초가집으로 덮인 오두막집을 보고 문을 두드리자, 한 늙은 여인이 나왔어. 여신이 물을 요구하자 최근에 볶은 보릿가루를 물에 풀어 주었지. 여신

▲**절규하는 데메테르**_딸의 행방을 알 수 없는 데메테르가 슬퍼하고 있다. 에블린 드 모건의 작품

이 이걸 받아 마시는데, 철없는 아이가 지나가다가 여신의 모습을 보고
는 웃으며 탐욕스럽다고 조롱했어. 아이의 행위에 몹시 화가 난 여신은
물과 보리알이 섞인 남은 물을 아이의 얼굴에다 뿌렸어. 그 순간 아이
의 얼굴에는 거뭇거뭇한 반점이 나타나면서 팔과 다리가 수축되고 엉
덩이에는 꼬리가 나오기 시작했고, 그 아이는 도마뱀으로 변신했어.

여신은 바다를 건너고 온 땅을 헤맸는데, 온 세상을 다 뒤진 끝에
다시 시칠리아로 되돌아갔지. 여신은 이곳에 이르자 님프인 키아네를
만났어. 하지만 그녀가 물로 변신하지 않았다면 여신에게 그녀가 본
모든 것을 고해 바쳤을 것이야. 그러나 입과 혀가 없으니 말하지 못했
어. 그런데도 님프는 딸 잃은 여신에게 어떻게든 자신이 본 모든 사실
을 알리고 싶어서 마침 그 물에 떨어져 있던 페르세포네의 허리띠를
살며시 물 위에 떠올려 여신께 보여주었어. 여신은 이것을 보고 딸이
납치되었음을 더 이상 의심하지 않았어. 그러자 여신은 땅을 겨냥해
이렇게 저주했어.

'이 배은망덕한 땅아, 내 이제까지 너를 이토록 비옥하게 해주었고, 목초와 자양이 넉넉한 곡물로 네 옷을 입혔으나, 너는 이제 더 이상 내가 내리는 은혜를 누릴 수가 없을 것이다.'

말을 마친 여신은 손을 들어 그 땅을 가는 쟁기라는 쟁기는 모두 그 날을 부러뜨리고, 쟁기를 끄는 황소라는 황소는 모두 다리를 부러뜨려 주저앉혔어. 그래도 분이 풀리지 않은 여신은 씨앗에 명하여 싹을 틔우지 못하게 했어. 비옥하기로 소문난 그 고장의 땅은 여신의 명을 받들어 황무지로 바뀌었으며, 농부들의 희망을 철저하게 저버렸어. 또한 햇볕 따가운 가뭄이 계속되는가 하면 어느새 그 가뭄이 장마로 바뀌기도 했어. 여신의 저주로 땅에 자라는 것이라고는 가시덤불뿐이었지.

그러던 어느 날 강의 신 알페이오스의 사랑을 받던 샘의 님프 아레투사가 자신의 샘에서 고개를 들어 물이 흠뻑 흐르는 머리카락을 넘기더니, 여신께 자신이 땅 밑을 흐르면서 여신의 딸인 페르세포네를 봤다고 했어. 그러면서 따님은 에레보스(암흑)의 여왕, 사자(死者)의 나라를 다스리는 왕자의 신부가 되었다고 말하는 거야. 이 말을 들은 여신은 한동안 얼이 빠진 듯이 서 있다가, 올림포스에 올라 헝클어진 머리카락에 험상궂은 눈매를 하고 제우스 신의 보좌 앞에서 대들었어.

'신들의 주신이여, 내 딸이자 그대의 딸인 페르세포네가 실종되었는데도 이렇게 태평하오? 딸의 어미가 그 아비의 마음을 움직이지 못한다고 해서 딸이 그 아비의 마음을 움직이지 못하는 것은 아니겠지요. 그 아이의 어미가 나라고 해서 그 아이를 업신여기지 말기를 바랍니다. 내가 그토록 오래 찾아다니던 딸아이의 행방을 알았소. 주신께서 보시기에는 내가 그 아이를 잃은 것이나, 이제 그 행방을 알아낸

▲**제우스 앞의 데메테르**_제우스에게 딸 페르세포네를 돌려달라고 항의하는 데메테르. 앙투안 프랑수아 칼레의 작품

것이 아무런 의미가 없는 점에서는 마찬가지겠지요. 내 딸을 돌려주기만 한다면 납치해 간 자의 허물을 따지지는 않겠어요. 도둑맞았으니 이제는 내 딸이 아니라고 하겠습니까? 그렇다면 당신의 딸이 아닙니까? 만일 그 아이가 당신 딸이 분명하다면 도둑놈의 아내가 되도록 버려두지는 않겠지요?'

제우스는 대답했지.

'당신의 딸은 나와 그대에게 공통된 서약과 책임이 있소. 따라서 내게도 당신만큼 귀한 딸이오. 그러나 우리 딸을 데려간 자의 행위가 약탈행위가 아니라 조금 도를 넘은 사랑의 행위에 지나지 않는 것이오. 그대가 허락한다면 딸의 남편이 되는 자도 우리를 그리 불명예스럽게

하지는 않을 것이오. 비록 그에게 자랑할 게 없다고는 하나, 아무나 크로노스와 레아의 자식들일 수 없을 것이오. 그러나 자랑할 만한 것이 없는 것도 아니오. 그는 이 세상을 나눌 때 제비를 잘못 뽑아 이 하늘을 나에게 양보하고 땅속의 주인이 되었소. 하지만 땅속은 어마어마한 금속과 황금 보석이 가득하기에, 가장 부유한 재물을 가지고 있소. 당신이 이렇게 우기니 페르세포네를 올림포스로 데려와야 할 일이기는 하지만, 여기에는 한 가지 조건이 있소. 딸아이가 그곳에서 아무 음식도 먹지 않아야 하오. 이것은 운명의 세 여신 모이라이가 정한 법이라오.'

제우스로부터 이 말을 들은 데메테르는 페르세포네가 명계의 땅에서 아무것도 먹지 않았기를 바라면서, 딸을 구하려고 무진 애를 썼어. 하지만 모이라이의 법은 데메테르의 소원이 넘어야 할 걸림돌이었어. 한편, 명계에 있는 페르세포네는 금식의 법을 어기고 말았어. 그녀가 잘 다듬어진 정원을 걷고 있을 때, 구부러진 나무에서 탐스러운 석류를 따내어 뜯었어. 창백한 껍질에서 나온 일곱 알갱이를 먹었으니 말이야(일곱 알갱이를 먹었다는 것은, 일곱 번 사랑을 나누었다는 의미이다).

그녀가 석류를 따먹는 것을 암흑의 님프라는 오르네프의 아들 아스칼라포스가 몰래 보았어. 아스칼라포스는 그 음습한 강언덕에서 태어난 아들답게 페르세포네가 석류를 먹는 모습을 지켜본 것이야. 그가 소문을 퍼뜨리자 페르세포네와 데메테르는 다시 만날 수 없는 이산가족이 된 것이지. 아레보스의 왕비는 이에 분노하여 소문의 제보자를 저주받은 새로 변신시켰지. 또한 머리에는 저승을 흐르는 플레게톤 강의 뜨거운 물을 뿌리자 방정맞은 입에는 부리가 생겨나고 몸에는

▶**석류를 먹은 페르세포네**_조지 윌슨의 작품

▲**데메테르와 페르세포네의 만남**_프레더릭 레이튼의 작품

깃털이 돋았으며, 머리가 커지고 긴 손톱이 안쪽으로 구부러지며 부진한 팔을 통해 솟아나는 날개를 움직일 수 있었지. 그는 불길한 소식이나 전하는 새, 불길한 전조를 보여주는 기분 나쁜 올빼미로 변신하고 말았어.

아스칼라포스가 올빼미로 변신하여 죗값을 치른 것은 당연해 보이지만, 페르세포네와 함께 엔나 골짜기에서 꽃을 따던 아켈로오스의 딸들도 새로 변신되었어. 어째서 그녀들이 새가 되었냐고? 페르세포네와 함께 꽃을 꺾은 죄가 아니라 그녀들 스스로가 청해서 변신한 것이야. 그녀들은 페르세포네가 하데스에게 납치되자 그녀를 찾기 위해 발버둥을 쳤어. 그리고 그녀의 실종 소식을 전하게 해달라고 바다 신에게 빌자 자유롭게 나는 새로 변신한 거야. 그런데 몸은 새인데 머리는 인간의 얼굴을 하고 있는 세이렌이 된 것이야. 신은 그녀들을 새로 변신시켰지만, 인간의 목소리가 나오는 얼굴만은 그대로 둔 것이지. 그래야 페르세포네가 사라진 사실을 잊지 않도록 할 테니까. 그녀들은 이후 바다의 절벽에서 아름다운 노래를 부름으로써 항해하는 선원들을 유혹해 침몰시키는 무서운 세이렌이 된 것이지.

　제우스는 슬픔에 빠진 데메테르와 하데스를 화해시키려고 무진 애를 썼어. 그 후 헤르메스가 제우스의 사자로 뽑혀 페르세포네를 찾으러 갔어. 하지만 페르세포네가 이미 석류를 먹은 까닭에 그녀를 올림포스로 데려올 수 없었어. 이에 난감해진 제우스는 데메테르와 하데스를 모두 배려해서, 페르세포네가 6개월은 자신의 어머니와 함께 지내고 6개월은 남편 하데스와 지낼 것을 제안했어. 데메테르는 제우스의 조건을 받아들여, 거두었던 은혜를 다시 대지에 베풀었지. 페르세포네가 저승에 있는 동안 땅에는 아무런 식물도 자라지 않는 가을과 겨울이 찾아오지. 그러다 페르세포네가 어머니에게 돌아오면 다시 봄이 시작된다고 해."

샘으로 변신한 아레투사

우라니아 뮤즈는 칼리오페의 노래를 계속 읊어나갔다.

"데메테르 여신은 딸을 반쪽이나마 되찾은 뒤로 예전의 자애로운 여신으로 돌아오셨지. 여신은 딸을 찾아 나섰을 때 도움을 받은 아레투사를 만나, 그녀의 내력에 관심을 가졌어. 딸 페르세포네가 갑자기 사라지자 분노한 데메테르 여신은 온 세상을 황무지로 만들어버리려 하였어. 그러자 시라쿠사의 샘이 된 님프 아레투사는 무고한 시라쿠사의 들판이 황무지로 변하는 것을 막기 위해 데메테르 여신에게 페르세포네가 사라지게 된 자초지종을 말해 주었어.

그녀는 알페이오스를 피해 지하수가 되어 땅 밑을 흐르던 중 하계의 신 하데스가 페르세포네를 납치해 가는 것을 보았던 것이야. 이때부터 아레투사는 시라쿠사의 수호신으로 숭배되었지.

아카이아 숲속의 님프 아레투사는 사냥의 여신 아르테미스의 시녀였어. 강의 신 알페이오스는 아름다운 님프 아레투사에게 반하여 구애하였지만, 처녀 신 아르테미스의 시녀인 그녀는 여신과 마찬가지로 남자를 싫어했기 때문에 그의 사랑을 받아들이지 않았어. 그러던 어느 날 몹시 더운 날씨에 사냥을 마친 아레투사는 더위를 식히러 알몸으로 시냇물에 들어갔다가 강의 신 알페이오스의 눈에 띄었어. 알페이오스는 욕망을 참지 못하고 그녀를 범하려 하였지. 아레투사는 놀라서 물 밖으로 도망쳤지만, 알페이오스는 포기하지 않고 인간의 모습으로 변하여 엘리스까지 그녀를 쫓아왔어. 알페이오스의 손에 거의 붙잡힐 지경이 된 아레투사는 아르테미스 여신에게 도움을 청하였고,

▲**아레투사와 알페이오스**_조지 윌슨의 작품

여신은 아레투사를 구름으로 감쌌어. 하지만 알페이오스는 아레투사가 구름 속으로 사라진 곳을 떠나려 하지 않았고, 아레투사는 구름 속에서 점점 물로 변해서 샘이 되었어. 그러자 알페이오스는 다시 강물의 신으로 모습을 바꾼 뒤 아레투사의 샘으로 들어가 그녀와 결합하려 했어. 이를 본 아르테미스 여신은 알페이오스가 아레투사를 범하지 못하도록 땅을 갈라, 그 틈바구니로 아레투사가 스며들게 하였지. 지하수가 된 아레투사는 시라쿠사까지 흘러가서 샘이 되었어. 그래서 엘리스의 알페이오스 강물에 술잔을 던지면 시라쿠사의 샘에서 다시 떠오른다고 해.

아레투사의 이야기는 이제 끝났어. 대지의 여신 데메테르는 두 마리의 용이 이끄는 마차를 타고 하늘과 땅의 중간을 날았어. 여신은 아테네 성채로 날아가, 마차를 트리프톨레모스에게 맡겼지. 그러고는

아레투사를 보호하는 아르테미스_드네 엉부인 우아스의 작품

▲트리프톨레모스를 죽이려는 린코스_린코스가 트리프톨레모스를 죽이려 하자 데메테르 여신은 린코스를 스라소니로 만든다. 자크 뒤몽 르 로맹의 작품

곡식의 씨앗을 주며, 밭을 일구어 씨앗을 심으라고 했어. 트리프톨레모스가 일을 끝내자 유럽과 아시아의 땅 위 높은 곳을 날아 씨앗을 뿌렸어. 그러고는 린코스 왕이 다스리는 스키티아 해안에 도착했지. 트리프톨레모스가 왕의 궁전으로 들어가자 왕은 그에게 어느 나라의 누구이고, 왜, 어떻게 왔느냐고 물었어. 트리프톨레모스는 자신의 이름을 밝히고 이곳에 온 이유를 말했어.

'내 나라는 유명한 아테네이며, 내 이름은 트리프톨레모스입니다. 나는 배를 타고 바닷길로 오지도 않았고, 육지로 걷지도 않았습니다. 영속적인 하늘이 나를 위해 길을 만들었지요. 나는 넓은 밭에 흩어져 있는 데메테르의 선물을 가져다주려고, 열매 맺는 수확과 건강에 좋은 음식을 그대 나라에 주려고 온 것입니다.'

야만적인 린코스는 트리프톨레모스를 부러워했어. 인간에게 요긴한 것을 나누어주는 영광을 자기가 이루고 싶었던 거지. 그래서 그는 겉으로는 손님인 청년을 환대하면서 틈을 보아 죽이기로 결심했어. 린코스는 트리프톨레모스가 잠든 사이에 칼로 그를 찌르려다가 데메테르 여신에 의해 스라소니로 변신했어. 여신께서 수호신이 되어 트리프톨레모스를 지켜주니, 그는 다시 용이 이끄는 마차를 타고 하던 여행을 마저 할 수 있었어.

　이로써 저희 큰언니 칼리오페의 노래를 마쳤습니다. 지혜로운 아테나 여신이여, 심판으로 나온 님프들은 입을 모아 헬리콘 산의 뮤즈들인 저희들을 승자로 판정했습니다. 그런데 저 피에리데스 아홉 자매가 겨루기에 졌음에도 우리의 위협적인 언어를 경멸했습니다. 그래서 제가 그들을 나무랐습니다.

　그럼에도 그것들이 저희를 비웃는 순간, 웃음소리는 울음소리로 변했지요. 저희를 가리키던 그들의 고약한 손에는 깃털이 돋아나고, 이 깃털은 온 팔을 덮었습니다. 저들도 놀랐는지 서로 얼굴을 번갈아 바라보았지만 입에는 곧 뾰족한 부리가 생겨났고, 그들은 원통해서 팔을 휘둘렀는데 그것은 새의 날갯짓이었지요. 이렇게 해서 깍깍거리는 수다쟁이 까치로 변신한 것이지요."

응징의 시대

아테나와 아라크네

 뮤즈의 이야기를 모두 들은 아테나 여신은 뮤즈의 여신들이 분을 참지 못했던 일을 놓고 그들의 노래를 칭송했다. 여신은 인간이 신을 우롱하는 일은 있을 수 없는 일이라면서, 리디아 땅에 살던 처녀 아라크네가 자신을 우롱했던 일을 떠올렸다. 그녀는 염색장 이드몬의 딸로서 길쌈하고 수 놓는 솜씨가 얼마나 훌륭했던지, 숲의 님프들까지도 그 솜씨를 구경하러 나왔을 정도였다. 아라크네가 헝클어진 실을 모아 타래에 감거나, 손가락 빗으로 이를 갈라 눈같이 가볍고 깃털같이 보드라워질 때까지 빗거나, 다 짠 베에다 수 놓는 것을 구경하노라면 요정들은 이 솜씨는 인간의 솜씨가 아니라 아테나가 가르쳐 준 솜씨일 거라고 칭찬을 서슴지 않을 정도였다. 그런데 아라크네는 치명적으로 자신감이 너무 대단한 게 탈이었다. 그녀는 주위의 칭찬에 더욱 기고만장해져서 함부로 말했다.

 "아테나 여신과 한번 솜씨를 겨루어보면 좋겠네요. 지면 제가 무슨 벌이든 받지요." 하고 말하고 말았다. 이에 아테나 본인이 노파의 모습으로 변신하여 충고해 주었지만, 아라크네는 "아테나 여신을 직접 불러와라."라며 막무가내였다.

 이를 지켜본 노파가 입을 열었다.

 "처녀여, 나이 먹은 늙은이의 말이라고 해서 흘려듣거나 무시해서는 안 되오. 경험은 오랜 세월에서 비롯되지요. 그러니 나의 충고를 외면하거나 혹 경멸하지 마라. 인간하고만 겨룬다면 그대가 가장 뛰어난 솜씨를 자랑할 만하오. 하지만 여신의 신성을 욕보이는 게 아니

▲**아테나 여신과 아라크네**_아테나 여신이 아라크네가 베를 짜는 모습을 지켜보는 장면이다. 틴 토레토의 작품

라오. 성급한 여인이여, 지금이라도 그대의 말에 대해 용서를 구하시오. 여신께서는 너그러워 처녀의 욕됨을 용서할 것이오."

그러나 적당히 구슬리려던 여신의 시도는 수포로 돌아갔다. 아라크네는 감던 실 꾸러미를 뽑아 들고 노파를 노려보며 꾸짖었다.

"그런 터무니없는 말을 하는 것을 보니 노인네가 너무 오래 살아 노망이 든 모양이군요. 만일 노인네에게 며느리나 딸이 있다면, 그들에게 그 말을 하세요. 내 일은 내가 알아서 할 것이니 노인네의 충고로는 어떤 것도 소용없어요. 왜 노인네께서 아테나 여신이 직접 오시라고 그러지 않았어요? 아테나 여신은 왜 내 도전을 피하는지 모르겠어요."

더 이상 참을 수 없었던 여신은 노파의 모습을 벗고 아테나 여신의 모습으로 변신하더니 말했다.

▲**아테나와 아라크네의 길쌈 대결**_디에고 벨라스케스의 작품

"여기 있다."

여신이 모습을 나타내자 님프와 리디아 여인들은 여신의 신성에 찬 탄을 보냈다. 그러나 아라크네만이 잠시 얼굴을 붉히더니 사라져 버렸고, 심호흡을 가다듬으며 여신을 이길 수 있다는 일념으로 자신의 운명과 맞서려 했다. 제우스의 딸은 더 이상 무모한 처녀를 달래려 하지 않았다. 이윽고 여신은 처녀와 둘이서 길쌈 대결을 시작했다.

여신과 처녀는 따로 떨어진 방에 놓인 베틀에 올라가 미세한 날실을 직조기에 걸었다. 재빠른 손놀림으로 씨실을 북에다 물려 날실 사이로 밀어넣었다. 둘 다 서둘러 옷을 가슴께에 동여매고 능숙한 팔을 움직이며 있는 힘을 다해 베를 짰다.

아테나 여신은 아테네 성채의 아크로폴리스에 있는 아레스의 바위와 이 도시 이름을 두고 옛날 자신과 포세이돈이 겨루던 장면을 베폭에 묘사하였다. 이 겨루기 장면에는 올림포스 열두 신의 모습들도 짜넣었는데, 중앙에 있는 제우스는 제왕의 모습을 하고 있어서 누가 보아도 신들의 주신임을 알아보았다. 바다의 신 포세이돈이 선 채로 그의 긴 삼지창을 바위에 치자 바위틈에서 물이 솟아 나오며 말들이 생겨났다. 포세이돈은 이로써 그 도시가 자기 소유라고 주장하고 있다. 이 모든 광경이 아테나 여신이 짜는 베폭에 그려져 있는데, 아테나 여신은 머리에 투구를 쓰고 가슴은 아이기스 갑옷으로 가리고 있다. 여신이 창으로 대지를 찌르자 그곳에서 열매가 잔뜩 달린 올리브 나무가 솟아나고 있었다. 이 놀라운 광경을 바라보고 있는 신들은 인간에게 올리브 나무가 더 유용하다고 판단하고는 아테나 여신에게 승리를 안겨주었다. 이렇게 해서 아테네 도시가 명명되었다.

여신은 아직 미흡했던지 네 모서리에 네 가지 경연 대회가 펼쳐지는 장면을 더 짜 넣었다. 이것은 오만한 아라크네에게 신을 기만한 죄가 얼마나 큰가를 보여주기 위해서였다. 이 네 개의 그림 중 한구석에는 위대한 신들의 이름을 썼다가 인간의 형상을 잃고 눈 덮인 산으로 변신한, 트라키아의 하이모스 산과 로도페 산이 묘사되었다. 다음 모서리에는 피그마이오스족의 슬픈 운명을 묘사하는 그림이 그려져 있는데, 피그마이오스족의 여왕이 헤라 여신과 겨루다 패배한 뒤 그 죗값으로 두루미로 변신하여 자기 종족과 싸우게 만든 그림이었다. 또 다른 모서리에는 헤라 여신하고 아름다움을 겨루다가 여왕 헤라에 의해 새로 변신한 안티고네도 그려 넣었다. 그녀에게는 일리온도 아버지 라오메돈도 소용없었으니, 그녀는 깃털을 입고 하얀 황새로 변신하여 달가닥거리는 부리로 자기 자랑을 하고 있었다. 마지막 남은 모서리에는 딸들을 잃은 키니라스를 보여주고 있다. 그는 한때 자기 딸들의 사지였던 신전의 계단을 안고 있었고, 돌 위에 누워 울고 있는 것처럼 보였다. 여신은 평화의 상징인 올리브 가지로 가장자리를 둘러 짜 넣었다. 아테나 여신의 베짜기는 이로써 끝났다.

한편 베짜기의 명수인 처녀는 황소의 모습으로 변신한 제우스에게 속은 에우로페를 짜 넣었다. 그림의 황소와 바닷물은 마치 진짜 같았다. 에우로페는 황소 등에 올라 떠나온 육지를 돌아보며 친구들을 부르고, 뛰어오르는 파도에 닿을까 두렵고 겁이 나 두 발을 오므리는 것처럼 보였다. 아라크네는 또 다른 장면에 독수리로 변신한 제우스가 아스테리아를 붙잡아 겁탈하고, 백조로 변신한 제우스가 레다에게 접근하여 욕정을 채웠으며, 사티로스의 모습으로 변신해 아름다운 안티오페를 채웠으며, 또 암피트리온의 모습으로 변신하여 그의 아내인 알크메네와 관계하여 헤라클레스를 낳았고, 또 황금 소나기로 변신해 다나에를 겁탈했는지, 어떻게 불로 변신해 아이기나를, 목자로 변신해 므네모시네를, 점박이 뱀으로 변신하여 페르세포네를 속였는지 덧붙였다. 아라크네는 또 다른 장면에는 황소로 변신하여 아이올로스의 딸을 범하는 포세이돈의 모습도 그림으로 짜 넣었다. 포세이돈이 강의 신 에니페우스로 변신하여 알로에우스의 아내를 취하고 쌍둥이 아들을 끼치는 장면, 숫양으로 변신해 테오파네를 감쪽같이 속이는 장

▲ **저주를 받는 아라크네**_르네 앙투안 우아스의 작품

면도 짜 넣었다. 또한 말로 변신해 대지의 여신인 데메테르를 취했으며, 아름다운 머릿결의 메두사를 여신의 신전에서 취해 끔찍한 뱀의 머리칼이 되게 하였고, 그녀로부터 날개 달린 페가소스를 낳았다는 이야기도 그림으로 표현되어 있었다.

거미가 된 아라크네_19세기 판화

태양의 신 아폴론의 이야기도 있었다. 아폴론이 농부로 변신하는 대목, 매의 깃털로 온몸을 가린 대목, 목동으로 변신하여 마카레우스의 딸 이세를 겁탈하는 대목도 있었다. 또 디오니소스가 포도송이로 변신해 에리고네를 어떻게 취했는지, 크로노스가 말의 모습을 하고 반인반마의 케이론을 어떻게 낳았는지 짜 넣었다. 천의 가장자리를 따라 좁은 테두리에는 담쟁이덩굴과 한데 얽힌 꽃들이 채워져 있었다.

아라크네가 마치 신들을 경멸하기라도 하듯 제우스의 바람기를 다룬 이야기나 다른 올림포스 신들의 막장 행각을 테마로 작품을 수놓자, 아테나 여신은 더는 못 참겠다는 듯 손에 들고 있던 북으로 아라크네의 베폭을 내려쳐 찢어버렸다. 그러고는 키토로스 산에서 자란 회양목 북을 집어 들어 아라크네의 이마를 서너 번 쳤다. 가련한 여인은 참다못해 용감하게 목에다 고를 낸 매듭을 걸었다. 그녀가 매달려 죽으려고 하자 아테나 여신은 불쌍한 생각이 들어, 그녀를 들어올리며 이렇게 말했다.

"목숨은 보존하되 늘 이렇게 매달려 있거라, 이 못된 것아! 네가 앞으로도 편안하지 못하도록, 이 벌이 법이 되어 네 씨족들은 먼 후대에 이르기까지 두고두고 이런 벌을 받을지어다."

이렇게 말한 여신은 떠나가며 그녀에게 헤카테의 액즙을 끼얹었다. 독약이 닿자마자 당장 머리털이 빠졌고, 머리털과 함께 코와 두 귀가 없어져 버렸다. 머리는 줄어들었고 몸도 작아졌다. 가느다란 손가락들은 다리 대신으로 그녀의 양 옆구리에 매달려 있었다. 그녀의 마지막 부분들은 모두 배가 되었다. 하지만 그녀는 거기서 실을 뽑으며 지금은 거미로서 옛날에 하던 대로 베를 짜고 있다.

니오베의 파멸

거미로 변신한 아라크네의 이야기는 온 리디아에 알려져 야단법석이었다. 이 사건에 대한 소문은 프리기아의 도시들로 퍼지며, 넓은 세상을 담론으로 가득 채웠다. 니오베는 일찍이 처녀 시절에 마이오니아와 시필로스 산에 살 때부터 아라크네를 알고 있었다. 하지만 동향인인 아라크네의 형벌도 그녀에게는 하늘의 신들에게 양보하고 더 겸손한 말을 하라는 경고가 되지 못했다. 오히려 많은 것들이 그녀의 자존심을 증대시켰다.

사실 니오베에게는 자랑거리가 많았다. 그녀의 남편 암피온은 테베의 왕으로 제우스와 안티오페 사이에서 태어난 아들인데, 리라를 어찌나 잘 탔던지 그가 리라를 연주하면 돌들이 저절로 날아가 성벽을 쌓았다는 전설이 있었다. 또한 니오베의 가문도 자랑거리였다. 그리고 남편과 자신이 다스리는 나라의 영광도 그녀에게는 커다란 영광이었다. 그러나 니오베가 정말 자랑으로 여겼던 것은 그녀의 아들딸이었다. 그녀에게는 각각 일곱 명의 아들과 일곱 명의 딸이 있었는데, 스스로 자랑만 하지 않았던들 이 세상의 그녀만큼 자랑스럽고 행복한 어머니도 없었을 것이다. 그즈음 장님 예언자 테이레시아스의 딸 만토는 어떤 신적인 영감을 받아 무아지경에 빠져 길을 막고 예언을 하였다.

"테베의 여자들아, 무리 지어 가서 레토 여신의 두 분 자녀들에게 기도 드리며 경건하게 분향하되, 여러분의 머리에 월계관을 쓰도록 하라. 레토 여신께서 내 입을 빌려 말하는 것이다."

테베의 여인들은 그녀의 말에 복종했다. 그리하여 모든 테베 여인

▲**니오베**_자기 허영심이 많은 니오베는 레토 여신에 대해 불만을 표시한다. 미상의 작품

들은 그녀의 예언대로 머리에 월계관을 쓰고 제단의 신성한 불에다 분향하며 기도를 올렸다. 보라, 그때 니오베가 시녀들 무리에 둘러싸여 나타났는데, 금실로 짠 프리기아산 옷을 입고 있는 그녀의 모습은 장관이었다. 시샘이 날 만큼이나 그녀는 아름다워 보였다. 그녀는 찰랑거리는 검은 머리카락을 양어깨 위로 흘러내리며 곧추서서 거만한 눈으로 주위를 둘러보더니, 입을 열었다.

"눈에 보이는 하늘의 신들보다 이름만 들어본 신들을 선호하다니, 이게 무슨 미친 짓이란 말이냐? 내 신성(神性)은 머리 둘 곳이 없는데, 어째서 레토만 그 이름에 봉헌된 신전에서 섬김을 받아야 옳다는 말이야? 내 아버지 탄탈로스는 신들의 식탁에 드는 것을 허락받은 유일한 인간이었고, 내 어머니는 플레이아데스 중 한 분이 아니시더냐?

양어깨에 하늘의 축을 떠메고 계시는 아틀라스께서는 내 외조부시고, 제우스께서는 친조부시며, 시아버지이시기도 하다. 내가 얼마나 대단한 혈통을 타고난 여자인가? 프리기아의 온 백성이 나를 섬기고, 테베의 온 도성이 내 치하에 있다. 내 남편의 리라 연주에 의해 세워진 성벽들은 그 백성과 함께 나와 내 남편의 통치를 받고 있소. 궁전의 어느 쪽으로 눈길을 돌리든 곳곳에 무한한 부가 보이오. 그 밖에도 내 미모는 여신에게나 어울릴 만한 것이오. 그리고 나의 일곱 딸과 일곱 아들들이 머지않아 보게 될 사위와 며느리들로 가득 채울 것이다.

이런 나를 두고, 아무도 돌아보지 않는 저 티탄족의 딸 레토를 섬기다니. 그녀가 출산하려고 했을 때 넓은 대지는 그녀에게 한 뼘의 자리조차 거절하지 않았던가! 하늘도 땅도 물도 그대들의 여신을 받아주지 않았소. 그녀는 세상에서 추방됐다가, 마침내 델로스 섬이 그녀를 불쌍히 여겨 '그대는 대지를 떠돌고 나는 정처 없이 바다를 떠도는군요.'라고 말하고 출산할 자리를 빌려주는 바람에 겨우 쌍둥이 자식을 낳을 수 있었소. 그것은 내가 낳은 자식의 7분의 1에 지나지 않는다. 나는 행복하며 앞으로도 행복할 것이오. 풍요가 나를 안전하게 지켜주니까. 나는 운명의 여신도 해칠 수 없을 만큼 막강한 힘이 있다. 운명의 여신이 내게서 많은 것을 빼앗아 간다고 하더라도 내게 남은 것은 레토 여신의 자식들처럼 두 명으로 줄지는 않을 것이오. 한데 그녀는 그 두 명으로 무자식의 팔자를 간신히 모면했던 것이오.

그대들은 이곳을 떠나시오. 머리에서 그 월계수 관을 벗고 이 자리를 떠나시오."

여인들은 월계관을 벗고는 제물을 바치다 말고 떠났다. 하지만 그들이 마음속의 기도로 여신을 공경하는 것까지는 말릴 수 없었다.

▲ 레토와 쌍둥이 남매인 아폴론과 아르테미스_안톤 라파엘 멩스의 작품

　사태가 여기에 이르자 레토 여신은 킨토스 산정에 서서 화를 내며, 그 유명한 쌍둥이 아들딸인 아폴론과 아르테미스를 불러 말했다.

　"보아라, 너희 어미인 나는 너희를 낳은 것을 자랑스럽게 여기고 있고, 헤라 외에는 어느 여신에게도 양보할 뜻이 없다. 그런데 지금 나는 과연 여신인지조차 의심받고 있단다. 얘들아, 너희가 도와주지 않으면 내가 공경받던 제단들에서 영원히 쫓겨나게 생겼구나. 내 괴로움은 그뿐이 아니다. 저 탄탈로스의 딸은 방자한 행동에 욕설까지 덧붙이며, 제 자식들이 너희보다 잘났고 나를 무자식이라고 부르는구나. 그런 일이라면 그녀 자신에게 되돌아가기를! 그녀의 불경한 말을 들어보니 그 아비에 그 딸이로구나."

　레토 여신이 뭔가 덧붙여 간청하려는데 아폴론이 말했다.

　"어머니 그만하세요. 불평이 길어지면 처벌만 늦어져요."

▲ **아폴론과 아르테미스의 공격**_페테르 파울 루벤스의 작품

　아르테미스도 같은 말을 했다. 그러고 나서 그들은 구름으로 몸을 가린 채 대기 사이로 미끄러져 내려가 테베 성채에 닿았다.

　성벽 가까이에는 넓고 평평한 공터가 있었다. 그곳은 끊임없이 말들이 밟히는 곳이라, 지나가는 수많은 마차 바퀴와 말발굽 자국이 무수히 나 있었다. 그곳에서 암피온의 일곱 아들 가운데 몇 명이 힘센 말들에 올라 황금 징이 박힌 고삐로 말을 다루고 있었다. 니오베의 맏아들 이스메노스는 말고삐를 단단히 틀어쥐고 원을 그리며 돌다가 갑자기 외마디 소리를 질렀다.

"어이쿠!"

화살이 가슴에 꽂힌 것이었다. 고삐는 그의 손에서 풀려나와 말의 오른쪽 어깨 옆으로 떨어져 내렸다. 그 다음으로 시필로스가 허공에서 화살통이 덜거덕거리는 소리를 듣고 고삐를 마구 흔들어대며 내달리니, 그 모습은 마치 선장이 폭풍이 다가옴을 예견하고는 구름을 보고 달아나며 한 점 미풍도 놓치지 않으려고 돛이란 돛을 모조리 내려 펼칠 때와 같았다. 그는 말의 고삐를 흔들어대며 달렸으나 아무도 피할 수 없는 화살이 그를 따라잡아 화살대는 그의 목덜미 위쪽에 꽂혀 떨고 있었고, 벌거벗은 무쇠는 그의 목구멍 앞쪽을 관통하여 튀어나왔다. 그는 그대로 앞으로 쓰러지며, 달리는 말의 갈기와 다리들 사이로 굴러떨어져 뜨거운 피를 땅에 쏟았다. 불행한 파이디모스와 외조부의 이름을 물려받은 탄탈로스는 일상의 훈련을 끝내고 이제는 몸에서 올리브 기름을 번쩍이며 젊은이의 운동인 레슬링을 하고 있었다. 그들이 가슴을 맞댄 채 꽉 붙잡고 있었을 때, 팽팽한 시위를 떠난 화살 한 대가 서로 맞붙어 있던 그대로 두 사람을 꿰뚫었다. 이들은 동시에 외마디 소리를 지르고는 한 덩어리가 되어 땅바닥에 쓰러졌다. 알페노르가 제 가슴을 치며 달려와 형제의 죽음을 애도했으나, 그도 형제들 위로 쓰러지고 말았다. 태양의 신 아폴론이 쏜 화살이 그의 옆구리를 관통시켰다. 맨 마지막으로 일리오네우스가 두 팔을 내밀며 통곡하였다.

"모든 신들이시여, 저를 살려주소서!"

하지만 아무런 소용이 없었다. 그의 기도가 끝나기 무섭게 아폴론의 화살이 그의 심장을 꿰뚫어 그를 죽이기는 하였으나 그리 깊이는 꽂히지 않았다.

청천 하늘에 벼락같이 날아든 소식을 듣고, 울부짖는 백성과 눈물 짓는 왕족들을 보고서야 니오베는 그토록 갑작스럽게 파멸이 닥쳤다는 것을 알게 되었다. 그녀는 신들에게 그런 능력이 있다는 데 놀랐고, 신들이 감히 이런 짓을 한 것에, 신들에게 그런 능력이 있다는 데 분개했다. 설상가상으로 아이들의 아버지 암피온은 이 비보를 접하고는 칼로 자기 가슴을 찔렀다. 그는 이로써 삶을 마감하는 동시에 자식 잃은 아버지로서 앓아야 하는 모진 가슴앓이를 면했다.

이제 니오베는 조금 전 당당하고 거만했던 니오베가 아니었다. 그때 그녀는 모두에게 선망의 대상이었으나, 지금은 적에게도 연민의 대상이 되었다. 그녀는 아들들의 싸늘한 시신 위에 몸을 구부리고는 마지막 작별 인사로 그들 모두에게 입을 맞추었다. 그러더니 그녀는 그들에게서 돌아서서 다친 두 팔을 하늘 높이 들고 말했다.

"잔인한 레토여, 우리의 슬픔으로 잔치를 벌이시구려! 자, 그대는 내 불행으로 그대의 마음과 사나운 심장을 마음껏 먹이시구려! 나는 일곱 아들과 함께 죽은 것이니까요. 그대는 이겼으니 승리자로 환호하세요. 하지만 어째서 승리자지요? 비참한 나에게 남은 것이 행복한 그대에게 남은 것보다 더 많은데. 내 자식이 그렇게 많이 죽었건만 여전히 내가 승리자예요!"

니오베가 그렇게 말하자 팽팽한 활시위가 탕 하고 울렸다. 그 소리에 모두들 겁에 질렸으나 나오베만은 겁내지 않았으니, 불행이 오히려 그녀를 대담하게 만들었던 것이다. 니오베의 딸들은 검은 옷을 입고 싸늘하게 식은 오라버니들의 관 앞에 서 있었다. 이때 화살 한 대

▶ **니오베의 아이들을 죽이는 아폴론과 아르테미스**_피에르 샤를 좀베르의 작품

▲**튀르키예의 시필로스 산에 있는 숫양 바위** _니오베의 바위로 알려져 있으며, 고대 그리스인들은 니오베가 우는 모습이라고 문헌에 적었다.

가 날아와 니오베의 딸 중 하나의 가슴을 꿰뚫었다. 그녀는 제 내장에 박힌 화살을 뽑다가 졸도하여, 제 오라비의 얼굴에 제 얼굴을 얹은 채 죽어갔다. 다른 한 명의 딸은 제 어머니를 위로하려다가 갑자기 말문을 닫으며 눈에 보이지 않는 상처에 허리가 꺾였다. 한 명은 헛되이 도망치다가 쓰러졌고, 또 한 명은 언니 위에 쓰러져 죽었다. 한 명은 숨어 있고, 또 한 명은 떨고 서 있었다. 그러나 이들 모두 각기 다른 곳을 화살에 맞아 눈을 감았다. 마지막으로 남은 것은 막내딸 하나뿐이었다. 니오베는 옷자락으로 막내딸의 온몸을 가리며 말했다.

"막내딸 하나라도 남겨주세요! 그토록 많던 내 자식들 가운데 나는 막내딸 하나만 요구하는 거예요."

그러나 니오베의 호소도 보람 없이 이 아이 역시 땅바닥에 쓰러졌다. 니오베는 이제 아무도 돌보아 주는 이 없는 혈혈단신이 되어 죽은 자식들 사이로 무너져 내렸다. 참을 길 없는 슬픔은 이 니오베의 몸을 돌로 변신시켰다. 산들바람도 이때부터는 니오베의 머리카락을 흩날리지 못했다. 피가 빠져나간 니오베의 얼굴은 창백했다. 니오베의 눈은 슬픔에 잠긴 채로 허공을 향하고 있었다. 살아 있는 사람의 모습은 어디에도 남아 있지 않았다. 이제 니오베는 고개를 돌릴 수도 없었고, 팔이나 다리를 움직일 수도 없었다. 그녀의 몸 안도 돌이 되어 있었다. 하지만 그녀는 여전히 눈물을 흘리고 있었다. 강력한 회오리바람이 에워싸더니 그녀를 고향으로 채어갔다. 그곳에서 그녀는 산꼭대기에 고정된 채 흘러내리고 있고, 지금까지도 그 바위에서는 눈물이 흘러내린다고 한다.

개구리가 된 리키아 농부들

니오베의 파멸을 지켜본 사람들은 여신이 그토록 공공연히 노여움을 드러내 응징하는 모습을 보고는 겁을 먹었다. 그리하여 남녀 할 것 없이 쌍둥이 신의 어머니 레토 여신을 전보다 지극히 섬겼다. 흔히 그러하듯, 일이 이렇게 되면 레토 여신에 관한 옛이야기도 자주 소환되어 사람들의 입에 오르내리게 된다. 레토 여신이 과거에 겪었던 일을 기억하는 사람 가운데 하나가 이런 이야기를 했다.

"옛날, 기름진 리키아 평야에서도 농부들이 레토 여신을 깔보다가 응징당한 일이 있었습니다. 등장인물들이 지체 높은 사람들이 아니었던 만큼 널리 알려지지 않았지만, 놀라운 이야기이지요. 나는 그 연못과 기적으로 유명한 그곳을 직접 보았습니다.

내 아버지께서 어느새 연로해져서 여행하기가 어려웠답니다. 그래서 저더러 그리로 가서 가려 뽑은 소떼를 몰고 오라고 명하시며, 그곳 출신 안내자까지 붙여주셨습니다. 그와 함께 내가 풀이 무성한 풀밭을 지나가고 있는데, 보라, 호수 한가운데에 제물 바칠 때의 불에 시커멓게 그을린 오래된 제단 하나가 흔들리는 갈대들에 둘러싸인 채서 있었습니다. 나의 안내자가 멈춰 서더니 두려운 듯 '내게 자비를 베푸소서!'라고 기도했습니다. 나도 덩달아 따라 했습니다. 내가 그 제단이 물의 님프들의 것인지, 목신(牧神)의 제단인지, 또는 어떤 토착 신의 제단인지 묻자, 안내자는 이렇게 말했습니다.

'젊은이여, 이 제단에는 어떤 신이 사는 게 아니오. 올림포스의 헤라 여신으로부터 버림받으신 여신, 표류하던 델로스 섬이 바다 위를 떠

▲ **레토와 쌍둥이 남매인 아폴론과 아르테미스**_대 얀 브뢰헬의 작품

다닐 때 간절한 부탁을 받고는 가까스로 받아주었던 바로 그 여신이오. 그곳에서 레토 여신은 종려나무와 올리브나무에 기대어 의붓어머니의 의사에 반해 쌍둥이 남매를 낳았지요. 갓 해산한 여신은 둘 다 신인 갓난아이들을 가슴에 안고 헤라를 피해 도망쳤다고 합니다. 그리하여 여신은 이제 불볕이 들판 위에 뜨겁게 내리쬐는 가운데 키마이라의 고장인 리키아 땅의 경계에 이르렀을 때, 오랜 노고에 지친 데다 불볕더위에 목이 바싹 말라 있었고, 아이들은 게걸스럽게 젖꼭지의 젖을 모두 빨아먹었습니다. 그런데 마침 그녀가 계곡 저 밑에서 중간 크기의 호수를 발견했는데, 농부들이 그곳에서 무성한 고리버들과 골풀, 늪이 좋아하는 갈대를 모으고 있었습니다. 레토 여신은 물가로 다가가 땅에 무릎을 꿇고는 시원한 물을 마시려고 했지요. 그런데 농부들이 마시지 못하게 했습니다. 그래서 여신은 농부들에게 이렇게 말했습니다.

레토와 쌍둥이 남매인 아폴론과 아르테미스_프랑수아 르무안의 작품

▲**개구리가 되는 농부들**_프란체스코 트레비사니의 작품

　'왜 그대들은 물을 못 마시게 하는 거죠? 물은 누구나 마실 권리가 있어요. 자연은 햇빛도 공기도 맑은 물도 개인의 사유재산으로 만들지 않았어요. 나는 만인에게 주어진 선물을 찾아온 거예요. 한데도 그것을 달라고 그대들에게 간청하고 있어요. 여기서 나는 떼을 감거나 지친 사지를 씻으려는 것이 아니라 다만 갈증을 식히려는 거예요. 이렇게 말하는 동안에도 입이 마르고, 목 안이 타고, 목구멍에서 말도 나오지 않아요. 한 모금의 물은 내게 넥타르가 될 것이며, 나는 물과 함께 생명을 받았다고 고백하게 될 거예요. 그대들은 물로 내게 생명을 주게 될 거예요. 내 젖가슴에서 그대들을 향하여 작은 손을 내밀고 있는 이 어린것들을 불쌍히 여기세요.'

그리고 과연 아이들은 팔을 내밀고 있었습니다. 여신의 부드러운 말에 어느 누가 감동하지 않을 수 있겠습니까? 하지만 여신이 간청해도 그들은 한사코 물을 마시지 못하게 했고, 떠나지 않으면 봉변을 당할 것이라고 위협하며 욕설까지 퍼부었습니다. 그것도 성에 차지 않아 그들은 손발로 호수의 물을 탁하게 했고, 심술 부리느라 이리저리 뛰어 돌아다님으로써 호수의 맨 밑바닥에서 부드러운 진흙을 휘저어 올렸지요. 여신은 화가 나 이제 목마름도 잊었습니다. 코이오스의 따님은 이제 그럴 가치도 없는 자들에게 탄원하지도 않았고, 여신답지 않은 겸손한 말을 쓰는 것을 더 이상 참지도 못했습니다. 여신은 별들을 향하여 두 손을 높이 들고 '너희들은 영원히 그 못 속에서 살거라!'라고 말했습니다. 여신의 소원대로 되었습니다.

농부들은 물밑에 있는 것이 즐거웠으니, 때로는 에워싸는 늪의 물속에 잠수하는 것이, 때로는 머리를 내미는 것이, 때로는 수면에서 헤엄치는 것이 그랬던 것입니다. 그들은 가끔은 못 둑에 앉아 있기도 하고, 가끔은 찬 호수에 도로 뛰어들기도 했습니다. 하지만 지금도 그들은 이전처럼 말다툼하며 상스러운 혀를 놀려대고 있으며, 부끄러운 줄도 모르고 물밑으로 들어가서는 악담하려고 시도하고 있지요. 어느새 그들은 목소리가 거칠어지고, 목은 납작하게 부어오르고, 노상 말다툼하느라 쭉 째진 입이 더욱 찢어졌습니다. 어깨는 머리와 맞닿아 있어 목이 사라져 버렸습니다. 등은 초록색이고, 몸의 가장 큰 부분인 배는 흰색이었습니다. 그리하여 새로 생겨난 개구리들로서 그들은 진흙 못 안을 펄쩍펄쩍 뛰어다녔지요."

마르시아스의 경연

　이름을 알 수 없는 사람이 리키아 농부들의 운명을 이야기하자, 다른 사람이 갈대 피리로 아폴론하고 시합하다가 패배하여 벌 받은 마르시아스를 상기시켰다.

　마르시아스는 사티로스로, 피리의 대가였다. 사티로스는 하체는 염소이고 머리에는 뿔이 달렸으며 항상 발기한 초인적인 남근을 달고 있다. 사티로스는 들판에서 춤을 추거나, 디오니소스를 따라다니며 술에 취한 채 그의 열광적인 신도 마이나데스를 겁탈하는 괴물로 알려져 있다.

　어느 날 마르시아스는 우연히 개울에서 두 개의 관이 있는 피리를 발견하고 부는 법을 배워 피리의 달인이 되었다. 마르시아스가 발견한 피리는 원래 아테나 여신의 것이었다. 여신은 사슴의 뿔을 이용하여 이 피리를 발명한 뒤, 신들의 축제에서 한 번 피리를 불었다. 그러자 헤라와 아프로디테 여신이 그녀를 보며 깔깔거리고 웃었다.

　영문을 몰랐던 아테나 여신은 개울물에 자신의 피리 부는 모습을 비춰 보고서야 두 여신의 웃음을 이해했다. 이마를 찡그리고 볼을 부풀리며 피리를 부는 자신의 얼굴이 우스꽝스럽다 못해 흉측했던 것이다. 아테나 여신은 당장 피리를 개울에 버리면서, 누구든지 그것을 갖게 되는 자는 무서운 형벌을 받게 되리라고 저주를 퍼부었다.

　마르시아스는 자신의 연주 솜씨를 자랑스러워하며, 자신의 피리가 가장 아름다운 소리를 낸다고 오만을 떨었다. 또 음악의 신 아폴론의 리라로도 그런 신비한 소리를 낼 수 없을 것이라고 호언장담했다.

마르시아스와 연주 대결하는 아폴론_피에트로 바누키의 작품

▲마르시아스의 살가죽을 벗기는 아폴론_루카 조르다노의 작품

마르시아스는 급기야 아폴론에게 연주 대결을 하자고 청했다. 아폴론 신이 가소로운 표정을 지으며, 패자는 승자로부터 어떤 벌도 달게 받겠다는 조건으로 그의 도전을 받아들였다.

마침내 대결이 끝나고 심판관들이 무승부로 판정했다. 자존심이 상한 아폴론 신이 갑자기 악기를 거꾸로 연주하자고 제안했다. 기세가 등등해진 마르시아스가 엉겁결에 그러자고 했다.

하지만 리라와는 달리 피리는 거꾸로 연주할 수 없었다. 마르시아스는 전혀 피리 소리를 내지 못했다. 아폴론의 멋들어진 연주가 끝나자 마르시아스는 깨끗이 패배를 인정했다. 아폴론은 합의한 대로 마르시아스를 소나무에 매달아 살가죽을 벗겼다.

"왜 내게서 나를 벗기시는 거예요?" 그는 외쳤다. "아아, 다시는 안 그럴게요. 내게 피리는 이런 대가를 치를 만큼 가치 있는 것은 아니에요." 비명을 지르는 동안 그의 온 거죽에서 살갗이 벗겨져, 그의 몸 전체가 하나의 상처가 되었다. 피가 흘러내리지 않는 곳은 한 군데도 없었고, 근육은 드러나 있었으며, 핏줄은 살갗에 덮이지도 않은 채 뛰고 있었다. 펄떡펄떡 뛰고 있는 내장과 훤히 들여다보이는 가슴속의 조직을 셀 수 있을 정도였다.

그러자 숲의 정령인 사티로스들과 그때에도 그가 사랑했던 님프들, 그 산에서 양털을 지고 다니는 양떼와 뿔난 소떼를 먹이던 모든 목동이 그를 위해 울었다. 풍요의 대지는 흠뻑 젖었고, 그들의 눈물을 받아 자신의 혈관 속으로 깊숙이 들이마셨다. 그리고 나서 대지는 눈물을 물로 바꾸어 열려 있는 대기 속으로 내보냈다. 그리하여 마르시아스라는 이름을 갖게 된, 프리기아 땅에서 가장 맑은 이 강물은 그곳으로부터 경사진 강둑 사이를 지나 세차게 바다로 흘러간다.

펠롭스의 어깨

사람들은 이러한 옛이야기를 듣고 곧 현재 상황으로 돌아와, 암피온과 그 집안의 파멸을 슬퍼했다. 사람들은 암피온을 불쌍하게 여기면서도 아이들의 어머니, 즉 니오베는 비난했다. 하지만 니오베를 위해 울어준 사람은 단 한 사람, 그녀의 오빠 펠롭스였다. 그가 니오베를 슬퍼하여 가슴에서 옷을 찢자 그의 왼쪽 어깨에 상아가 드러났다. 펠롭스가 태어날 당시에는 어느 인간의 아이와 똑같았다. 그러나 그의 아버지 탄탈로스가 아들의 사지를 모두 잘랐다.

탄탈로스는 제우스가 님프 플루토를 취하여 태어난 아들로, 리디아의 시필로스 산 부근을 다스리는 아주 부유한 왕이었다. 아이스킬로스에 따르면 그의 영지는 돌아보는 데만 꼬박 12일이 걸릴 만큼 넓었다고 한다. 원래 탄탈로스는 신들의 각별한 총애를 받아 신들의 식탁에 초대되곤 했지만, 신들의 음식인 암브로시아와 넥타르를 훔쳐서 인간 친구들에게 주고 신들의 대화에서 들은 비밀을 그들에게 누설하여 신들을 노하게 하였다.

탄탈로스는 평소에도 신들을 노엽게 한 적이 한두 번이 아니었는데, 대표적인 사건의 전말은 이렇다. 어느 날 판다레오스가 제우스의 신전에서 황금 개를 훔쳐서 탄탈로스에게 맡기며 키워달라고 하였다. 제우스가 이 사실을 알고 헤르메스를 보내 돌려줄 것을 요구했지만, 탄탈로스는 자신은 그런 개를 본 적도 없다고 시치미를 뗐다.

탄탈로스가 결정적으로 신들을 분노케 한 사건은 신들이 탄탈로스의 초대에 응해서 그의 집에서 식사하게 되었을 때였다. 신들이 인간

▲마르시아스를 나무에 묶게 하는 아폴론_샤를 앙드레 반 루의 작품

의 식탁에 함께 앉은 것은 그리스 신화를 통틀어 카드모스와 하르모
니아의 결혼식 때를 빼고는 이때가 유일하다.

탄탈로스는 신들이 정말로 그렇게 전능한 존재인지를 시험해 보려
는 오만한 마음에서 자기 막내아들 펠롭스를 죽여서 그 고기로 국을
끓여 신들에게 대접했다. 신들은 모두 탄탈로스의 끔찍한 짓을 금방
알아차렸지만, 데메테르 여신만은 딸 페르세포네를 잃은 슬픔에 정신
이 팔려 고깃국을 그냥 먹고 말았다.

신들은 국그릇에 담긴 펠롭스의 고깃덩이들을 모두 다시 솥에 담아
서 운명의 여신 클로토에게 주었고, 클로토는 제우스의 명에 따라 그
고깃덩이들을 다시 아름다운 소년 펠롭스의 모습으로 되살려냈다. 하
지만 데메테르 여신이 먹어버린 어깨 부위만은 되살릴 수가 없어서
신들이 상아로 어깨를 만들어 펠롭스에게 붙여주었던 것이다.

프로크네와 필로멜라의 복수

이웃 나라의 왕들은 펠롭스를 위로하러 테베로 모여들었다. 가까이 있던 도시국가 백성들이 자신의 왕에게 테베로 가서 펠롭스를 위로해야 하지 않겠냐고 간언하여 이루어졌다. 아르고스, 스파르타, 펠롭스가의 거처인 미케네, 칼리돈, 비옥한 오르코메노스, 청동으로 유명한 코린토스, 비옥한 메세네, 파트레, 저지대에 있는 클레오나이, 넬레우스의 도시 필로스, 아직은 피테우스가 다스리지 않던 트로이젠, 양쪽에 바다를 끼고 있는 코린토스 지협 안에 갇혀 있는 그 밖의 도시들과 그 너머에 위치한 도시들이 모두 그랬다. 이 모든 나라에서 왕들이 펠롭스를 위로하러 왔다. 그런데 믿어지지 않겠지만 아테네에서는 아무도 오지 않았다. 당시 아테네는 전쟁 중이었기 때문이었다. 즉 바다를 건너온 야만족들이 아테네 성을 에워싸고 백성들을 공포의 도가니로 몰아넣고 있는 지경이었다.

그러나 트라키아 사람 테레우스가 원군을 이끌고 와서 이들을 패퇴시키고 승리함으로써 큰 명성을 얻었다. 판디온은 그가 재산도 많고 군사도 많은 데다 위대한 아레스 신의 자손인지라 그를 프로크네와 결혼시켜 자신의 편으로 삼았다. 하지만 그 결혼식에는 가정의 여신 헤라도 결혼의 여신 히멘, 우미(優美)의 여신 카리스도 나타나지 않았다. 이들 대신 저 무서운 복수의 여신들이 장례식의 화장장에서 옮겨 붙인 횃불을 들고 왔다. 첫날밤의 잠자리를 꾸민 것도 이 복수의 여신들이었다. 복수의 여신들이 나다니자 신방의 지붕 위에는 불길한 올빼미 한 마리가 내려앉았다. 이런 전조는 프로크네와 테레우스가 결

▲**필로멜라와 프로크네**_윌리앙 아돌프 부그로의 작품

혼할 때도 나타나더니, 그들이 부모가 될 때도 나타났다. 트라키아 백성들은 이들의 앞날에 어떤 일이 기다리고 있는 줄도 모르고 왕과 왕비가 맞은 경사를 축복했고, 왕과 왕비는 자기네 일족과 왕국에 내린 은총을 신들에게 감사했다. 테레우스는 자신과 저 판디온의 딸 프로크네가 결혼한 날을 축제일로 선포하고, 이어서 아들 이티스가 태어난 날도 축제일로 선포했다.

어느새 세월의 수레바퀴가 굴러 다섯 가을이 지났을 때, 프로크네가 아양을 떨며 남편에게 이런 말을 했다.

"당신이 저를 조금이라도 사랑하신다면 제가 동생을 방문하는 것을 허락하든지, 아니면 제 동생을 이곳에 오게 해주세요. 제 아버지께는 곧 돌려보내겠다고 하시고요. 제 동생 필로멜라를 만나게 해주신다면 저에게 이보다 나은 선물이 없을 것입니다."

이에 테레우스는 곧 함선을 준비하라고 일렀다. 돛과 노의 도움을 받아 페이라이에우스 항구에 들어가 해변에 정박하였다. 그리고 테레우스가 장인을 만났을 때, 두 사람은 악수하고 회포를 풀었다. 테레우스는 자신이 이곳에 온 것은 아내가 동생인 필로멜라를 보고 싶다고 하여 처제를 자기와 함께 가게 해주면 빠른 시일 안에 돌려보내겠다고 약속했다. 테레우스가 이런 말을 하고 있을 때, 필로멜라가 들어왔다. 그녀는 성숙한 처녀로 성장하여 매우 아름다웠다. 그녀의 용모는 물의 님프들이나 숲속의 님프들을 연상시킬 정도로 싱그러우며 우아하였다. 필로멜라를 보자 테레우스는 순식간에 욕망의 불이 활활 타올랐으니, 그 모습은 마치 누군가가 익은 곡식이나 마른 풀이나 축사에 쌓아놓은 건초 더미에 불을 지를 때와 다르지 않았다. 그녀의 미모는 실제로 그럴 만했다. 테레우스는 자신의 왕국을 다 거는 일이 있더라도 그녀를 호위하는 시녀들과 그녀의 충성스러운 유모를 매수하고 필로멜라 자신에게도 귀한 선물을 안기고 싶다는 충동, 필로멜라를 납치하여 멀리 데려다 놓고는 이 아름다운 볼모를 지키기 위해 목숨을 바치고 싶다는 충동을 느꼈다. 욕정의 포로가 된 만큼 감행하지 못할 짓은 아무것도 없었고, 그의 가슴은 타오르는 불길을 억제할 수 없었다. 이제 그는 지체되는 것을 더 이상 참지 못하고 프로크네의 부탁을 열심히 되풀이하며 그녀의 이름을 빌려 자신의 욕정을 이루려 했다. 사랑은 그를 달변가로 만들었고, 자신의 요구가 지나치다 싶으면 그때마다 그것은 프로크네의 뜻이라고 말하곤 했다. 그것도 그녀가 그렇게 시킨 양 그는 간청에 눈물을 덧붙이기까지 했다.

오, 신들이시여. 이렇게 눈이 먼 인간들을 굽어살피소서. 테레우스가 흑심을 품고 이렇듯이 자신의 범죄를 생각하는데도, 아테네 백성

▲ **필로멜라**_윌리앙 아돌프 부그로의 작품

들은 그를 참으로 보기 드문 애처가라고 칭송했다. 심지어 필로멜라 조차 그의 애절한 소망을 편들었다. 그녀는 두 팔로 아버지의 목을 안고, 형부를 따라가 언니를 만나게 해달라고 응석을 부렸다. 그녀가 아버지 판디온에게 입 맞추고 팔로 아버지의 목을 껴안는 것을 보자 테레우스는 자기가 그녀의 아버지라면 얼마나 좋을까 생각했다. 마침내 아버지 판디온은 두 딸, 그러니까 동생을 보고 싶다는 큰딸 프로크네와 언니를 보고 싶다는 작은딸 필로멜라의 간절한 소망 앞에 굴복했다. 필로멜라는 기쁜 나머지 아버지에게 감사했다. 그녀는 가련하게도 그것이 두 자매에게 파멸을 가져올 터인데도 두 자매에게 성공이라고 생각했다.

태양신의 태양 마차가 갈 길은 얼마 남아 있지 않았다. 아폴론의 태양 마차는 저녁으로 통하는 비탈길을 숨 가쁘게 달리고 있었다. 왕실의 연회석에는 황금 술잔에 포도주가 넘쳐났다. 연회가 끝나자 사람들은 모두가 술에 취해 잠이 들었다. 그러나 테레우스는 잠자리에 들었는데도 잠을 이룰 수 없었다. 아름다운 처제를 생각하니 잠이 올 턱이 없었다. 그는 그녀의 얼굴, 그녀의 싱그러운 몸짓을 그리며, 자기가 아직 보지 못했던 모든 것을 제멋대로 상상하고 자신의 욕정에 불길을 키우며 잠을 이루지 못했다.

날이 밝자 판디온 왕은 길을 떠나는 사위의 손을 잡고 눈물을 보이며, 동행하는 딸을 잘 보살펴 달라고 부탁했다.

"여보게, 자네의 간곡한 부탁을 받고 보니 내게는 선택의 여지가 없네. 나는 이 아이를 자네에게 맡기네. 또 그것이 두 딸아이의 소망이자 자네의 소망이었으니까. 자네의 신의와 우리 사이의 인척 관계와 하늘의 신들의 이름으로 내 간곡히 부탁하네만 이 아이를 아버지처럼 보살펴 주고, 내 만년의 달콤한 낙인 이 아이를 되도록 빨리 돌려보내 주게나. 그리고 필로멜라야, 너도 효심이 있다면 되도록 빨리 내게로 돌아오너라."

이렇게 지시하고는 그는 딸에게 입 맞추었고, 그러는 동안 그의 눈에서는 애틋한 눈물이 흘러내렸다. 그는 두 사람에게 약속의 담보로 오른손을 달라고 하더니, 주어진 두 손을 한데 잡고는 멀리 떨어져 있는 딸과 외손자에게 부디 잊지 말고 안부를 전해 달라고 당부했다. 목이 메었던지 판디온은 더 이상 말을 잇지 못했다. 그의 마음은 불길한 예감 탓에 두려움으로 가득찼던 것이다.

이윽고 필로멜라가 배에 오르고 노를 저어 육지가 멀어지자 테레우스는 회심의 미소를 지으며 외쳤다.

▲ **필로멜라를 겁탈하는 테레우스**_페테르 파울 루벤스의 작품

"내가 이겼다. 나는 드디어 그렇게 손에 넣기를 바라던 처제와 배에 올랐다."

승리에 도취한 테레우스는 기뻐 날뛰며 마음속으로 자신의 욕망을 간신히 뒤로 미루었고, 그녀에게서 결코 눈을 떼지 않았으니, 그 모습은 마치 발톱으로 토끼를 채어 제 둥지에다 내려놓고, 오갈 데 없는 이 희생물을 탐욕스러운 시선으로 응시하는 약탈자인 독수리 같았다.

이윽고 테레우스는 자신의 나라 해안에 상륙하자 판디온의 딸을 태고의 숲으로 가려져 있는, 높은 담으로 둘러싸인 외양간으로 끌고 가서 가두어 버렸다. 필로멜라는 파랗게 질린 채 떨고 있었다. 그녀는 가능한 모든 사태를 두려워하며, 언니가 어디 있느냐고 눈물로써 물었다. 하지만 테레우스는 자신의 흑심을 드러내고는 힘으로 제압하여 그녀의 순결을 빼앗았다. 그녀는 때로는 아버지를 부르고, 때로는 언니를 부르고, 무엇보다도 위대한 신들을 불러보았지만 다 소용이 없었다. 그녀가 떨고 있는 모습은 잿빛 늑대의 이빨에 뜯기고 쫓기면서도 숨을 곳을 찾지 못해 겁먹은 어린 양, 아니면 제 피에 젖은 채 몸을 흉악한 독수리의 억센 발톱에 붙들린 채 떨고 있는 비둘기 같았다. 곧 정신이 돌아온 그녀는 자신의 헝클어진 머리를 쥐어뜯고, 애도하는 사람처럼 두 손을 내밀며 테레우스를 향해 외쳤다.

"오오, 야만인이여, 이 무슨 끔찍한 짓이오! 오오, 잔혹한 자여! 내 아버지의 지시도, 내 아버지의 경건한 눈물도, 내 언니의 사랑도, 내 처녀성도, 그대의 혼인 서약도 그대의 마음을 움직이지 못하던가요? 그대는 모든 것을 뒤죽박죽으로 만들어 놓았어요. 나는 언니의 시앗이 되고, 그대는 이중의 남편이 되었어요. 나는 그런 벌을 받을 만한 짓을 하지 않았어요. 배신자여, 더 저지르지 않은 범죄가 없도록 왜 내 목숨은 빼앗지 않는 거죠? 그대가 나를 겁탈하기 전에 그렇게 했더라면 좋았을 것을! 그랬더라면 내 망령은 죄에서 자유로울 수 있으련만! 하지만 만약 하늘의 신들께서 이 일을 보고 계시다면, 신성이라는 것이 있다면, 만약 내가 없어진다고 해서 모든 것이 없어지는 것이 아니라면, 언젠가는 그대는 이 죗값을 치러야 할 거예요. 나 자신이 부끄러움을 벗어던지고 그대가 행한 짓을 폭로할 거예요. 그럴 기회가 주어지면 백성들에게 다가가 알릴 거예요. 만약 이 숲에 갇혀 지내게 된다면 나는 숲을 내 비탄으로 가득 채우고, 내 치욕의 증인인 바위들을 감동시킬 거예요. 그러면 그것을 하늘이 듣고, 하늘에 신이 계시다면 신도 들으시겠지요."

282

▲ **필로멜라의 혀를 자르는 테레우스**_중세 필사본 그림

　이 말에 사나운 폭군은 화가 났고, 그에 못지않게 두렵기도 했다. 그는 이 두 가지 이유로 자극받아 허리에 차고 있던 칼집에서 칼을 뽑더니, 그녀의 머리채를 잡고 두 팔을 등뒤로 비틀어 꼭꼭 묶었다. 칼을 보자 필로멜라는 이제는 죽을 수 있겠구나 싶어서 기꺼이 그녀의 가냘픈 목을 내밀었다. 그러나 그녀가 항의하며 계속해서 아버지의 이름을 부르며 말을 하려 하자, 테레우스는 집게로 그녀의 혀를 잡아 칼로 무자비하게 잘라버렸다. 남은 혀뿌리는 떨고 있었고, 잘린 혀는 꿈틀거리며 검은 대지에서 무엇인지 중얼거리고 있었다. 이런 악행을 저지른 뒤에도 테레우스는 욕정을 채우기 위해 성치 않은 그녀의 몸을 몇 번씩이나 더럽혔다고 한다. 그런 짓을 저지르고 나서 그는 뻔뻔스럽게도 프로크네에게 돌아갔다.

　프로크네는 남편을 보자 자신의 동생이 어디 있느냐고 물었다. 그러자 그는 괴로운 듯 신음하더니, 그녀의 죽음에 대해 지어낸 이야기를 들려주며 눈물까지 흘렸다. 그러자 프로크네는 검은 옷으로 갈아입고는 빈 무덤을 만들게 한 다음, 망령 아닌 망령에 제물을 바치며

▲필로멜라가 자신이 당한 일을 베틀로 짜는 모습_에드워드 번 존스의 판화

동생의 운명을 슬퍼했다.

　태양신이 태양 마차를 하늘의 12궁 사이로 두루 몰고 지나가자 일
년이라는 시간이 갔다. 혀가 잘린 필로멜라는 무엇을 할 수 있었을
까? 감시자가 그녀의 도주를 막고 있었고, 단단한 돌로 쌓은 외양간
의 담은 튼튼했으며, 말 못하는 입은 당한 일을 알릴 수 없었다. 하지
만 고통은 사람을 매우 창조적이게 하고, 역경은 약삭빠르게 하는 법
이다. 그녀는 야만족의 베틀에다 날실을 걸고는 흰 바탕에 자줏빛 글
자를 짜 넣어 자신이 당한 범행을 새기고 있었다. 그것이 완성되자 그
녀는 그것을 한 시녀에게 건네주며, 왕비에게 전해 달라고 손짓으로
부탁했다. 부탁받은 시녀는 그것이 무엇인지도 모르고 프로크네에게

전달하였다. 야만적인 폭군의 아내는 그 천을 펼친 후 자기 동생의 비참한 운명을 읽고는 아무 말도 하지 않았다. 고통이 그녀의 말문을 닫았고, 혀는 분한 마음을 충분히 표현할 수 있는 말을 찾을 수 없었던 것이다. 눈물을 흘릴 겨를도 없었다. 마음속은 온통 복수의 일념뿐이었다.

그때는 트리키아의 여인들이 삼 년에 한 번씩 열리는 디오니소스 축제를 개최하던 때였다. 그래서 왕비는 광란의 무구들을 갖춘 채 밤에 궁전 밖으로 나섰다. 머리에 포도덩굴 관을 쓰고 있었고, 왼쪽 옆구리에는 사슴 가죽이 매달려 있었으며, 어깨에는 가벼운 창을 메고 있었다. 프로크네가 한 무리의 하녀들을 데리고 급하게 숲속을 지나가니 그녀는 보기에 무시무시했고, 고통의 광기에 들뜬 그녀의 모습은 영락없는 디오니소스의 여신도였다. 그녀는 마침내 외딴 외양간에 이르러 디오니소스 여신도들이 지르는 환호성, "에우호이!"를 외치며 문들을 부수고 들어가, 필로멜라를 여신도처럼 입히고 담쟁이덩굴로 얼굴을 가린 다음 자신의 성벽 안으로 데리고 들어갔다.

불행한 필로멜라는 자신이 무도한 폭군의 거처에 왔다는 것을 알게 되자 두려움에 온 얼굴이 파랗게 질렸다. 프로크네는 안전한 장소를 찾아낸 다음 동생에게서 디오니소스 축제의 상징들을 벗기고, 자신의 얼굴을 드러낸 다음 동생을 포옹하려고 했다. 하지만 필로멜라는 언니를 향하여 감히 얼굴을 들지 못했으니, 자신이 언니의 시앗이라고 믿었기 때문이다. 그녀는 시선을 땅바닥으로 향한 채 목소리 대신 손을 써서 그러한 치욕은 폭력에 의해 자기에게 가해진 것이라고 맹세하며, 신들을 증인으로 부르려고 했다. 그러자 프로크네는 분노를 억제하지 못하고, 동생더러 눈물을 흘리지 말라며 말했다.

"지금은 눈물을 흘릴 때가 아니다. 칼을 쓰거나, 칼보다 더 강한 것이 있다면 그것을 쓸 때란다. 동생아, 나는 어떤 범행이든 저지를 각오가 되어 있다. 나는 횃불로 이 왕궁을 불지르고 간악한 테레우스를 불 속에 던져 넣거나, 칼로 그자의 혀를 자르고 눈을 뽑고 너에게 치욕을 안긴 사지를 절단하거나, 수천의 상처로 그자의 죄 많은 영혼을 몸에서 내쫓을 것이다. 어떤 큰일이든 할 각오가 되어 있어. 하지만 그게 무엇이 될지 나는 아직 확실히 모르겠어."

프로크네가 간악한 테레우스를 향한 복수를 다짐하는 동안 아들 이티스가 다가왔다. 아버지를 닮은 아들을 보자 프로크네는 남편의 모습을 떠올리며 분노의 불길을 주체하지 못했고, 끔찍한 범행을 꾀하기 시작했다. 아들의 응석에 잠시 모정이 흔들렸다. 그녀는 분노가 한풀 꺾였고, 그녀의 두 눈은 그녀의 의사와는 달리 본의 아니게 흘러내린 눈물로 젖어 있었다. 그러나 지나친 모정으로 자신의 결심이 흔들린다고 느끼자 그녀는 다시 아들에게서 동생의 얼굴 쪽으로 돌아섰다. 그리고 둘을 번갈아 바라보며 말했다.

"왜 한 명은 사랑스러운 말을 건넬 수 있는데, 다른 한 명은 혀를 잘리고 아무런 말도 못하는가? 왜 그는 어머니라고 부르는데, 그녀는 언니라고 부르지 못하지? 판디온의 딸이여, 대체 어떤 남편과 결혼했는가? 너는 못난 자식이야! 테레우스 같은 남편에게 성실하다는 것은 범죄다."

그녀는 지체하지 않고 이티스를 끌고 갔다. 높다란 궁전의 외딴곳에 이르렀을 때, 소년이 자신의 운명을 예견하고 비명을 지르며 어머니의 목을 껴안으려 하는데, 프로크네는 아들의 가슴과 옆구리 사이를 칼로 쳤다. 필로멜라는 조카의 비명을 듣자 그가 테레우스로 보여

▲**아들의 사지를 난도질하는 프로크네와 필로멜라**_중세 필사본 그림

칼로 목을 잘랐으며, 아직도 살아 숨 쉬고 있는 이티스의 사지를 해체했다. 그리고 일부는 청동 솥에서 부글부글 끓였고, 일부는 꼬챙이에 꿰어 불에 지글지글 구워냈다.

이어서 프로크네가 아무 영문도 모르는 테레우스를 연회에 초대하며, 자기 고국의 풍속에 따른 신성한 잔치로 남편만이 참석할 수 있다고 했다. 그리하여 그녀는 시종들과 하인들을 따돌렸다. 테레우스는 선조들에게서 물려받은 왕좌 위에 높다랗게 앉아 혼자 식사하며

아들의 목을 페레우스에게 주는 프로크네와 필로멜라_페테르 파울 루벤스의 작품

▲ 아들의 목을 페레우스에게 주는 프로크네와 필로멜라_아르테미시아 젠틸레스키의 작품

아들의 살로 배를 채웠다. 그리고 그가 아들을 불러달라고 하자, 프로크네는 자신의 잔인한 기쁨을 감추지 않았다. 그녀는 자신이 안겨준 파국을 맨 먼저 알리고 싶어서 "그대가 찾는 사람은 안에 있잖아요!"라고 말했다. 테레우스는 주위를 둘러보며 어디 있느냐고 물었다. 그리고 그가 재차 묻고 부르자 필로멜라가 갑자기 튀어나오더니, 조카의 피가 범벅인 머리를 그의 아버지의 얼굴에다 내던졌다. 그녀는 이때처럼 자신의 혀가 말할 수 있기를, 알맞은 말로 자신의 희열을 표현할 수 있기를 더 바란 적은 없었을 것이다. 그러자 테레우스는 크게 고함을 지르며 식탁을 밀쳐버렸고, 스틱스 강으로부터 복수의 여신들을 불렀다. 할 수만 있다면 그는 자신의 가슴을 열고 그 안에 들어 있는 끔찍한 음식과 제 자식의 고기를 토해 내고 싶었다. 그는 또 울면서 자신을 제 아들의 비참한 무덤이라고 불렀다. 이제 그는 칼을 뽑아 들고 판디온의 두 딸을 뒤쫓았다. 도망치던 그녀들은 어느새 새의 날개가 생겼다. 한 명은 숲으로 향했고, 다른 한 명은 지붕 밑으로 날아들었다.

오늘날까지도 그녀들의 가슴에는 살인 행위의 흔적이 지워지지 않았고, 그들의 깃털은 피로 얼룩져 있다. 프로크네는 제비로 변신하였고, 필로멜라는 밤꾀꼬리로 변신한 것이다. 또한 억울하게 죽은 아들 이티스는 도요새로 변신하였다. 슬픔과 복수심 때문에 걸음이 빨라진 테레우스도 새로 변신했다. 그의 정수리에는 볏이 나 있고, 그의 긴 칼 대신 지나치게 긴 부리가 튀어나와 있었다. 그 새는 후투티라고 불리며, 그 새의 모습은 싸우려고 무장한 것처럼 보인다.

북풍의 신 보레아스의 혼인

두 딸의 비극 소식을 들은 아테네의 판디온 왕은 슬픔에 빠져 제 명대로 살지 못하고, 명계의 어둠 속으로 내려가게 되었다. 그가 죽은 후 왕홀과 통치권은 에레크테우스가 물려받았다. 새로운 왕이 된 에레크테우스는 판디온의 아들이자 프로크네와 펠로멜라의 남매로, 정의감이 넘치는 힘 있는 군주였다. 그는 아들 넷과 딸 넷을 두었는데, 딸 중에서 둘은 우열을 가리지 못할 정도로 아름다운 미색을 뽐내고 있었다. 그중 한 명인 프로크리스는 아이올로스의 자손인 케팔로스의 아내였다.

보레아스(북풍의 신)는 다른 한 명인 오레이티아에게 마음을 빼앗겨, 과격한 성격에도 불구하고 처음에는 달콤한 말로 사랑을 구했으나 오랫동안 그녀를 차지할 수가 없었다. 그러나 그녀가 그의 구애를 받아들이지 않자, 이 바람에게는 습성이자 너무나 몸에 밴 노여움을 터뜨리며 말했다.

"내가 어쩌자고 나의 자랑이자 장기인 야만적인 폭력과 분노와 거센 위협을 버리고 내게 어울리지 않는 간청에 의지했던가? 나에게는 폭력이 어울려. 나는 폭력으로 검은 구름을 몰아내고, 폭력으로 바다를 뒤흔들고, 옹이투성이의 참나무들을 뿌리째 뽑고, 눈을 얼리고 우박으로 대지를 매질하지 않는가! 그렇다. 하늘이야말로 나의 무대다. 우리의 무대인 이 하늘에서 형제들(서풍 제피로스, 남풍 노토스)을 만나면 이들과 겨루던 내가 아니던가?"

▶ **오레이티아이아 납치**_페테르 파울 루벤스의 작품

보레아스와 낙엽_에블린 드 모건의 작품

보레아스가 이렇게 거친 말을 하고 나서 날개를 흔드니, 그 날갯짓으로 온 대지에 세찬 바람이 불고 넓은 바다에 물결이 일었다. 그는 산꼭대기들 위로 먼지 외투를 끌며 땅바닥을 휩쓸었다. 그리고 사랑에 빠진 그는 어둠에 싸여 황갈색 날개로 겁에 질린 오레이티이아를 껴안아 납치하였다. 그가 차가운 허공을 날고 있는 동안 그의 마음속 불은 날개의 부채질에 더 세차게 타올랐다.

납치범은 키코네스 종족의 나라와 도시에 이르기 전에 대기 속에서 그녀를 겁탈했고, 오레이티이아는 차디찬 폭군의 아내가 되었다. 이어서 쌍둥이 아들을 낳았는데, 그들은 다른 점에서는 모두 어머니를 닮았으나 아버지의 날개를 달고 있었다. 하지만 이 날개는 그들이 태어날 때부터 몸에 나 있었던 것이 아니었다. 빨간 머리털 아래에 아직 수염이 나지 않았을 동안에는 칼라이스와 제테스 소년은 둘 다 날개가 없었다. 그러나 그 뒤 볼에 노란 솜털이 나기 시작하면서, 양 옆구리에 새처럼 날개가 돋아나기 시작했다. 그리하여 이 두 소년은 소년 시절을 지나 성년이 되었을 때 미니아이족과 어울려 반짝이는 황금 양모피를 찾아 아르고호를 타고 미지의 바다를 건너갔다.

하룻밤에 읽는 그리스·로마 신화

신들의 사랑과 욕망

| 제7부 |

영웅의 시대

아르고호 원정대

미니아스 왕의 딸인 알키토에 세 자매 외에도 클리메네라는 자매가 있었다. 알키토에 자매는 디오니소스 신을 부정하고 아테나 여신을 추앙하였다. 클리메네의 외손자인 이아손이 아직 어렸을 때의 일이었다. 테살리아의 아타마스 왕국 근처에 또 하나의 왕국이 있었는데, 그 왕국의 왕인 아이손은 정치에 싫증을 느껴 아들 이아손이 성인이 될 동안만이라는 조건으로 왕위를 아우 펠리아스에게 양도했다.

이아손이 성장하여 숙부에게 왕위 반환을 요구하자 펠리아스는 겉으로는 기꺼이 양도하려는 것 같은 태도를 취했으나, 동시에 프릭소스의 황금 양털을 찾기 위한 영광스러운 모험을 해보기를 은근히 권유했다.

이아손은 숙부의 제안을 쾌히 받아들여 바로 원정 준비를 했다. 당시 그리스인에게 알려져 있던 유일한 항해 도구는 통나무를 파내어 만든 작은 보트나 카누가 고작이었으므로, 이아손이 아르고스(헤라의 종복으로 백여 개의 눈을 가진 거인과는 다름)에게 명하여 50명을 태울 수 있는 배를 만들게 했을 때는 굉장한 일이었다. 배가 완성되자 배를 만든 사람의 이름을 따서 아르고호라고 명명했다. 이아손은 모험을 좋아하는 그리스의 모든 청년들을 모집했다. 얼마 후 그는 용감한 청년들의 대장이 되었는데, 그들의 대부분은 후에 그리스의 영웅과 신인들과 더불어 명성을 떨쳤다. 헤라클레스, 테세우스, 오르페우스, 네스토르 같은 영웅들도 그 속에 끼어 있었다. 그들은 그 배의 이름을 따서 아르고나우테스(아르고호의 승무원)라고 부른다.

▲**아르고호의 출발**_도소 도시의 작품

　영웅들을 태운 아르고호는 테살리아 해안을 떠나 렘노스 섬에 기항했다가 이시아를 지나 트라키아까지 갔다. 이곳에서 그들 일행은 철학자 피네우스를 만나게 되어 앞으로의 항로에 대한 교시를 받았다.

　흑해의 입구는 두 개의 바위섬에 의하여 차단된 것 같았다. 이 섬은 물 위에 떠 있다가 서로 부딪치곤 하여, 그 사이에 끼인 것은 무엇이나 부서지는 것이었다. 그래서 이 섬은 심플레가데스(충돌하는 섬)라고 불렸다. 피네우스는 아르고나우테스들에게 이 위험한 해협을 무사히 건너는 방법을 가르쳐 주었다. 그들은 그 섬에 도착해서 비둘기 한 마리를 놓아주었다. 비둘기가 바위 사이를 날아가자 두 바위섬이 움직여 서로 부딪쳤다. 그러나 비둘기는 꼬리털이 몇 가닥 빠졌을 뿐, 무사히 빠져나갔다.

이아손과 메디아

이아손과 그 일행은 해안을 따라 배를 저어 마침내 바다의 동쪽 끝 콜키스 왕국에 상륙했다. 이아손이 콜키스의 왕 아이에테스에게 자기의 사명을 전하자, 왕은 이아손이 놋쇠 발을 가지고 있고 불을 뿜는 두 마리의 황소를 쟁기에 매주고, 카드모스 왕이 물리친 용의 이빨을 뿌려준다면 황금 양가죽을 넘겨주겠노라고 약속했다. 이 용의 이빨을 뿌리면 그로부터 한 무리의 무사가 나와 자신들을 생겨나게 한 상대방을 공격한다는 것은 잘 알려진 사실이다.

콜키스 왕국의 공주 메디아는 이 이아손을 보고는 한눈에 반하고 말았다. 그녀는 오랫동안 버텼지만, 이성으로는 자기의 광기를 이길 수 없자 탄식을 했다.

"메디아, 싸워봤자 소용없어! 누군지는 몰라도 어떤 신이 너를 방해하고 있어. 사람들이 사랑이라고 부르는 것은 틀림없이 이런 것이거나 아니면 이와 비슷한 것일 거야. 그렇지 않다면 나는 왜 아버지의 명령이 너무 가혹해 보이는 거지? 그 명령은 사실 너무 끔찍해. 왜 나는 본 지 얼마 되지도 않는 그가 죽지나 않을까 두려워하고 있는 거지? 내가 이토록 두려워하는 까닭이 뭐지? 불행한 처녀여, 타오르는 불길을 너의 가슴에서 떨쳐버리도록 해. 할 수만 있다면. 나는 할 수만 있다면 더 건강해졌으면 좋겠어. 하지만 어떤 이상한 힘이 싫다는 나를 끌어당기고 있어. 욕망은 이래라 하고, 이성은 저래라 하는구나. 더 나은 것을 보고 그렇다고 시인하면서도 나는 더 못한 것을 따르고 있어. 이 어리석은 공주님아, 왜 너는 이방인에 대한 사랑으로 자신을

불태우며, 왜 낯선 세상과 결혼할 생각을 하는 거지? 이 나라도 네가 사랑할 만한 것을 줄 수 있어. 그가 사느냐 죽느냐 하는 것은 신들에게 달려 있어. 그래도 그가 살았으면 좋겠어! 이 정도는 사랑하지 않더라도 기원할 수 있는 거라고. 사실 이아손이 무슨 나쁜 짓을 저질렀지? 비정한 사람이 아니고서야 누가 이아손의 청춘과 가문과 용기에 반하지 않을 수 있어? 다른 것은 다 그만두고라도 그 준수한 용모에 누가 반하지 않을 수 있을까? 확실히 내 마음은 반했어. 그래도 내가 도와주지 않으면 그는 황소의 입김을 쐬게 되고, 손수 씨를 뿌린, 땅에서 태어난 무리와 싸우게 될 것이며, 아니면 다른 야수처럼 그 게걸스러운 용의 먹이가 될 거야."

　그녀가 이렇게 말하자 그녀의 눈앞에 도리와 효성과 겸손이 자리 잡고 섰다. 그러자 에로스가 패하여 어느새 등을 돌렸다.

　그녀는 깊은 숲속의 그늘진 임원(林苑)에 있는, 주술의 여신 헤카테의 오래된 신전으로 갔다. 이제 그녀는 강하고 용감했으며, 사랑의 불

▲이아손과 메디아_장 프랑수아 드 트로이의 작품

길은 싸늘하게 식어 있었다. 하지만 이아손을 다시 보는 순간 꺼져가던 불이 다시 활활 타올랐다. 그녀는 볼이 빨개지더니 온 얼굴이 다시 새하얗게 변했다. 흡사 얼굴에서 피가 한 방울도 남김없이 빠져나가 버린 것 같았다. 재 속에 숨어 있던 작은 불씨 하나가 바람의 입김으로부터 영양분을 공급받으며 되살아나 그 부채질에 의해 이전의 힘을 다시 회복하듯이, 꼭 그처럼 이미 꺼져가고 있는 듯했던 그녀의 미지근한 사랑도 자기 앞에 서 있는 젊은이의 모습을 보자 다시 활활 타올랐다. 어쩐 일인지 이아손은 이날따라 평소보다 더 준수했다. 그녀가 그를 사랑하는 것을 그대는 용서할 수 있으리라. 그녀는 그를 처음 보는 양 그의 얼굴에 시선을 고정한 채 응시했고, 정신이 나가 자신이 보고 있는 것이 인간의 얼굴이 아니라고 믿었으며, 그에게서 돌아설 수가 없었다. 이때 이아손이 그녀의 오른손을 잡고 끌어당기더니 따뜻한 포옹을 했고, 나직한 목소리로 결혼을 약속하며 도움을 청했다. 그녀는 울음을 터뜨리며 말했다.

"내가 무슨 짓을 하게 될 것인지 나는 잘 알고 있어요. 하지만 내가 길을 잘못 든다면 그것은 진실을 몰라서가 아니라 그대를 사랑하기 때문이에요. 그대가 구원받도록 도와드릴 테니, 구원받거든 그대가 한 약속을 지키세요!"

그녀는 세 얼굴 여신(헤카테)의 의식과, 그것이 누구든 임원에 있는 신성(神性)과, 장인 될 분의 아버지 태양신과 자신의 성공과 자신이 겪었던 큰 위험들에 걸고 맹세했다. 이아손은 그녀의 믿음을 사게 되자 즉시 마법에 걸린 약초를 받고 그 사용법을 배우고 나서 흐뭇한 마음으로 숙소로 돌아갔다.

다음날, 새벽의 여신이 빛나던 별들을 쫓자 사람들은 전쟁의 신 아

레스에게 봉헌된 들판으로 모여들었다. 사람들은 이 들판 가장자리의
네 면에 자리를 잡았다. 아이에테스 왕은 자줏빛 도포를 차려입고 상
아 왕홀을 들고는 이들 한가운데에 자리를 잡았다.

　곧 놋쇠 발을 가진 황소가 콧구멍으로 힘차게 불을 뿜으며 뛰어오
자, 그 불은 길가의 풀들을 모두 태워버렸다. 마치 용광로에서 쇳물이
끓는 것 같은 소리가 나고, 생석회에 물을 끼얹을 때와 같은 연기가 피
어올랐다.

▲**황소와 싸우는 이아손**_장 프랑수아 드 트로이의 작품

　이아손은 황소를 향해 용감하게 돌진해 갔다. 그리스 전역에서 선발된 영웅인 그의 친구들도 이아손의 대담무쌍한 용맹성에 전율을 느꼈다. 그는 불의 콧김도 아랑곳없이 말을 걸어 황소의 분노를 가라앉히고, 대담하게 손으로 목을 어루만지다가 재빨리 멍에를 메고 쟁기를 끌도록 했다. 콜키스인들은 아연실색했고, 그리스인들은 환호성을 질렀다.

　그런 후에 이아손은 용의 이빨을 뿌리고 그 위에 흙을 덮었다. 그러자 바로 한 무리의 무사들이 땅속에서 뛰어나왔다. 그리스인들은 그

들의 영웅을 걱정하여 몸을 떨었고, 그에게 호신용 부적을 준 메디아까지도 공포로 인해 안색이 창백해졌다.

이아손은 잠시 칼과 방패로 공격자를 막았으나, 그들의 숫자가 압도적으로 많다는 것을 알고 메디아가 가르쳐 준 마법을 사용하여 손에 돌을 들고 적 한가운데에 던졌다. 그러자 그들은 무기를 자기편에게 돌려 싸우다가 마침내 하나도 남김없이 죽어버렸다. 그리스인들은 그들의 영웅을 포옹하였다. 메디아도 그럴 용기만 있었다면 그를 포옹했을 것이다. 아니, 뜨거운 키스를 했을 것이다.

남은 일은 황금 양가죽을 지키고 있는 용을 어떻게 해서든 잠재우는 일이었다. 그러나 이것은 메디아가 준 마법의 약을 이 용에게 두서너 방울 떨어뜨림으로써 쉽게 이루어졌다. 약 냄새를 맡은 용은 분노를 가라앉히고 잠깐 꼼짝도 하지 않고 있더니, 전엔 한 번도 감은 일이 없는 크고 둥근 눈을 감고서 옆으로 쓰러져 그대로 잠들었다.

이아손은 양가죽을 입수한 후 친구들과 메디아를 대동한 채, 아이에테스 왕이 출발을 저지할 틈을 주지 않으려고 급히 배를 타고 테살리아로의 귀로에 올라 무사히 그곳에 도착했다. 이아손은 양가죽을 펠리아스에게 넘겨주었고, 아르고호는 바다의 신 포세이돈에게 바쳤다. 그 후 그 양가죽이 어떻게 되었는지는 알 수 없으나, 아마 그것도 다른 보물들처럼, 입수하느라 쏟은 노고에 비하면 그다지 가치 있는 물건은 아니라는 것이 판명되었을 것이다.

◀ **메디아의 도움으로 용을 무찌른 이아손**_조반니 바티스타 크로사토의 작품

아이손의 회춘

　메디아는 이아손과 함께 그리스로 도피할 때, 이스트로스 강어귀에서 아이에테스가 아르고호를 따라잡자 자신이 배에 태워 데려온 어린 이복동생 압시르토스를 죽였다. 그녀는 그를 토막 내서 하나씩 빠른 바다 물살 속에 던졌다. 아이에테스는 잠시 추격을 멈췄다. 나중의 장례식을 위해 아들의 시신을 모두 수습하지 않을 수 없었던 것이다.

　메디아의 동생을 죽인 죄 때문에 아르고호 원정대는 회오리바람에 휘말려야 했다. 회오리바람은 제우스가 화났다는 증거였다. 원정대는 메디아의 친척인 마법사 키르케를 찾아가서 죄를 씻어야 했다. 그 뒤에 원정대는 뱃사람을 죽음으로 몰아넣는 세이렌 자매들을 만났지만, 오르페우스가 노래를 불러 그녀들의 유혹적인 노래를 들리지 않게 함으로써 위험에서 벗어날 수 있었다. 그리고 지나가는 배들을 삼켜버리는 카리브디스와 무엇이든지 죽이고야 마는 개 6마리를 허리에 묶고 있는 스킬라가 양쪽에 버티고 있는 해협을 무사히 통과했다.

　마침내 고국에 돌아온 아르고호 원정대는 성대한 축하연을 벌였다. 축하회 석상에서 이아손을 우울하게 하는 일이 한 가지 있었다. 그것은 아버지의 모습이 보이지 않는 것이었다. 그는 노쇠해서 자리를 함께할 수 없었다. 이아손은 메디아에게 말했다.

　"아내여, 나는 그대의 마법에 많은 도움을 입었는데, 그 마법으로 한 번만 더 나를 도와주시오. 나의 수명에서 몇 년을 빼내어 아버지의 수명에 보태주면 어떻겠소?"

　그러자 메디아가 대답했다.

▲압시르토스를 바다에 던지려는 메디아_허버트 제임스 드레이퍼의 작품

"세 얼굴의 여신께서 나를 도와주시고 이곳에 왕림하시어 내 대담한 계획을 승인해 주시기만 한다면, 나는 당신의 수명을 줄이지 않고도 내 재주에 힘입어 연로하신 아버님을 회춘시켜 보겠어요."

그녀는 보름날 밤, 모든 생물이 잠들었을 때 홀로 살그머니 밖으로 빠져나왔다. 나뭇잎을 움직이는 바람 한 점 없고, 만물은 고요하기만 했다. 메디아는 별들과 달을 향해 주문을 외웠다. 또 주술의 여신 헤카테와 대지의 여신 가이아에게도 도움을 청했다.

메디아와 이아손_존 윌리엄 워터하우스의 작품

"지금 나는 노인이 회춘하여 꽃다운 젊은이로 돌아가고 청춘을 다시 회복할 수 있는 영액이 필요하나이다. 그대들은 틀림없이 그것을 내게 주실 것이옵니다. 내 부름에 응하여 별들이 반짝인 것도, 날개 달린 용들이 끄는 수레가 여기 와 있는 것도 결코 부질없는 짓은 아닐 테니까요."

그것은 이런 여신들의 힘에 의해 마법의 효과가 있는 식물을 얻을 수 있기 때문이었다.

그녀는 또한 숲과 동굴, 산과 골짜기, 호수와 강, 바람과 안개의 신들을 불러내어 기원하였다. 그녀가 이렇게 빌고 있을 때 별들은 더욱 빛을 발하고, 얼마 안 있어 날아다니는 뱀들에 이끌린 이륜차가 공중으로부터 내려왔다. 메디아는 그 이륜차를 타고 하늘 높이 올라 먼 지방으로 향했다. 그곳에서는 효험 있는 식물들이 자라고 있었고, 메디아는 그중에서 자기 목적에 적합한 것을 선택했다. 그녀는 꼬박 9일 동안 약초를 찾아 헤맸는데, 그동안에는 궁전으로 돌아가지도, 다른 인가에 들어가지도 않은 채 사람들과의 교제를 끊었다.

메디아는 두 개의 제단을 만들었다. 하나는 헤카테의 것이고, 또 하나는 청춘의 여신 헤베의 것이었다. 그리고 한 마리의 검은 양을 제물로 바치고 우유와 포도주를 부었다. 그녀는 하데스와 그가 납치해 간 신부에게 늙은 부왕의 생명을 빨리 빼앗지 않도록 간청한 다음, 부왕을 데리고 오게 하여 주문을 외워 깊이 잠들게 한 후 바로 약초로 만든 침대 위에 뉘었다. 비법이 세속의 눈에 띄지 않도록 하기 위해 이아손과 그 외의 모든 사람의 출입을 금지시켰다. 그런 다음 메디아는 머리를 풀고서 제단 주위를 세 번 돌고, 불타는 작은 나뭇가지를 피에 적신 후 제단 위에 놓고 태웠다. 그동안 가마솥 안에 든 것이 끓기 시

작했다. 그러자 그녀는 그 속에 약초와 쓴 즙이 나오는 씨와 꽃, 먼 동방에서 수집해 온 모래를 넣었다. 그리고 달밤에 얻은 하얀 서리와 올빼미의 머리와 날개, 이리의 내장을 넣었다. 그리고 또 거북의 껍데기와 숫사슴의 간, 아홉 세대를 넘게 산 까마귀의 머리와 부리를 넣었다. 그 밖에 이름도 모르는 많은 물건을 넣고 같이 끓이고는 마른 올리브 가지로 잘 뒤섞었다. 그 가지를 끄집어내자 이상하게도 그것은 바로 녹색이 되고, 얼마 후에 싱싱한 잎과 많은 올리브로 덮이게 되었다. 그리고 용액이 부글부글 끓어올라 넘칠 때는 그 방울이 떨어진 곳의 풀은 봄날의 잎사귀처럼 초록빛이 되었다.

모든 준비가 다 되자 메디아는 노인의 목구멍을 베어 피를 모조리 뽑아낸 다음, 끓인 용액을 입과 상처 속에 부어 넣었다. 노인이 그 용액을 다 들이마시자 머리털과 수염은 흰빛이 사라지고 청년과 같이 검은빛을 띠었다. 얼굴에는 화색이 돌고, 혈관은 피로 가득차고, 사지엔 힘이 넘쳤다.

하늘 높은 곳에서 이 기적이 일어나는 모습을 내려다보고 있던 디오니소스는 자기를 기르느라고 늙어버린 유모들을 생각하고는, 이 메디아로부터 이 약을 얻어간 것으로 전해진다.

◀ **마법의 약초를 따는 메디아**_ 발레타인 카메론 프린셉의 작품

펠리아스의 희망과 죽음

　메디아의 마법은 아직 끝난 것이 아니었다. 그녀는 남편 이아손과 사이가 나빠진 척하고는 이아손의 숙부인 펠리아스의 궁전으로 달아났다. 왕은 노령이라 그의 딸들이 메디아를 반겼다. 교활한 메디아는 거짓으로 우정을 과시하며 그녀들과 친해졌다. 그리하여 그녀가 자신의 가장 위대한 업적들 가운데 아이손의 회춘에 관해 언급하며 그 이야기를 장황하게 늘어놓았다. 펠리아스의 딸들도 그 소문을 들어 알고 있었기에, 자신들의 아버지에게도 젊음을 찾아줄 것을 애원하였다.

　펠리아스는 이아손의 왕위를 찬탈한 숙부였다. 메디아는 잠시 아무 말도 하지 않고 망설이는 것처럼 보였고, 신중함을 가장하여 그러겠다고 약속하며 말했다.

　"그대들이 나의 이 선물을 더욱더 신뢰하도록, 그대들의 양떼 가운데서 가장 나이 많은 양이 새끼 양으로 되는 걸 보여주겠어요."

　메디아는 승낙하는 척하고서 전과 같이 솥을 준비하였다. 그리고 한 마리의 늙은 양을 가져오게 하여 솥 안에 넣었다. 얼마 안 되어 "매 앰!" 하는 소리가 솥 속에서 들려왔다. 뚜껑을 열자 한 마리의 새끼 양이 뛰어나와 목장으로 달아났다.

　펠리아스의 딸들은 그 실험을 보고 기뻐하면서, 자기네 아버지가 같은 시술을 받을 시간을 정했다. 그러나 메디아는 그들의 부친을 위한 솥은 전혀 다르게 마련하였는데, 솥 속에는 물과 보잘것없는 풀을 약간 넣었을 뿐이었다.

▶ **마법을 부리는 메디아**_프레더릭 샌디스의 작품

▲펠리아스의 딸들 앞에 마법을 재현하는 메디아_조르주 모로 드 투르의 작품

밤이 되자 메디아는 왕의 딸들과 더불어 늙은 왕의 침실로 들어갔다. 그동안 왕과 그의 호위병들은 그녀가 쓴 마법에 걸려 깊이 잠들었다. 왕의 딸들은 단검을 빼 들고 침대 옆에 서 있었다. 그러나 그를 베기를 주저했으므로 메디아는 그들의 심약함을 꾸짖었다. 그러자 그들은 얼굴을 돌리고 아버지를 단검으로 내리쳤다. 왕은 잠을 깨 부르짖었다.

　"딸들아, 대체 이게 무슨 짓이냐? 이 아비를 죽이려고 하느냐?"

　그들은 용기를 잃고 단검을 떨어뜨렸다. 그러나 메디아는 왕에게 치명적인 타격을 가하여 말문을 막히게 하였다.

　그들은 왕을 솥 속에 집어넣었다. 그리고 메디아는 뱀이 끄는 이륜차를 타고 자신의 배신행위가 발각되기 전에 급히 그곳을 떠났다. 그러지 않았더라면 그들의 복수가 대단하였을 것이다. 그녀는 무사히 도망쳤다.

 메디아의 도주

날개 달린 뱀들에 실려 하늘로 오르지 않았더라면 메디아는 큰 낭패를 면치 못했을 것이다. 그녀는 켄타우로스족 현자 케이론의 고향이자, 저 저주받은 여자 필리라가 살던 펠리온 산을 넘고 오트리스 산을 넘어, 케람보스의 이야기로 널리 알려진 땅의 상공을 지나 도망쳤다. 케람보스는 대홍수 때 님프들로부터 날개를 얻어 살아난 자였다. 이어서 메디아는 아이올리스의 피타네 마을과 석상이 되어버린 수많은 왕뱀을 왼손 편으로 내려다보며, 디오니소스가 아들이 훔친 황소를 수사슴으로 변신시켜 감추어주었다는 이다 산의 숲, 코리토스의 아버지가 모래 언덕에 묻힌 것으로 유명한 땅, 마이라가 이상한 울음소리로 두려움에 떨게 했던 들판과 헤라클레스 일행이 물러갔을 때 코스 섬의 어머니들에게 뿔이 돋아났던 에우리필로스의 도시 상공을 지났다. 아폴론 신이 사랑하던 로도스 섬, 텔키네스들이 살던 이알리소스를 왼쪽에 끼고 날아 지나갔는데, 보기만 해도 모든 것을 시들어 죽게 만드는 그들의 눈이 보기 싫어 제우스가 형의 바닷물에 잠기게 했던 것이다. 그녀는 또 케아 섬의 고도(古都) 카르타이아의 성벽 위를 지났는데, 그곳에서 아버지 알키다마스는 딸의 몸에서 유순한 비둘기가 태어날 수 있었던 것에 놀라움을 금치 못할 것이었다. 그 뒤 그녀는 히리에 호수와 키크노스가 갑자기 백조로 변신한 곳으로 유명한 템페 계곡을 내려다보았다. 키크노스가 백조로 변신한 이야기는 다음과 같다.

필리오스라는 사람이 이 키크노스 소년을 사랑하여, 소년이 소원하

▲ 메디아의 뱀 마차가 새겨진 그리스 도자기

는 바에 따라 처음에는 들새를 길들여, 그다음에는 사나운 사자를 길들여 이 키크노스에게 주었다. 키크노스는 이에 만족하지 않고, 필리오스에게 들에 사는 황소를 한 마리 잡아 길들여 보라고 했다. 소년이 시키는 대로 필리오스가 황소를 잡아 길들이자 소년은 이 황소까지 자기에게 줄 것을 요구했다. 필리오스가 이를 거절하자 키크노스는 화를 내며 "그대는 주었더라면 좋았을 것이라고 생각하게 되리라."라고 말하고 높은 바위에서 뛰어내렸다. 모두 그가 떨어진 줄 알았다. 하지만 그는 백조로 변하여 눈처럼 흰 날개를 타고 공중에 떠 있었다. 한편 그의 어머니 히리에는 그가 살아 있는 줄 모르고 눈물로 녹아내려 그녀와 이름이 같은 호수가 되었던 것이다. 이 근방에는 또 오피오스의 딸 콤베가 자식들의 해코지를 피하여 하늘로 날아올랐다는 플레

우론 마을이 있었다.

그 뒤 메디아는 레토 여신에게 봉헌된 섬인 칼라우레이아의 들판을 내려다보았는데, 이 섬에서 왕과 왕비가 둘 다 새로 변신하는 것을 보았다. 그녀의 오른쪽에는 킬레네 산이 있었는데, 그곳에서 메네프론은 야수처럼 제 어머니와 동침할 것이었다. 그곳으로부터 저 멀리 그녀는 아폴론에 의하여 뚱뚱한 물개로 변신한 손자의 운명을 눈물로 슬퍼하고 있는 케피소스와 제 아들이 공중에 사는 것을 슬퍼하던 에우멜로스의 집을 내려다보았다. 이윽고 메디아는 뱀의 날개에 실려 피레네 샘이 있는 코린토스에 도착했다. 옛 전설에 따르면, 이곳에서 태초에 비가 온 뒤 돋아난 버섯들로부터 인간의 몸이 생겨났다고 한다.

메디아는 이아손을 위해 펠리아스를 죽이는 범죄까지 저지르면서 많은 일을 했으나, 그것에 대한 대가는 거의 받지 못했다. 더군다나 이아손은 크레우사라는 코린토스 공주와 결혼하기 위해 메디아를 헌신짝처럼 버렸다. 메디아는 그의 배은망덕에 분노하여 신들에게 복수를 기원하고, 독을 넣은 옷을 크레우사에게 선물로 보냈다. 그리고 자신과 이아손 사이에서 태어난 아이들을 죽이고 궁전에 불을 지른 후에 뱀이 끄는 이륜차를 타고 아테네로 도망쳐서 그곳에서 테세우스의 아버지인 아이게우스 왕과 결혼하였다.

◀ **자신이 죽인 두 아이를 마차에 태우는 메디아**_조르주 모로 드 투르의 작품

아테네의 영웅 테세우스

　이즈음 테세우스는 아테네의 왕 아이게우스의 아들, 혹은 포세이돈의 아들이라고 묘사된다. 아이게우스가 자식을 갖지 못해 델포이에서 신탁을 받고 돌아오던 중 들른 트로이젠의 왕이자 자신의 친구였던 피테우스의 딸 아이트라와 동침하여 테세우스가 태어났다.

　테세우스는 트로이젠에서 양육되었고, 성인이 되면 아테네로 가서 아버지와 만나기로 되어 있었다. 아이게우스는 아들이 태어나기 전에 아내와 작별할 때 칼과 구두를 큰 바위 밑에 넣고 이르기를, 아들이 장성하여 그 바위를 움직여서 밑에 든 물건들을 꺼낼 정도가 되거든 곧 자기에게로 보내라고 분부했다.

　테세우스가 성장하자 때가 되었다고 생각한 어머니는 바위가 있는 곳으로 그를 데리고 갔다. 그는 쉽게 바위를 움직여 칼과 구두를 꺼냈다. 그 무렵 육로에는 도둑들이 설쳐대고 있었으므로, 그의 외조부는 좀 더 안전한 해로를 이용하라고 권유했다. 그러나 혈기 왕성한 테세우스는 당시 그리스에서 명성이 높았던 헤라클레스와 같이 그 나라를 괴롭히는 놈들과 괴물들을 퇴치하고 싶은 마음을 억누를 수 없어 위험한 육로를 택했다.

　여행 첫날에 그는 에피다우로스까지 갔다. 이곳에는 헤파이스토스의 아들인 페리페테스라는 자가 살고 있었다. 이 사내는 광포한 야만인으로서 늘 쇠망치를 지니고 다녔으므로, 여행자들은 그에게 폭행을 당할까 봐 겁먹고 있었다. 테세우스가 가까이 오는 것을 본 그는 돌격해 왔으나, 곧 젊은 영웅의 일격을 받고 쓰러졌다. 테세우스는 그의

▲ **아버지의 단검을 찾는 테세우스**_니콜라 푸생의 작품

쇠망치를 빼앗아 최초의 승리 기념으로 그 후로도 늘 가지고 다녔다.

그 후에도 그 지방의 폭군이나 약탈자들과 여러 번 승부를 겨뤘는데, 모두 테세우스가 승리하였다. 그중 하나로 프로크루스테스라는 자는 쇠 침대를 가지고 있었는데, 그가 붙잡은 여행자들을 그 위에 결박해 악행을 저질렀다. 그들의 키가 침대보다 짧을 경우에는 몸을 뻗쳐 침대에 맞도록 하고, 반대로 길 경우에는 긴 부분을 일부 잘라버렸다. 테세우스는 이자도 그동안 다른 여행자들이 당한 것과 마찬가지로 처단했다.

테세우스는 모든 위험을 극복한 끝에 마침내 아테네에 도착했으나, 그의 아버지는 아들을 알아보지 못했다. 그를 죽이려고 메디아는 전에 스키티아 해안에서 가져온 아코닛 독약을 섞었다. 이 약초는 명계의 입구를 지키는 개 케르베로스의 이빨에서 생겨난 풀로 알려져 있

▲독배를 권하는 메디아_윌리엄 러셀의 작품

다. 스키티아에 이 약초가 있었던 것은 이곳에 있는 한 동굴이 명계로 통하고 있기 때문이다. 영웅 헤라클레스가 12노역의 일환으로 이곳을 통해 머리 셋 달린 케르베로스를 아다마스로 만든 사슬들에 묶어 끌고 나왔던 것이다. 그때 케르베로스는 미치도록 화가 나 세 목구멍에서 동시에 울려 퍼지는 개 짖는 소리로 대기를 메우며 푸른 들판에 흰 거품을 뿌려댔다. 그리고 사람들은 이 거품이 굳어지며 비옥한 토양에서 양분을 섭취하여 무엇이든 해칠 수 있는 힘을 얻게 된 것이라고 생각하고 있다. 그것은 딱딱한 바위에서 생겨나 자라는 까닭에 시골 사람들은 그것을 아코니톤이라고 부른다. 이것을 아버지 아이게우스가 아내의 계락에 넘어가, 적인 줄 알고 아들에게 손수 건넸다. 테세우스가 독배를 받으려고 앞으로 나아갔을 때, 그가 차고 있던 칼을 본 아이게우스는 자신의 아들임을 알아차리고 독배를 치우라고 명했다.

메디아는 자신이 꾸민 간계가 드러나자 주문으로 불러낸 안개로 몸을 감싸 죽음을 면했다. 그녀는 또다시 도망쳐 아시아 지방으로 갔다. 이 지방은 후에 메디아라고 불리게 되는데, 그녀의 이름에서 유래한 것이다.

아이게우스는 아들이 구출되어 기쁘기는 했지만, 엄청난 비행이 하마터면 저질러질 뻔했던 것에 아직도 정신이 얼떨떨했다. 그는 제단들에 불을 지피고 신들에게 푸짐하게 선물을 바쳤다. 뿔에 화환을 감은 황소들의 억센 목을 도끼로 내리쳤으니, 에레크테우스(아테네의 왕으로 판디온의 아들)의 자손들에게 이보다 더 즐거운 날이 밝아온 적이 없었다고 한다. 원로들과 백성들이 회식했고, 술기운에 모두 그간 테세우스의 공적을 기리며 찬가를 불렀다.

"우리가 그대의 업적과 그대의 나이를 계산하려 한다면, 업적이 나이를 압도할 것입니다. 가장 용감한 자여, 그대를 위하여 공적으로 감사기도를 올릴 것이며, 그대를 위하여 건배할 것입니다."

미노스와 아이아코스

　이 세상에는 순수한 즐거움이란 있을 수 없고 우리의 행복은 언제나 근심이 끼어들어 망쳐놓는 법인지라, 아이게우스도 아들을 되찾은 기쁨을 아무 근심 걱정 없이 안심하고 누릴 수만은 없었다. 그 이유는 크레타의 미노스가 전쟁을 준비하고 있었기 때문이다. 미노스는 군대도 강하고 함대도 강했다. 그러나 이 강력한 군대와 함대도 아들 안드로게오스의 죽음을 복수하려는 미노스의 집념만큼은 강하지 못했다. 미노스가 전쟁을 일으켜 아테네를 치려고 하는 것은 아테네와 치른 전투에서 아들이 죽었기 때문이다.

　미노스는 아들의 복수를 하려고 아테네를 치기에 앞서 이 원정을 위한 동맹국의 군대를 규합하는 한편, 그가 자랑하는 함대를 풀어 바다의 제해권을 확보하였다. 그는 아나페와 아스티팔라이아 왕국을 자기편으로 끌어들였는데, 아나페는 약속으로써, 아스티팔라이아는 무력으로써 이를 이루었다. 이어서 미노스는 야트막한 미코노스와 키몰로스의 백악질 들판들과 백리향(百里香)이 만발한 키트노스와 평평한 세리포스와 대리석 산지로 이름난 파로스와 불경한 아르네가 배신한 시프노스를 우군으로 끌어들였다. 탐욕스런 아르네는 자신이 요구했던 황금을 손에 넣자 지금도 황금을 좋아하는 새로, 발도 검고 날개도 검은 갈가마귀로 변신했다. 그러나 모든 나라가 다 미노스의 동맹국이 되었던 것은 아니었다. 올리아로스, 디디마, 테노스, 안드로스, 기아로스 그리고 올리브가 많이 나기로 소문난 페파레토스는 크레타의 미노스 왕에게 편들기를 거절했다.

▲**크레타 왕 미노스의 함대**_아크로테리온 프리즈 벽화

　미노스는 항로를 왼쪽으로 돌려 오이노피아로 향했다. 옛 사람들은 그곳을 오이노피아라고 불렀으나, 아이아코스 자신은 어머니의 이름을 따 아이기나라고 불렀다.

　미노스가 도착하자 그토록 유명한 남자를 보려고 군중들이 떼지어 몰려나왔다. 텔라몬과 텔라몬보다 어린 펠레우스, 그리고 왕의 셋째 아들인 포코스가 그를 영접하고 있었다. 아이아코스 자신도 노년기의 연약함을 뚫고 천천히 나아가, 그가 이곳에 온 이유가 무엇이냐고 물었다. 그러자 미노스가 아들에 대한 아버지의 슬픔을 염두에 두고 한숨을 쉬며 다음과 같이 대답했다.

▲크레타 왕 미노스의 아테네 승리_카소니 캄파나의 장인 작품

"그대는 내가 아들을 위해 든 무구를 도와주시어 이 성전(聖戰)에 참가해 주시오. 나는 무덤에 묻힌 자를 위해 안식을 요구하는 것이오."

아이아코스가 그에게 대답하였다.

"그대의 요구에 나는 응할 수 없소. 내 성읍이 그대의 요구를 들어줄 수 없소. 케크롭스의 자손들과 이 나라보다 더 결속되어 있는 나라는 없소. 그것이 우리의 동맹관계요."

미노스는 실망하여 돌아서며 말을 이었다.

"그대의 동맹관계로 그대는 값비싼 대가를 치르게 될 것이다."

미노스는 때 아니게 전쟁을 치러 전력을 미리 낭비하느니 무력으로 위협하는 편이 더 낫겠다고 생각했다.

그럼에도 불구하고 크레타의 함대를 오이노피아의 성벽에서 아직도 볼 수 있었을 때, 아테네의 배 한 척이 돛을 모두 달고 급히 도착하여 우호적인 포구에 입항하니, 아테네의 케팔로스가 그 배를 타고 자기 나라의 전언을 가져왔던 것이다. 아이아코스의 아들들은 케팔로스를 본 지가 오래되었지만 그를 알아보고는 그의 손길을 잡고 아버지의 궁으로 안내했다. 영웅은 뭇 사람들이 보는 가운데 여전히 이전 그대로 준수한 용모의 흔적을 지닌 채 자기 조국의 나무인 올리브 가지를 들고 앞으로 나아갔다. 그리고 나이 더 많은 그의 좌우로 나이 더 젊은 두 사람 클리토스와 부테스가 보위했으니, 이들은 팔라스의 아들들이다.

그들이 서로 인사를 나눈 뒤 케팔로스는 아이게우스 왕의 요청을 언급하고 도움을 청하며, 양국 사이의 동맹과 대대로 내려오는 유대 관계를 상기시켰다. 팔라스는 또 미노스가 온 그리스의 패권을 노리고 있다는 말도 덧붙였다. 이렇듯 그의 달변이 맡은 바 임무를 수행하는 데 도움이 되자 아이아코스는 왕홀의 손잡이에 왼손을 얹고 말했다.

"오 아테네여, 도움을 청하지 말고 그것을 가져가시오. 의심할 여지 없이, 이 섬이 소유하고 있는 자원들을 그대 소유의 자원으로 생각하고, 내 왕국의 모든 세력이 그대와 함께 가도록 내버려 둘 것이오. 병력이라면 나를 지키기 위해서도, 적을 막기 위해서도 충분히 있소. 신들 덕분에 지금 우리는 행운을 누리고 있으니 거절할 핑계가 없구려."

"예, 그렇게 될 수 있습니다."라고 케팔로스는 말했다. "그리고 당신의 능력이 당신의 시민들과 함께 증가하기를 기도합니다. 사실, 제가 이리로 오는 길에 나는 그토록 잘생긴 같은 또래의 젊은이들이 나를 마중 나오는 것을 보고는 얼마나 기뻤는지 모릅니다. 하지만 내가 지난번에 그대의 도시를 방문했을 때 보았던 이들 중에 다수가 보이지 않더군요."

아이기나의 역병

아이아코스는 한숨을 쉬고, 따라서 슬픈 목소리로 말했다.

"시작은 눈물겨운 일이었으나 나중에는 행운이 따랐소. 처음 일은 빼고 나중 일만 이야기할 수 있다면 좋으련만! 이제 내가 차근차근하게 이야기할 터이니 들어보시오. 지난번에 그대가 보았던 그 병사들, 지금은 뼈와 재가 되어 무덤에 들어가 있소. 이들과 함께 내 왕국의 대부분이 파멸을 면하지 못했소. 그리고 그들이 나의 멸망한 자원 중 얼마나 큰 부분을 차지하였던가!

내가 이 나라의 이름을 '아이기나'라고 명명하자 연적(戀敵)의 나라를 미워했던 헤라 여신의 분노를 통해 두려운 역병이 내 백성에게 닥쳤소. 아시다시피 저희 어머니 아이기나는 '강의 신'인 아소포스와 요정 메토페 사이에서 태어난 딸이오. 아이기나에게 반한 제우스가 독수리로 변신해 아이기나를 납치해 갔지요. 아이기나의 아버지 아소포스는 딸을 찾아 사방으로 돌아다녔는데, 코린토스에서 시시포스 왕에게 딸과 제우스의 행방을 가르쳐 달라고 요청했소. 시시포스는 자신의 아크로폴리스에다가 분수를 만들어 달라고 요청했고, 아소포스가 분수를 만들어 주자 시시포스는 아소포스에게 독수리로 변한 제우스와 딸의 행방을 알려주었소. 아소포스는 곧장 제우스와 딸이 도망친 섬으로 가서 그들의 방으로 쳐들어갔으나, 화난 제우스가 던진 벼락을 맞고 불에 타고 말았소. 하지만 나는 이미 제우스와 아이기나 사

▶독수리로 변신한 제우스를 기다리는 아이기나_페르디난드 볼의 작품

이에서 태어났는데, 헤라 여신은 내가 다스리는 이곳에 저주를 내렸지요.

우리는 그 저주의 역병이 인간에게서 비롯된 것이라 여기고, 피해의 원인이 밝혀지지 않는 동안에 의술로 싸웠지요. 하지만 우리는 곧 이 재앙이 우리 힘에는 너무 버겁다는 것을 알았소. 우리의 의술은 여신 앞에서 적수가 되지 못하고 무릎을 꿇고 말았지요. 처음에는 하늘이 짙은 어둠으로 땅을 뒤덮었고, 구름 속에는 졸린 열기가 감겨 있었소. 그리고 달이 네 번이나 한껏 부풀어올랐다가 네 번이나 가느다랗게 이지러지는 동안, 뜨거운 남풍은 치명적인 폭발로 불고 있었지요. 감염이 샘과 호수에도 스며들었고, 수천 마리의 뱀이 경작되지 않은 들판을 방황하고 있었고, 독으로 강을 더럽히고 있었소. 이 갑작스러운 역병의 맹렬한 기세는 처음에는 개와 새와 양과 소와 야생 짐승들 사이에 한정되어 있었소. 불행한 농부는 강한 황소가 고랑 한가운데에 나자빠지는 모습을 보고 놀랐지요. 털북숭이 양떼가 약하게 피를 흘리는 동안 양털은 저절로 벗겨지고, 한때 높은 기질과 코스에서 큰 명성을 얻은 말은 구유 옆에 쓰러져 신음했소. 멧돼지는 광란하기를 잊었고, 암사슴은 자기의 빠른 발을 믿지 않았으며, 곰은 저보다 강한 가축 떼를 공격하기를 잊었소.

무기력함이 모든 것을 사로잡았지요. 숲속에서, 들판에서, 그리고 길에서, 혐오스러운 시신들이 흩어져 있었소. 공기는 그들의 냄새로 오염되었지요. 이상하게 들리겠지만, 개들과 탐욕스러운 까마귀와 늑대들도 그 시신은 건드리지 않았소. 시신은 썩고, 악취를 내면서 전염을 널리 퍼뜨렸소. 더 무서운 파괴와 함께 역병은 비참한 농부들에게 도달하고, 광대한 도시의 성벽 내에서 걷잡을 수 없는 전염의 소용

▲**역병으로 죽어가는 사람들**_미카엘 스베르츠의 작품

돌이를 일으켰소. 처음에는 창자가 타오르고, 발적이 나고, 답답해지는 호흡은 잠재된 불꽃의 표시요. 혀는 열기에 까칠까칠해지며 부풀어올랐고, 삐걱거리는 입은 숨막히는 대기를 들이마시려고 헐떡거렸소. 유해한 공기도 호흡에 의해 흡입되고, 감염된 사람은 침대나 덮개를 견딜 수 없었소. 그러나 그들은 굳어진 가슴을 땅 위에 눕히지만 그들의 몸은 땅으로 시원하게 되지 않고, 땅은 그들의 몸으로 뜨겁

▲역병이 창궐한 거리의 장면_니콜라 푸생의 작품

게 데워졌소. 가까운 곳에 의사는 없었고, 잔인한 병은 구제책을 집행하는 자들에게도 전염되었소. 병자에 가까이 다가가는 사람은 그만큼 더 빨리 죽어갔지요. 그리고 살아날 가망이 없고, 이 역병의 끝은 죽음뿐이라는 걸 알게 되자 그들은 제 하고 싶은 대로 하며 무엇이 유익한지 관심도 없었소. 그들은 염치 불구하고 도처에서 샘가나 강가에 매달려 있었으니, 그들의 갈증은 아무리 마셔도 살아 있는 동안 가시지 않았소. 그들 중 대부분은 일어설 기력이 없어 바로 그 물속에서 죽어갔지요. 그런데도 그 물을 마셔대고 있었소.

거리에는 그래도 기력이 있는 사람들이 있기는 했소. 그러나 대부분은 땅바닥에 누워 멀뚱멀뚱 허공을 바라보며 울부짖었지요. 많은 사람들은 유난히 낮아 보이는 하늘의 별을 향해 두 팔을 벌리고 뜨거운 숨을 몰아쉬다가는 그대로 숨을 거두기도 했지요. 그때 내 심정이 어떠했겠소?

내가 삶을 미워하며, 내 백성과 함께 나누는 자가 되고자 하는 욕망이 아니었던가? 내 눈이 어느 쪽을 향하든지, 썩은 사과가 가지에서 떨어지고 도토리가 떨어지는 것처럼, 땅 위에 흩어져 누워 있는 백성들이 있었소. 저기 맞은편에 있는 고귀한 신전이 보이시죠. 제우스의 신전이지요. 그 제단에 분향하지 않은 사람은 없지만 다 소용없는 일이었소. 남편은 아내를 위하여, 아버지는 아들을 위하여 기도하던 도중에 그 달랠 수 없는 제단들 앞에서 아직도 쓰다 남은 향을 손에 든 채 마지막 숨을 거둔 것이 몇 번인지 헤아릴 수 없었으며, 제물을 바치려고 신전에 끌고 온 황소들이 아직도 사제가 기도하며 뿔 사이에 순수한 포도주를 붓는 동안 칼의 가격도 기다리지 않고 쓰러진 것이 몇 번이던가! 나도 나 자신과 내 나라와 내 세 아들을 위하여 제우스께 제물을 바치려는데, 그때 제물이 무시무시하게 울부짖더니 칼로 치지도 않았는데 갑자기 쓰러지며 밑에 들이댄 칼에 적은 양의 피만 묻히는 것이었소. 병든 내장들도 진실을 말해 주고 신들의 경고를 전해 줄 표지들을 잃어버렸으니, 잔혹한 역병은 내장까지도 침범했던 것이오. 나는 시신들이 신전의 문설주들 앞에, 아니 죽음으로써 신들을 원망하기 위하여 제단들 바로 앞에 던져져 있는 것을 보았소. 더러는 스스로 목매어 죽었으니, 죽음으로 죽음의 공포에서 벗어나고 부르지 않아도 다가오는 자신의 운명을 자진하여 부르는 것이지요.

시신들은 관습에 따라 적절히 매장되지 못했으니, 도시의 성문들이 그토록 많은 장례 행렬을 다 받을 수 없어 화장용 장작더미 위에 무더기로 쌓여 있었소. 이때에는 이미 죽은 자에 대한 예의 같은 것은 없어진 터라 장작더미를 두고 다투는가 하면, 남의 불에 태워지기도 했소. 죽음을 애도할 사람조차 남지 않았소. 그래서 곡소리를 듣지 못한 어머니의 영혼, 젊은 아내의 영혼, 늙고 젊은 사람들의 영혼이 정처 없이 떠돌았소. 무덤 쓸 땅도 넉넉하지 못했고, 화장할 나무도 넉넉하지 못했던 것이지요. 나는 엄청난 고통의 회오리바람에 망연자실하여 제우스를 향해 탄원했소.

'오오, 제우스시여! 당신께서 아소포스의 따님이신 아이기나를 껴안으셨다는 말이 허언이 아니라면, 위대한 아버지시여, 당신께서 제 아버지라는 것을 부끄럽게 여기지 않으신다면, 제게 제 백성들을 돌려주시거나 저도 무덤에 묻히게 해주소서!'

이에 제우스 신은 번개와 천둥소리로 응답했소. 그래서 나는 다시 한 번 제우스 신에게 외쳤지요.

'신께서 드러내신 징조를 들었습니다. 원하옵건대 이로써 신께서 품으신 선하신 뜻을 다 드러내시었기를! 저는 이로써 신께서 저를 버리지 않으셨음을 알았습니다.'

근처에 사방으로 가지를 뻗은 아주 귀한 참나무 한 그루가 있었는데, 제우스 신에게 봉헌된 이 나무는 도도나에서 가져온 씨앗을 틔운 것이었소. 그 나무에서 곡식알을 모으는 개미 떼가 긴 행렬을 지어 작은 입으로 큰 짐을 나르며, 주름진 나무껍질들에 나 있는 길을 따라 움직이는 것이 보였소. 나는 그들의 수에 놀라며, 제우스 신에게 청했지요.

'아, 신들의 주신이여! 저렇게 많은 백성을 저에게 내리시어 이 텅 빈 나라를 다시 채우게 해주소서.'

그리고 밤에 잠이 들었을 때, 내 꿈속에서 그 참나무가 내 앞에 나

아이기나 조각상_장 미셸 쿨롱의 작품

▲개미가 인간으로 변신하는 장면_프란스 프랑켄 2세의 작품

타났소. 가지 수도 낮에 보았던 참나무만 했지요. 가지를 오르고 있는 개미 수도 낮에 본 것만 했고, 이 나무 역시 낮에 보았던 나무처럼 흔들리면서 그 둥치에 붙은 개미를 곡식째 바닥에다 떨어뜨리는 것이 아니겠어요? 참으로 이상한 일이었소. 개미는 땅바닥에 떨어지자마자 자꾸만 커지더니 이윽고 벌떡 일어서는 것 같았고, 여윈 몸과 수많은 발과 검은 색깔을 벗고 인간의 모습과 사지를 입는 것 같았소.

잠에서 깬 나는 환영들을 우습게 알고 하늘의 신들에게 도움을 받을 수 없다고 투덜댔소. 그런데 그때 궁 안에서 크게 웅성거리는 소리가 들렸소. 이것도 꿈이려니 의심하고 있는데, 텔라몬이 급히 달려와 문을 열어젖히며 밖으로 나와 보라고 외쳤소.

그곳에서 나는 꿈에서 보았던 것과 똑같은 자들이 대열을 짓고 서 있는 것을 보았소. 그들은 나를 왕으로 맞이했고, 제우스 신에게 서약한 대로 왕은 새 백성들에게 도시와 경작자들을 잃어버린 농토를 나누어주었소. 나는 그들을 미르미돈족(개미란 뜻의 그리스어)이라 불렀소. 그들의 근본을 밝혀주는 이름이지요. 그들의 몸은 그대가 이미 보았소. 전에 가졌던 습관을 지금도 그대로 갖고 있으니, 그들은 검소하고 노고를 잘 견디고 일단 얻은 것을 잘 지키고 얻은 것들을 저축하는 부족이지요. 나이도 용기도 어슷비슷한 이들이 그대를 따라 싸움터로 가게 될 것이오. 그대를 무사히 이곳으로 데려다준 동풍이 남풍으로 바뀌면 말이오."

케팔로스와 프로크리스

이튿날 아침 케팔로스는 팔라스의 아들들을 데리고 왕을 찾아갔다. 아이아코스는 아직 잠들어 있었고, 아들 포코스가 그들을 맞았다. 포코스는 케팔로스가 창끝은 황금이며 자루는 알 수 없는 나무로 된 투창을 손에 들고 있는 것을 보고는 입을 열었다.

"숲과 들짐승들의 사냥에 관한 일이라면 나도 열성적이오. 하지만 그대가 들고 있는 창자루는 대체 어떤 나무에서 베어온 것인지 통 짐작하지 못하겠습니다. 물푸레나무라면 색깔이 노랄 터이고, 산딸나무라면 마디가 있을 텐데요. 궁금합니다. 도대체 무슨 나무로 만든 것인지요? 저는 장군의 창같이 멋진 창을 본 적이 없습니다."

아테네 출신의 형제들 가운데 한 명이 대답했다.

"그 겉모양보다 그 쓰임새에 그대는 더 놀라게 될 것이오. 그것은 어떤 목표물이든 맞히고, 우연이 그것을 인도하는 일은 없어요. 그리고 그것은 누가 회수하지 않아도 피투성이가 되어 다시 날아오니까요."

그러자 포코스는 그것이 왜 그런지, 어디서 났는지, 누가 그토록 큰 선물을 주었는지 캐물었다. 케팔로스는 그가 묻는 말에 대답해 주었으나, 어떤 대가를 치르고 그것을 얻었는지는 말하기가 부끄러웠다. 그는 잠자코 있다가 설움이 복받쳐 울음을 터뜨리며 말했다.

"바로 이 창이 나를 울게 하고 있고, 또 오랫동안 울게 할 것이오. 내가 오래 살 운명이라면 말이오. 이것이 나와 내 사랑하는 아내를 함께 파멸시켰던 것이오. 차라리 내가 이런 선물을 받지 말았더라면!"

에오스와 케팔로스_피에르 나르시스 게랭의 작품

▲ 에오스와 케팔로스_피에르 클로드 프랑수아 들로름의 작품

케팔로스는 아내 프로크리스(아테네 왕 에레크테우스의 딸이자, 보레아스에게 납치된 오레이티이아의 언니)의 비극을 털어놓았다.

"결혼식을 올린 지 두 달이 지났을 때였소. 내가 뿔난 사슴을 잡으려고 사냥용 그물을 치고 있는 이른 새벽에 사프란색의 여신 에오스가 나를 납치하여 사랑하고자 했소. 하지만 나는 아내 프로크리스를 사랑했기에 여신의 구애를 뿌리쳤소. 내 아내는 수렵의 여신 아르테미스의 총애를 받았소. 여신은 그녀에게 어떤 개보다도 빨리 달리는 개 한 마리와 표적을 틀림없이 맞히는 투창을 주었지요. 그리고 그녀는 이 두 선물을 나에게 주었지요.

에오스 여신의 끈질긴 구애에도 아랑곳하지 않는 나에게 여신은 노여움을 참을 수 없었는지 악담을 퍼부었지요.

'가라, 이 배은망덕한 놈! 가서 네 아내나 소중히 해라. 반드시 그녀에게로 돌아간 것을 후회할 때가 오리라!'

나는 집으로 돌아왔고, 전과 같이 아내와 더불어 행복한 생활을 하였으며 사냥도 즐겼지요.

나는 아침 일찍 집을 나와 아무도 동반하지 않은 채 숲과 언덕을 헤맸소. 왜냐하면 어떤 경우에도 빗나가는 일이 없는 확실한 무기가 있기 때문이었지요. 사냥에 지치거나 해가 중천에 오른 때면 나는 냇가에 있는 서늘한 나무 그늘을 찾아, 웃옷을 벗고 풀 위에 누워서 서늘한 바람을 즐겼소. 때로는 소리 높이 '오라, 감미로운 바람아! 와서 나의 가슴에 부채질을 해다오. 그래서 나를 불태우는 열기를 식혀다오.' 하고 외쳤소.

어느 날 어떤 행인이 내가 미풍을 향해 이야기하는 것을 듣고 어리석게도 내가 어떤 처녀와 이야기하는 줄 알고, 이 비밀을 아내 프로크

▲**케팔로스의 창을 맞은 프로크리스**_피에트로 벤베누티의 작품

리스에게 전하였소. 사랑이란 속기 쉬운 것. 프로크리스는 뜻하지 않
은 남편의 불륜에 관해 듣고 기절해 버렸소. 한참 만에 깨어난 그녀는
이렇게 말했지요.

'그럴 리가 없어. 내 눈으로 보기 전에는 믿지 않겠어.'

이리하여 그녀는 가슴을 죄며 다음날 아침을 기다렸소. 날이 밝자
나는 여느 날과 다름없이 사냥하러 나갔지요. 그녀는 몰래 나의 뒤를
밟았소. 그리고 밀고자가 알려준 장소에 가서 몸을 숨기고 있었지요.
나는 사냥에 지치자 늘 하는 버릇대로 나무 밑으로 다가가 풀 위에 벌
렁 드러누웠소.

'오라, 감미로운 바람아! 와서 나에게 부채질해 다오. 내가 얼마나 너를 사랑하는지는 너도 잘 알지. 네가 있으므로 숲도 나의 외로운 산보다 즐겁단다.'

이같이 중얼거리고 있을 때, 갑자기 숲속에서 흐느끼는 소리가 어렴풋이 들려왔소. 순간 야수가 아닌가 생각한 나는 소리 나는 곳을 향하여 힘껏 창을 던졌소. 사랑하는 프로크리스의 외마디 소리가 들려오자 던진 창이 표적을 정확히 맞혔다는 것을 알 수 있었소. 급히 그 장소로 달려가 보니 프로크리스는 피를 흘리면서, 자신이 남편에게 선물한 창을 빼내려고 온갖 애를 쓰고 있었소. 나는 깜짝 놀라 그녀를 안아 일으키고 출혈을 막으려고 하였소.

'정신 차려요. 나를 두고 어떻게 죽는단 말이오. 당신이 없는 나는 가엾은 신세가 되지 않겠소? 죽음으로써 나를 벌하지 말아요.'

나는 외쳤소. 그녀는 힘없이 눈을 뜨더니 있는 힘을 다해 입을 열었소.

'여보, 당신이 나를 사랑한 적이 있었다면, 그리고 내가 당신의 사랑을 받을 만한 가치가 있었다면 제발 이 마지막 소원을 들어주세요. 그 얄미운 미풍하고는 결혼하지 말아주세요.'

이 말이 모든 비밀을 밝힌 셈이었소. 그러나 지금 그것이 밝혀진들 무슨 소용이 있겠소? 프로크리스는 이미 죽어가고 있었소. 그러나 그녀의 얼굴은 평온해 보였소. 내가 사건의 진상을 들려주었을 때, 그녀는 나를 용서한다는 듯 애처로이 나를 바라보았소."

영웅은 눈물을 흘리며 이런 이야기를 들려주었고, 듣던 사람도 역시 눈물을 흘렸다. 그때 보라, 아이아코스가 두 아들과 새로 모집한 군대를 이끌고 들어오자 용감하게 무장한 그들을 케팔로스가 맞았다.

하룻밤에 읽는 그리스·로마 신화

신들의 사랑과 욕망

| 제8부 |

인간의 시대

니소스와 스킬라

케팔로스와 아이아코스의 전우들은 부드러운 남풍에 실려 무사히 항해를 마치고 예상보다 빨리 목적항에 도착했다. 그사이 미노스는 니소스가 다스리는 도시 메가라에 자신의 군사력을 시험해 보고 있었다. 니소스의 정수리 한복판에는 존경스런 백발들 사이에 자줏빛으로 빛나는 머리카락이 하나 나 있었는데, 그의 왕국의 안전은 바로 이 머리카락에 달려 있었다.

그곳에는 왕가의 성탑이 하나 있었다. 아폴론 신이 황금 리라를 걸어두었다는, 노래하는 성벽 위에 세운 것이었다.

평화 시에 니소스의 딸 스킬라는 가끔 그 탑에 올라가 조약돌로 성벽의 돌들을 두드려 소리 나게 하는 버릇이 있었다. 전시에도 그녀는 가끔 그곳에서 전투를 내려다보곤 해서, 전쟁이 오래 끌자 장수들의 이름과 무구들과 말들과 갑옷과 화살통들을 알게 되었다. 그녀는 누구보다도 그들의 지휘자인 미노스의 얼굴을 잘 알고 있었다. 그녀는 미노스의 투구를 쓴 모습, 방패를 든 모습, 창을 던지거나 활을 당기는 모습, 백마의 등에 앉은 모습에 거의 넋을 잃다시피 했다.

그녀는 감탄한 나머지 그가 손에 쥐고 있는 무기와 고삐까지 한없이 부러웠다. 그녀는 가능하다면 적진을 뚫고 그에게로 달려가고 싶었다. 탑 위에서 그의 진영 가운데로 몸을 던지거나, 그에게 문을 열어주거나, 그 외에 그를 기쁘게 하는 일이라면 무엇이든 하고 싶은 충동을 느꼈다. 탑 안에 앉아 있을 때 그녀는 가만히 중얼거렸다.

"난 이 전쟁을 기뻐해야 할지, 슬퍼해야 할지 잘 모르겠어. 미노스

미노스를 짝사랑한 스킬라_귀스타브 모로의 작품

가 우리의 적이라는 사실이 슬퍼. 하지만 원인이야 어찌 됐든 그이를 보게 돼서 기뻐. 아마 그이는 우리가 평화를 청한다면 들어주겠지. 그리고 나를 인질로 받아들이겠지. 할 수만 있다면 그이의 진영으로 날아가, '항복하겠으니 처분을 바랍니다.'고 말하고 싶어. 하지만 그렇게 되면 아버지를 배반하는 것이 된다. 그래, 차라리 미노스를 다시 안 보는 편이 좋으리라.

그러나 정복자가 인자하고 관대할 경우엔 정복당하는 것도 때로는 한 도시를 위해 더 좋은 일이 아닐까. 정의는 확실히 미노스 편에 있어. 결국에는 우리가 정복당할 거야. 어차피 결과가 그렇게 될 바에는 전쟁에 의해 성문이 열리도록 방치하는 대신, 사랑으로써 그에게 성문을 열어주어서 안 될 것 없잖은가. 가능한 한 전쟁을 오래 끌지 않게 하고, 살육을 줄이는 것이 좋을 거야. 만약 우리 편에서 누군가가 미노스에게 부상을 입히거나 죽인다면 어찌할까! 누구도 그럴 용기는 없을 테지만 그이인 줄 모르고 그럴 수도 있지 않을까? 나는 내 나라를 지참금으로 하여 내 자신을 그이에게 맡기고 전쟁을 끝내고 싶다.

하지만 어떻게 하면 좋을까? 성문에는 문지기가 있고, 열쇠는 아버지가 갖고 계시다. 나의 길을 막는 것은 아버지뿐이다. 오, 신들이 아버지를 처치해 주었으면. 그러나 신들에게 원할 필요가 없지 않은가! 다른 여자라면, 그리고 나처럼 사랑에 빠졌다면 자신의 손으로 자기 사랑을 막는 장애는 무엇이든지 제거해 버렸을 거야. 그래, 나는 어느 누구보다도 용감히 감행할 자신이 있어. 난 내 자신의 목적을 달성하기 위해서는 불이나 칼로 상대할 자신이 있어. 그러나 여기에는 불이나 칼도 필요 없어. 다만 아버지의 자줏빛 머리털을 필요로 할 뿐이야. 그것은 내 소원을 모두 이루게 해줄 거야."

▲ **아버지의 머리카락을 자르는 스킬라**_빌라 파르네시나의 프레스코화

　그녀가 이런 생각을 하고 있을 동안에 밤이 되었다. 이윽고 성 안에 있는 모든 사람들이 잠들었다. 그녀는 아버지의 침실로 몰래 들어가 운명의 머리털을 베었다. 그런 후 성곽을 빠져나와 적진으로 들어갔다.

　왕 앞에 안내된 그녀는 다음과 같이 말하였다.

　"나는 니소스 왕의 딸 스킬라입니다. 당신에게 이 나라와 아버지의 성을 바치겠습니다. 나는 그 대가로 당신 이외엔 아무것도 바라지 않습니다. 당신을 사랑하기 때문에 한 일입니다. 이 자줏빛 머리털을 보세요! 이 머리털과 함께 나는 아버지와 그 왕국을 당신께 드립니다."

　그녀의 손에서 자주빛 머리털이 빛났다. 미노스는 뒤로 한 걸음 물러서며 손대기를 거부하였다. 그는 부르짖었다.

▲**아버지의 머리카락을 미노스에게 바치는 스킬라**_18세기의 판화

"더러운 계집 같으니. 너는 천벌을 받으리라! 너는 이 시대의 치욕이다! 바라건대 땅도 바다도 너에게 안식처를 제공하지 않으리라! 제우스의 요람지인 나의 크레타가 너 같은 괴물로 더럽혀져서는 안 된다!"

그는 부하들에게 정복된 도시를 공정하게 처리하도록 하고, 함대가 섬에서 바로 출범하도록 명하였다.

스킬라는 미쳐버렸다. 그녀는 슬프게 부르짖었다.

"아, 배은망덕한 자여! 당신은 나를 버리고 가겠단 말인가? 승리를 얻게 한 나를, 당신을 위해 아버지도 나라도 배반한 나를 버린단 말인가! 내가 죽을죄를 진 것은 사실이다. 마땅히 죽어야 하지만 네 손에 죽고 싶지는 않다."

함대가 해안을 떠나려 할 때 그녀는 바다로 뛰어들더니, 그의 배로 헤엄쳐 가서는 배에 매달렸다. 그때 그녀의 아버지가 그녀를 보고는 (그는 이제 황갈색 날개를 가진 물수리로 변하여 공중을 빙빙 맴돌고 있었다.) 매달려 있던 그녀를 구부정한 부리로 쪼려고 내리덮쳤다. 그녀는 겁이 나서 뱃머리를 놓아버렸다. 그러자 가벼운 대기가 떨어지는 그녀를 떠받쳐 주며, 바닷물에 닿지 않게 해주는 것 같았다. 떠받쳐 준 것은 깃털이었다. 깃털에 의해 그녀는 새로 변해 키리스(백로)라 불리는데, 아버지의 머리카락을 잘랐기에 이런 이름을 갖게 된 것이다.

물수리는 아직도 가슴속에 원한을 품고 있다. 그래서 높이 날면서도 그 백로를 발견하였을 땐 언제나 복수하기 위해 부리와 발톱을 치켜세우고 덤벼드는 것이다.

 미노타우로스

　미노스는 배에서 내려 크레타 땅을 밟게 되자 일백 마리의 황소를 바치겠다고 제우스 신에게 한 서약을 이행하고는 왕궁을 장식하고자 전리품들을 내걸었다. 하지만 이제 그의 가문의 치욕(미노타우로스)이 무럭무럭 자라나 아내의 수치스러운 간통 사실이 만천하에 드러났다.

　미노스는 크레타의 왕이 되기 전 형제들과 왕위를 놓고 투쟁하였다. 그는 바다의 신 포세이돈에게 자신이 왕위에 오를 수 있도록 도와달라고 기도하면서, 눈처럼 하얀 황소를 증거로 보내달라고 했다. 포세이돈은 정말 잘생기고 눈처럼 하얀 황소를 크레타로 보내주었고, 이를 본 사람들은 미노스를 왕으로 인정하였다.

　미노스는 왕이 되자 황소를 포세이돈에게 희생물로 바쳐야 했는데, 너무나도 잘생긴 황소가 아까워 다른 황소를 바쳤다. 포세이돈은 자신을 속인 미노스에게 화가 나서 복수를 꾀하였다. 미노스의 왕비 파시파에에게 황소와 사랑에 빠지게 만든 것이다. 파시파에는 너무나 잘생긴 황소를 사랑하여 상사병에 걸릴 지경이었다.

　그 무렵, 크레타에는 다이달로스라는 명장이 있었는데, 그는 파시파에에게 나무로 만든 암소를 만들어 주었다. 그 암소는 너무나 정교하게 만들어져 진짜 암소처럼 보였는데, 파시파에는 그 속에 들어가 황소를 유혹했고 결국 포세이돈의 황소와 교접했다.

　미노타우로스는 바로 황소와 파시파에가 교접한 결과로 태어났는데, 몸은 인간이고 얼굴과 꼬리는 황소의 모습이었다.

　미노타우로스가 아직 어렸을 때는 파시파에가 길렀는데, 점차 커가

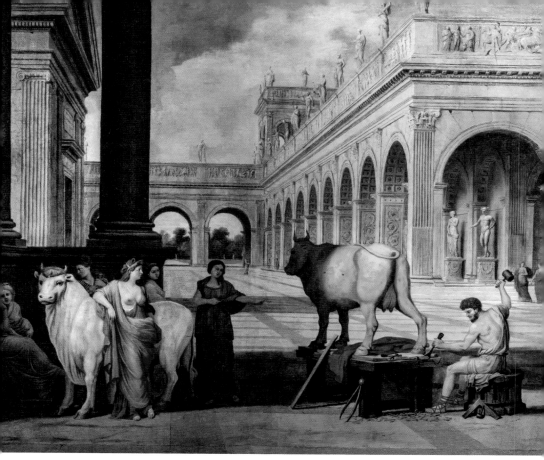

▲**다이달로스가 가짜 암소를 만드는 장면**_장 르메르의 작품

면서는 난폭해져 통제가 되질 않았다. 미노스는 자기 왕가의 수치이
자 난폭하고 사나운 이 괴물을 처리하기 위해 다이달로스에게 아무도
들어갈 수도 나올 수도 없는 복잡한 성, 즉 미궁을 만들게 하였고, 그
중앙에 미노타우로스를 가두어 버렸다.

　미노스의 아들 안드로게오스는 아테네에서 열린 경기에 참가했다
가 죽임을 당했다. 이에 아테네보다 군사력이 강했던 크레타군은 아

테네를 침공하여 사과를 받아냈다. 미노스는 아들의 목숨에 대한 대가로 아테네에게 9년에 한 번씩 청년 일곱 명, 처녀 일곱 명을 각각 바치게 했다. 그러고는 이 인신공물을 미궁으로 보내어 미노타우로스에게 주었다.

이렇게 두 번의 공물이 바쳐지고 세 번째 공물이 바쳐질 즈음, 테세우스가 아테네에 나타났다. 테세우스는 죽는 한이 있더라도 이 재난으로부터 백성들을 구해야겠다고 결심했다. 마침 조공을 바칠 시기가 다가와 희생될 소년과 소녀들이 관례에 따라 추첨에 의해 결정될 때, 테세우스는 부친의 만류에도 불구하고 자진하여 희생자의 한 사람으로 나섰다. 배는 전과 같이 검은 돛을 달고 떠났는데, 테세우스는 그의 아버지에게 자신이 승리하고 돌아올 때에는 흰 돛을 달고 오겠노라고 약속했다.

소년 소녀들은 크레타에 도착하여 미노스 왕 앞으로 나갔다. 왕녀 아리아드네도 그 자리에 있었는데, 테세우스의 모습을 보는 순간 그를 사랑하게 되었다. 테세우스 역시 첫눈에 그녀를 사랑하게 되었다. 테세우스와 사랑에 빠진 아리아드네는 다이달로스로부터 미궁 속에서 길을 잃지 않을 방법을 알아냈다. 그리하여 테세우스에게 실타래를 하나 건네주면서, 길을 잃지 않으려면 실을 풀어서 들어가라고 했다.

미궁에 들어간 테세우스는 상반신이 황소인 미노타우로스를 때려눕히고, 아리아드네가 준 실타래를 따라서 미궁을 빠져나왔다. 미궁으로부터 탈출한 테세우스는 아리아드네와 희생될 뻔했던 소년 소녀들과 함께 아테네를 향해 출범했다.

도중에 그들은 낙소스 섬에 머물렀는데, 테세우스는 잠든 아리아드네를 그곳에 버리고 떠났다. 그가 이같이 배은망덕한 짓을 한 것은,

미노타우로스와 싸우는 테세우스 청동상_앙투안 루이 바리의 작품

꿈에 아테나가 나타나 그렇게 하라고 명했기 때문이다. 아티카 해안 가까이에 이르렀을 때, 테세우스는 아버지와 약속한 신호를 깜빡 잊고 흰 돛을 달지 않았다. 배에 흰 돛이 달려 있지 않자 그의 아버지는 아들이 죽은 줄 알고 자결하였다. 아이게우스가 몸을 던진 바다에는 그의 이름이 붙었다. 그리고 테세우스는 아테네의 왕이 되었다.

아리아드네는 테세우스와 결혼하기로 약속하고 크레타 섬을 떠나 함께 아테네로 가던 도중 낙소스 섬에 들르게 되었다. 그러나 테세우스는 낙소스 섬에서 아리아드네가 잠든 사이에 그녀를 남겨두고 혼자만 아테네로 떠나버렸다.

테세우스에게 버림받은 아리아드네가 슬픔에 잠겨 있을 때, 그녀를 불쌍히 여긴 아프로디테가 테세우스 대신에 올림포스의 신을 애인으로 보내주기로 약속했다.

낙소스 섬은 디오니소스가 매우 좋아하는 곳이었다. 아리아드네가 자신의 운명을 한탄하고 있을 때, 디오니소스가 그녀를 발견하고 자신의 아내로 삼았다.

그는 결혼 선물로 그녀에게 보석으로 장식된 금관을 주었다. 그리고 그녀가 죽었을 때, 디오니소스는 그 금관을 공중으로 던졌다. 그러자 그 금관은 하늘 위로 올라가면서 보석이 더욱 광채를 발하며 반짝이는 별로 변했다. 아리아드네의 금관은 그 모양을 유지하면서 하늘로 올라가, 무릎을 꿇은 헤라클레스와 뱀을 쥐고 있는 부하 사이에서 별자리가 되었다.

◀**낙소스 섬에 혼자 남겨진 아리아드네**_아리 세퍼의 작품

다이달로스와 이카로스

다이달로스는 신기한 물건들을 잘 만들어서 사람들로부터 존경받았다. 그러나 자기보다 훌륭한 사람을 보면 질투심으로 잠을 자지 못하는, 마음이 좁은 사람이었다. 그래서 아테나 여신은 다이달로스에게 벌을 내렸다. 바로 여러 나라를 고생하며 헤매고 다니는 벌이었다.

한번은 다이달로스의 누이가 자신의 열두 살 난 아들 페르딕스를 다이달로스에게 맡겼다. 영리한 페르딕스는 해안을 거닐면서 물고기의 척추를 주웠다. 그런 다음 그것을 모방하여 철판을 손에 잡고 가장자리에 금을 내어 톱을 발명했다. 그는 또 두 개의 철편의 한 끝을 못으로 연결시키고 다른 끝을 뾰족하게 하여 컴퍼스를 만들었다.

이러한 조카의 업적을 시기한 다이달로스는 어느 날 높은 탑 위에 있을 때 조카를 떠밀어 추락시켰다. 그러나 페르딕스의 재간을 아낀 아테나는 그가 추락하는 것을 보고 새로 변하게 하여(이 새는 그의 이름을 따서 페르딕스라 일컬어졌다) 죽음을 면하게 하였다. 이 새는 나무 위에 둥지를 틀지 않고 울타리 속에 깃들이며, 추락할까 염려하여 높이 날지도 않는다.

다이달로스는 아테나에 의해 크레타 섬으로 쫓겨나 미노스 왕의 심부름꾼이 되었다. 그곳에서 다이달로스는 미노스의 왕비 파시파에를 위해 나무로 만든 암소를 만들어 포세이돈의 황소와 사랑을 나눌 수 있도록 하였고, 대리석으로 만든 무용실을 지었으며, 미궁도 만들었다.

수없이 꾸불꾸불한 복도와 굴곡들로 이어진 이 미궁은 서로 통하기

▲다이달로스에게 떠밀려 자고새로 변신하는 페르딕스_18세기 판화

도 하고 막히기도 하면서, 시작도 끝도 없는 것 같았다. 그것은 마치 마이안드로스 강이 바다로 향하다가 꺾여져 때로는 앞으로 흐르다가 때로는 뒤로 흐르는 것과도 같았다. 그곳에 괴물 미노타우로스를 가두었다.

그러나 이 괴물을 없애려고 아테네의 왕자 테세우스가 왔을 때, 그를 도와주려고 한 아리아드네가 미궁을 탈출하는 방법을 알려달라고 해서 실타래를 주며 탈출하는 방법을 알려주는 바람에 다이달로스는 미노스의 미움을 받았다. 결국 대왕은 다이달로스와 그의 외아들 이카로스를 높은 탑 안에 가두어 버렸다.

다이달로스는 감옥에서 탈출할 궁리를 했으나, 바닷길로는 빠져나갈 수가 없었다. 왜냐하면 왕은 모든 배를 엄중히 감시하여 세밀한 검열을 하지 않고서는 출범하지 못하게 하였기 때문이다.

얼마 뒤, 좋은 생각이 떠오른 다이달로스는 그들을 감시하는 파수꾼에게 나무와 아주 큰 새의 날개, 초와 실을 가져다 달라고 했다. 파수꾼은 두말 않고 가져다 주었는데, 미노스 대왕이 파수꾼에게 다음과 같이 말했기 때문이었다.

"만약 다이달로스가 물건을 달라고 하면 주어라. 그는 발명가니까 신기한 것을 만들지도 모른다. 그러면 그걸 우리가 사용하는 거야!"

다이달로스는 자신과 어린 아들 이카로스를 위하여 날개를 만들기 시작했다. 우선 조그마한 깃털을 합치고 점점 더 큰 것을 덧붙여, 날개의 표면을 차츰 크게 했다. 큰 털은 실로 잡아매고, 작은 털은 밀초로 붙였다. 그리고 전체를 새의 날개처럼 가볍게 구부렸다. 이카로스는 곁에서 바라보면서, 때로는 불려 날아간 털을 주워 모으기 위해 쫓

◀ **다이달로스가 이카로스에게 날개를 다는 장면** _프레더릭 레이튼의 작품

아다니기도 하고, 때로는 밀초를 손가락으로 만지작거리며 아버지의 작업을 방해했다.

　마침내 작품이 완성되어 날개를 흔드니 몸이 공중으로 떠오르고, 공기를 쳐서 균형을 잡으니 몸이 공중에 머물렀다. 그는 아들에게도 날개를 달아주고 나는 법을 가르쳐 주었다. 그 모습은 마치 어미 새가 어린 새끼를 높은 보금자리로부터 공중으로 이끄는 광경과 같았다. 날 준비가 다 되었을 때, 다이달로스는 아들에게 말했다.

　"이카로스야, 항상 적당한 높이를 유지하기 바란다. 너무 낮게 날면 습기가 날개를 무겁게 할 것이고, 너무 높이 날면 태양열이 날개를 녹여 버릴 테니까 말이다. 내 뒤를 따라만 오너라. 그러면 안전할 것이다."

　농부들은 일손을 멈추고 그들이 날아가는 모습을 바라보았고, 양치기는 지팡이에 몸을 기댄 채 바라보았다. 그들은 이처럼 공중을 날 수 있는 것으로 보아 신임에 틀림없다고 생각하며 경이의 눈을 돌리지 못했다. 그들은 왼쪽으로는 사모스와 델로스 섬을, 오른쪽으로는 레빈토스 섬을 통과했다. 그때 이카로스는 기쁨에 넘쳐서 아버지의 곁을 떠나 하늘에 닿을 정도로 높이 올라갔다.

　그러자 이글거리는 태양이 밀초를 녹여, 날개가 산산이 흩어지고 말았다. 이카로스가 팔을 흔들었으나 공중에 몸을 뜨게 할 날개는 하나도 남지 않았다. 아버지를 향해 부르짖었으나 결국 그의 몸은 검푸른 바다로 떨어지고 말았다. 그 후로 이 바다는 이카로스 해라고 불린다.

◀**이카로스의 추락**_페테르 파울 루벤스의 작품

칼리돈의 멧돼지 사냥

멜레아그로스는 아르고호 원정에 참가했던 영웅 중의 한 사람이다. 그는 칼리돈의 왕 오이네우스와 왕비 알타이아 사이에 태어났다. 그가 태어났을 때 알타이아는 세 명의 모이라이(운명의 여신)를 보았다. 운명의 실을 짜는 이 여신들은, 어린아이는 난로 속에서 타고 있는 장작이 다 타면 죽을 것이라고 예언했다. 알타이아는 그 장작을 꺼내 불을 끄고 몇 년 동안 조심스럽게 보존했다. 그동안 멜레아그로스는 소년이 되고, 늠름한 청년이 되었다.

그 당시 오이네우스 왕은 신들에게 제물을 바친 일이 있었는데, 여신 아르테미스에게는 바치지 않았다. 무시당한 데 분노한 여신은 커다란 멧돼지 한 마리를 보내 칼리돈의 들을 황폐화시켰다. 멧돼지의 눈은 피와 불로 번뜩였고, 털은 사람을 찌르려는 창과 같이 빳빳이 서 있었으며, 송곳니는 코끼리의 것과 비슷했다.

사나운 짐승은 곡식을 짓밟고 포도와 올리브나무를 쓰러뜨렸다. 또 양이나 소 같은 가축 떼를 닥치는 대로 죽여, 칼리돈을 큰 혼란에 빠뜨렸다. 아르테미스 여신의 분노는 보통 수단을 가지고는 막을 도리가 없을 것 같았다. 그러자 멜레아그로스는 그리스의 영웅들을 초청하여, 아르테미스가 보낸 이 괴물을 퇴치하기 위한 사냥에 참가하도록 호소하였다.

테세우스와 그의 절친한 친구인 페이리토오스, 이아손, 후에 아킬레우스의 아버지가 되는 펠레우스, 아이아스의 아버지인 텔라몬, 게다가 당시에는 청년이었으나 노년에 이르러서도 아킬레우스와 아이

▲ **멧돼지 사냥에 나선 영웅들**_니콜라 푸생의 작품

아스와 함께 무기를 들고 트로이아 전쟁에 출전한 네스토르, 그 밖에
도 많은 영웅이 이 사냥에 참가했다.

그들과 더불어 아르카디아의 왕 이아소스의 딸인 아탈란테도 참가
했다. 그녀는 윤이 나게 닦은 금으로 된 죔쇠로 옷을 죄고, 왼쪽 어깨
에는 상아로 만든 화살통을 메고, 왼손엔 활을 들고 있었다. 그녀의
얼굴은 여성의 미와 용감한 젊은이의 매력을 겸비하고 있었다. 멜레
아그로스는 그녀를 보는 순간 사랑에 빠졌다.

일행은 괴물이 사는 동굴 가까이에 가서 나무 사이에 튼튼한 그물
을 쳐놓았다. 개들을 붙들어 맨 끈을 풀자, 개들은 풀 속에 있는 짐승
발자국을 발견하려고 킁킁거렸다. 숲으로부터 늪이 많은 곳으로 향하
는 내리막길이 있었다. 멧돼지는 이곳의 갈대숲에 몸을 숨기고 있었
는데, 개 소리를 듣자 갑자기 무섭게 돌진해 왔다.

칼리돈의 멧돼지 사냥_페테르 파울 루벤스의 작품

공격을 당한 몇 마리의 개가 나가떨어졌다. 이아손은 아르테미스에게 성공을 빌면서, 들고 있던 창을 던졌다. 그러나 아르테미스는 멧돼지를 옹호하고 있었으므로 창이 날아가는 사이에 그 강철 끝을 제거하여, 멧돼지를 맞히기는 하되 상처는 내지 못하게 했다.

네스토르는 멧돼지의 습격을 받자 나무를 찾아 그 위로 올라가 몸을 피했다. 텔라몬은 돌진하다가 땅 위로 불쑥 솟은 나무뿌리에 걸려 앞으로 고꾸라졌다. 그러나 아탈란테가 쏜 화살이 처음으로 괴물에게 명중하였다. 괴물은 피를 흘렸다. 그것은 가벼운 상처였으나, 멜레아그로스는 환호성을 올렸다. 안카이오스는 여자가 칭찬받는 것이 못마땅했으므로 자기 자신의 용맹을 소리 높여 외치고, 멧돼지를 보낸 여신에게 도전하겠노라고 소리쳤다. 그러나 격분한 멧돼지는 그에게 치명적인 부상을 입혀 쓰러뜨렸다.

테세우스가 창을 던졌으나 그것은 돌출한 나뭇가지에 걸려 옆으로 빗나갔다. 또 이아손이 던진 창은 목표물을 적중하지 못하고 사냥개 한 마리를 죽였을 뿐이었다. 그러나 멜레아그로스는 한 번 실패한 뒤에 찬찬히 괴물의 빈틈을 노리다가 그의 창을 괴물의 옆구리에 박았다. 그런 후 재차 타격을 가해 마침내 멧돼지를 절명시켰다. 주위에서 환성이 터져 나왔다. 그들은 승리자인 멜레아그로스를 축하하고, 그의 손을 잡으려고 모여들었다. 수훈자는 죽은 멧돼지의 머리를 밟고 아탈란테를 돌아보며, 전리품인 짐승의 머리와 가죽을 그녀에게 선사했다.

그러자 이 광경을 지켜본 다른 사람들은 질투심을 일으켜 싸움을 걸었다. 멜레아그로스의 외숙 플렉시포스와 톡세우스는 누구보다도 이 증여에 반대하여 전리품을 빼앗았다. 멜레아그로스는 그들의 무례한 행위에 격분했지만, 그가 사랑하는 아탈란테에 대한 모욕에 더욱

멧돼지 머리를 아탈란테에게 선물하는 멜레아그로스_페테르 파울 루벤스의 작품

8

격분하여 친족 간의 예의도 잊고 칼을 빼내어 그들의 심장을 찔렀다.

이 사실을 모르는 알타이아가 아들의 승리에 대한 감사의 선물을 여러 신전에 가지고 갔을 때, 피살된 형제들의 시체가 그녀의 눈에 띄었다. 그녀는 가슴을 치며 울부짖고, 화려한 의상을 애도의 복장으로 갈아입었다. 그러나 형제들을 죽인 자가 자신의 아들임을 알게 되자 슬픔을 아들에 대한 단호한 복수심으로 바꾸었다.

그녀는 전에 불을 끈, 타다 남은 운명의 장작을 가지고 와서 불을 준비하도록 명령했다. 그러고는 네 번이나 그 타다 남은 장작을 불속에 던지려 했다. 그러나 아들을 잃게 되리라는 생각 때문에 전율을 느끼며 네 번씩이나 중지했다. 모정이냐, 형제애냐, 그녀의 머릿속은 혼란스러웠다. 그녀는 자기가 하려는 행위를 생각하고는 안색이 창백해지기도 하고, 아들이 범한 짓을 생각하고는 분노로 인해 얼굴이 붉어지기도 했다. 그러나 마침내 동기간의 정이 모정을 압도하여, 그녀는 운명의 장작을 손에 들고 말했다.

"복수의 여신들이여, 몸을 돌려 제가 가지고 온 희생물을 바라보십시오. 죄는 죄로써 보상되어야 합니다. 남편 오이네우스도 처가가 단절되는데 아들의 승리를 기뻐하지는 않을 겁니다. 그러나 아, 난 지금 무슨 짓을 하려 하는가? 형제여, 어미 된 마음의 약함을 용서하라! 손이 말을 듣지 않는구나. 멜레아그로스는 죽어 마땅하지만 내 손으로 죽일 수는 없다. 그러나 나의 형제는 원수를 갚지도 못하고 저승에서 헤매야 하는데, 멜레아그로스는 살아 승리하고 칼리돈을 지배해야 옳단 말인가? 아니다. 너는 이 어미 덕에 이제까지 살아왔으니, 이제는 네 자신의 죄 때문에 죽어야 한다. 내가 두 번 너에게 준 생명, 처음에는

▲**멜레아그로스의 죽음**_샤를 르 브룅의 작품

탄생할 때, 두 번째는 이 타다 남은 장작을 불 속에서 끄집어냈을 때,
이제는 그 생명을 반환해야 한다. 오, 차라리 그때 네가 죽었더라면!"

　이렇게 외치고 나서 알타이아는 운명의 장작을 불타는 장작더미 위
에 던졌다. 그것은 단말마의 신음을 내는 것 같았다.

　한편, 멜레아그로스는 그 장소로부터 멀리 떨어져 있었는데도 갑작
스럽게 고통을 느꼈다. 그의 몸은 불타기 시작하였다. 그는 오직 용감
한 자존심으로 자신을 파멸시키는 고통을 감내했다. 다만 피도 흘리
지 않고 불명예스러운 죽음을 맞는 것을 한탄할 따름이었다. 그리고
마지막 숨을 거두면서, 늙은 아버지와 형제와 다정한 자매와 사랑하

는 아탈란테와 그의 운명의 숨은 원인인 어머니의 이름을 불렀다.

불꽃은 더해 가고, 그와 더불어 멜레아그로스의 고통도 더해만 갔다. 이윽고 불꽃도 고통도 가라앉기 시작하더니 마침내는 사라졌다. 타다 남은 나무는 재가 되고, 멜레아그로스의 생명은 바람에 날려갔다.

일이 끝나자 알타이아는 자살했다. 멜레아그로스의 누이들은 동생의 죽음을 슬퍼했다. 마침내 아르테미스는 자신의 분노로 야기된 한 집안의 불행을 불쌍히 여겨, 그들을 새(뿔닭)로 변하게 하였다.

멜레아그로스는 죽은 후 명계에서 하데스를 만나러 온 헤라클레스와 조우하게 된다. 이때 멜레아그로스는 헤라클레스에게 자신의 또 다른 여동생인 데이아네이라와 결혼할 것을 요청하고, 그의 부탁대로 헤라클레스는 그녀와 결혼한다.

◀ **멜레아그로스의 죽음을 슬퍼하는 아탈란테**_폼페오 지롤라모 바토니의 작품

필레몬과 바우키스

프리기아의 어느 언덕 위에 보리수와 참나무가 낮은 몍으로 둘러싸여 한 그루씩 서 있었다. 그곳에서 그다지 멀지 않은 곳에 늪이 하나 있었는데, 이곳은 전에는 좋은 주택지였으나 지금은 웅덩이가 곳곳에 있어 물새와 가마우지들이 잘 모여들었다.

언젠가 제우스가 인간의 모습을 하고 이 땅을 방문한 적이 있었다. 그의 아들 헤르메스도 지팡이만 짚고 날개는 떼어놓은 채 동행하였다. 그들은 피로한 나그네의 모습으로 이집 저집의 문 앞에 서서 하룻밤 쉴 곳을 찾았으나, 문은 모두 닫혀 있었다. 이미 밤이 늦어 주민들은 문을 걸어 잠그고 그들을 받아들이려 하지 않았다.

마침내 한 보잘것없는 오막살이에서 그들을 맞아주었다. 그 집에는 경건한 노파 바우키스와 그녀의 남편 필레몬이 살고 있었다. 그들은 가난을 부끄러이 여기지 않고 절제심과 겸허한 마음으로 편안하게 살고 있었다. 그 집에서는 주인과 하인을 구별할 필요가 없었다. 그들 두 사람이 가족의 전부였고, 주인이며 동시에 하인이었다.

천상에서 방문한 두 나그네가 머리를 숙이고 초라한 집의 얕은 대문에 들어섰을 때, 노인은 자리를 만들었고, 노파는 무엇을 찾는 듯 서성거리더니 자리 위에 방석을 갖다 놓고 앉기를 권하였다. 그리고 잿더미 속에서 불씨를 찾아내 마른 나뭇잎과 나무껍질을 모아놓고 입으로 부니, 불이 피어올랐다. 그녀는 한구석에서 장작과 마른 나뭇가지를 가져와 잘게 쪼개서 작은 가마 밑에 넣었다. 노인이 정원에서 채소를 뜯어 오니, 노파는 그것을 잘게 썰어 냄비에 넣었다.

▲신들을 손님으로 맞는 필레몬과 바우키스_안드레아 아피아니의 작품

노인은 갈라진 막대기로 굴뚝에 걸어놓았던 베이컨 덩어리를 끄집
어 내렸다. 그리고 그것을 한 조각 베어내어 채소와 함께 끓이기 위해
냄비 속에 넣고, 나머지는 다음에 쓰기 위해 남겨두었다. 너도밤나무
로 만든 그릇에는 손님들을 위해 더운 세숫물을 떠놓았다. 노인 내외
가 이렇게 분주하게 움직일 동안 손님들은 이야기하면서 시간을 보내
고 있었다.

손님들을 위해 준비된 의자에는 속에 해초를 넣어 만든 쿠션이 걸려 있고, 그 위에 덮개를 덮어놓았다. 이 덮개는 낡고 초라했지만, 그래도 큰일을 치를 때만 특별히 내놓는 것이었다. 앞치마 차림의 노파는 떨리는 손으로 음식을 날라 왔다.

식탁의 한 다리가 다른 다리보다 짧았기 때문에, 노파는 나뭇조각으로 괴어 뒤뚱거리지 않게 하였다. 그러고는 좋은 향내가 나는 풀로 식탁을 닦았다. 뒤이어 그 위에 정숙한 여신 아르테미스의 나무인 올리브나무 열매와 식초에 절인 산딸기를 놓았다. 그 밖에 무와 치즈, 그리고 재 속에 묻어 약간 익힌 달걀을 곁들였다. 접시는 다 흙으로 빚어 구운 것이었고, 그 옆에는 흙 주전자와 나무 컵이 놓여 있었다.

모든 준비가 다 되었을 때, 김이 무럭무럭 나는 스튜가 식탁에 올려졌다. 그리 오래된 것은 아니지만 포도주도 나왔다. 디저트는 사과와 꿀이었다. 그러나 이런 모든 것보다 더 좋은 것은 화기 넘치는 얼굴과 소박하나 정성스러운 두 노인의 환대였다.

식사가 진행되는 동안 노인들은 문득 놀랐다. 술을 따르자마자 술병 속에 저절로 새 술이 차는 것이었다. 이 손님들이 천상에서 온 신임을 알자, 그들은 어찌할 바를 모르며 무릎을 꿇고 두 손을 맞잡고는 대접이 소홀하였음을 용서하십사고 빌었다.

이 집에는 거위가 한 마리 있었는데, 늙은 부부는 그것을 집 지키는 신처럼 기르는 중이었다. 그러나 늙은 부부는 그것을 잡아 손님들을 대접하려고 하였다. 거위는 발과 날개로 달아나기 때문에 노인들에게 잡히지 않았다. 마침내 거위는 신들 사이로 가서 몸을 피하였다. 신들은 거위를 죽이지 말라고 하면서, 다음과 같이 말하였다.

"우리들은 하늘의 신이다. 이런 야박한 마을은 벌을 받아야 하지만,

▲ **필레몬과 바우키스가 있는 풍경**_페테르 파울 루벤스의 작품

너희들만은 그 징벌을 면하게 하리라. 이 집을 떠나 우리와 함께 저 산정으로 가자."

늙은 부부는 신들의 말에 따라 지팡이를 들고 험준한 산길을 올랐다. 꼭대기에 다다랐을 때 눈을 돌려 밑을 내려다보니, 그들의 집만 빼놓고는 온 마을이 온통 호수 속에 잠겨 있었다. 그들이 놀라면서 이웃 사람들의 운명을 탄식하고 있을 때, 문득 그들 자신의 오막살이가

▲**필레몬과 바우키스의 변신**_야누스 제넬리의 작품

신전으로 변하였다. 네모진 기둥 대신 원주가 서 있고, 짚 지붕은 금
빛으로 번쩍이면서 황금 지붕으로 변하였다. 마루는 대리석으로, 문
은 조각과 황금 장식으로 아름답게 꾸며졌다.

　이윽고 제우스가 온화한 어조로 다음과 같이 말하였다.

"훌륭한 노인이여, 그리고 남편에 못지않은 노파여! 당신들의 소원을 말하시오. 우리가 어떤 은총을 베풀었으면 좋겠소?"

필레몬은 바우키스와 상의한 뒤 신들에게 말하였다.

"우리는 사제가 되어 당신의 신전을 지켰으면 합니다. 그리고 우리는 사랑과 화목 속에 생애를 보냈으므로 이 세상을 떠날 때도 함께 떠나서, 나 혼자 살아남아 아내의 무덤을 보거나, 혹은 아내의 손으로 내 무덤을 파는 일이 없도록 해주십시오."

노부부의 소원이 받아들여졌다. 그들은 살아 있는 동안 신전을 지켰다. 그들이 아주 늙었을 때, 어느 날 부부는 신전의 계단 위에 서서 그곳에서 일어났던 지난일을 이야기하고 있었다. 그때 바우키스는 남편의 몸에서 나뭇잎이 나오는 것을 보았고, 필레몬 또한 아내의 몸에서 똑같은 변화가 일어나는 것을 보았다. 말할 수 있는 능력이 계속되는 한 서로 작별 인사를 나누고 있을 때, 나뭇잎으로 된 관이 그들의 머리 위에 씌워졌다.

"잘 있어요, 사랑하는 이여!"

그들은 함께 말하였다. 그와 동시에 나무껍질이 그들의 입을 덮어버렸다. 비티니아 지방에 가면 지금도 착한 노부부가 변신하여 서 있는 두 그루의 나무가 있는 곳을 양치기가 안내해 준다.

# 에리시크톤

에리시크톤은 신들을 경멸하는 오만한 자였다. 어느 날 그는 대담하게도 대지의 여신 데메테르에게 바쳐진 숲을 도끼로 마구 베었다.

이 숲속에는 참나무 한 그루가 서 있었는데, 어찌나 큰지 그 한 그루만으로도 숲처럼 우람하게 보였고, 오래된 줄기는 높이 치솟아 그 위에는 봉헌된 꽃다발이 종종 걸려 있었다. 숲의 님프인 하마드리아스들은 손에 손을 잡고 그 주위에서 종종 춤을 추었다. 그 나무의 둘레는 15큐빗이나 되고, 관목 위로 솟아 있는 다른 나무의 위에 솟아 있었다.

그럼에도 불구하고 에리시크톤은 유독 그 나무만 베어서는 안 될 아무런 이유도 없다 하여 하인들에게 베도록 시켰다. 하인들이 머뭇거리며 주저하자 그는 그들 중 한 사람의 손에서 도끼를 빼앗으며 불경스럽게 외쳤다.

"여신이 총애하는 나무든 아니든 상관없다. 설령 여신이라 할지라도 내 뜻을 막으려 한다면 주저하지 않고 베어버리겠다."

그는 도끼를 들었다. 참나무는 몸을 떨며 신음 소리를 내는 듯했다. 최초의 일격이 나무줄기에 가해지니 상처로부터 피가 흘러내렸다. 그것을 보고 있던 사람들은 공포에 떨었는데, 그 중 한 사람이 용기를 내어 위험한 도끼질을 막으려 했다.

"네 믿음의 대가를 받아라!"

에리시크톤은 경멸하는 눈초리로 그를 노려보며 소리친 뒤, 나무를 찍으려던 도끼를 돌려 그의 몸에 깊은 상처를 내고 급기야는 머리마

▲ **에리시크톤과 하마드리아스**_에밀 장 밥티스트 필립 빈의 작품

저 베어버렸다.

바로 그때 참나무 속에서 소리가 들려왔다.

"이 속에 살고 있는 나는 데메테르의 총애를 받고 있는 님프이다. 지금은 네 손에 걸려 죽지만, 꼭 복수할 테니 그리 알아라."

그래도 그는 도끼질을 멈추지 않았다. 여러 번 도끼에 찍힌 나무는

▲**기아의 여신이 에리시크톤에게 걸식을 심어준다**_18세기 판화

마침내 요란한 소리를 내며 쓰러졌다. 숲의 대부분의 나무들이 그 밑에 깔려 같이 쓰러졌다.

　하마드리아스들은 친구를 하나 잃고 또 숲의 긍지이기도 한 거목이 베어진 것을 보고는 놀라 모두 상복을 입고 데메테르에게 가서, 에리시크톤에게 벌을 내려주십사고 간청하였다. 여신은 승낙하였고, 그 표시로 머리를 끄덕거렸을 때 들판에 익은 곡식들도 머리를 움직였다. 여신은 가장 무서운 형벌을 내리려고 계획했다. 그것은 다름 아닌 리모스(기아의 여신)에게 그를 인도하는 것이었다. 데메테르 자신은 그 여신에게 접근할 수 없었으므로(운명이 그들의 접근을 금했기 때문에) 산의 님프 오레이아스를 불러 다음과 같이 말했다.

"눈 덮인 스키티아에서 멀리 떨어진 한 지방에 외딴 곳이 있는데, 그곳은 나무도 없고 들판도 없는 적막한 불모지이다. 그곳에는 '추위'와 '공포'와 '전율'과 '굶주림'이 살고 있다. 가서 '굶주림'에게 에리시크톤의 창자를 점령하라고 일러라. 어떤 유혹에도 넘어가지 말고 꿋꿋이 '굶주림'의 지조를 지키라고 일러라. 길이 멀다고 놀라지 말고 나의 이륜차를 타고 가거라. 그것을 끄는 용들은 빨리 달리고 순종하므로, 공중을 날아 잠시 후면 목적지에 도착할 것이다."

오레이아스는 이륜차를 몰아 바로 스키티아에 도착하였고, 카우카소스 산에 닿자 용들의 멍에를 풀어주었다. 그리고 '굶주림'이 이빨과 발톱으로, 돌이 많은 벌판에서 별로 남지 않은 풀을 뜯고 있는 것을 발견하였다. 그녀의 머리칼은 거칠고, 눈은 움푹 패어 있고, 얼굴과 입술은 창백하고, 턱은 먼지에 덮여 있고, 몸은 말라 뼈만 앙상해 보였다.

오레이아스는 감히 가까이 다가갈 용기가 나지 않아, 멀찌감치 서서 데메테르의 명령을 전했다. 아주 잠시 동안이었지만, 그리고 될 수 있는 한 멀리 떨어져 있었지만 오레이아스는 굶주림을 느끼기 시작하여 곧 용의 머리를 돌려 테살리아로 돌아왔다.

리모스는 데메테르의 명령에 따라 급히 공중을 달려 에리시크톤의 집에 도착하였다. 여신이 이 죄인의 침실로 몰래 들어갔을 때, 그는 자고 있었다. 여신은 그를 자기의 날개로 싸고 자신을 그의 몸속에 불어넣고 그의 혈관 속에 독을 넣었다. 임무를 마친 그녀는 풍요의 나라를 떠나 자신이 살던 곳으로 돌아갔다.

에리시크톤은 여전히 잠이 들어 있었는데, 꿈속에서도 먹을 것을 구하고 무엇을 먹고 있는 것처럼 턱을 움직였다. 잠을 깨니 견딜 수 없을 정도로 배가 고팠다. 맘대로 할 수만 있다면 잠시도 지체하지 않고 땅에서 나는 것이든, 바다에서 나는 것이든, 공중에서 나는 것이든, 먹을 수 있는 것은 모두 자기 식탁에 갖다 놓고 싶었다. 그는 먹으면서도 배고픔을 한탄했다. 한 도시의 주민들이 모두 먹어도 남을 만큼의 음식을 그는 순식간에 먹어치웠다. 먹으면 먹을수록 더 먹고 싶었다. 그의 굶주림은 모든 냇물을 받아 삼켜도 차지 않는 바다와 같았다. 혹은 앞에 쌓여 있는 모든 연료를 다 태워버리고도 더 탐내는 불과도 같았다.

그의 재산은 끊임없는 식욕 때문에 점점 줄어들었으나, 그의 굶주림은 조금도 해소되지 않았다. 마침내 모든 재산을 탕진해 버리고 딸인 메스트라만이 남았는데, 그녀는 그런 아버지의 딸이라고는 생각되지 않을 만큼 훌륭했다. 그러나 그는 딸마저 노예로 팔려고 했다.

메스트라는 노예로 팔리게 된 자신의 운명에 순종하지 않고, 해변에 서서 손을 들고 포세이돈에게 기도를 올렸다. 바다의 신 포세이돈은 그녀의 기도를 들었다. 그리고 그녀의 주인이 가까이서 보고 있는데도 그녀의 모습을 바꿔, 열심히 일하고 있는 어부의 모습이 되게 하였다. 그녀의 주인이 어부로 변한 그녀에게 다가와 물었다.

"여보시오, 조금 전까지 이 자리에 있었던 처녀는 어디로 갔소? 머리칼은 헝클어지고 남루한 옷을 입고, 당신이 서 있는 근처에 있었는데? 바른 대로 알려주시오. 그러면 운수가 좋아 고기도 잘 잡힐 것이오."

처녀는 자기의 기원이 이루어진 것을 알았고, 자신에 관한 질문이 직접 던져진 것을 듣고 내심 기뻐했다.

"미안합니다. 나는 일에 열중하고 있었기 때문에 아무것도 보지 못했습니다. 내 말이 거짓이라면 고기 한 마리 잡히지 않아도 좋습니다."

주인은 이 말을 곧이듣고, 노예가 도망친 줄 알고 떠나갔다. 그녀는

▲에리시크톤과 메스트라_얀 스테인의 작품

▲자기 자신을 먹어치우는 에리시크톤

곧 원래의 모습으로 되돌아갔다.

에리시크톤은 딸을 잃지 않고도 돈을 얻은 것을 기뻐하였다. 그래서 또다시 딸을 노예로 팔았다. 그러나 그녀는 노예로 팔릴 때마다 포세이돈의 호의에 의해 변장하여 위기를 모면할 수 있었다. 말이나 소가 되기도 하고, 새가 되기도 하고, 사슴이 되기도 하여 새 주인에게서 달아나 집으로 돌아왔다.

이같이 비열한 방법에 의해 굶주린 아비는 먹을 것을 얻었다. 그러나 그래도 허기를 면할 수 없어 마침내는 자기 몸뚱이를 먹지 않을 수 없게 되었으며, 몸을 먹음으로써 몸을 유지하려 했다. 죽음이 데메테르의 복수로부터 그를 자유롭게 할 때까지 그 고통은 멈추지 않았다.

영웅의 노래

헤라클레스의 선택

알크메네는 제우스로부터 헤라클레스를 임신하였다. 알크메네의 출산일이 다가오자 제우스는 '오늘 처음 태어나는 페르세우스의 자손이 그리스의 지배자가 될 것이다'라고 올림포스의 신들에게 선언하였다. 헤라는 그 아이가 알크메네가 곧 출산할 헤라클레스임을 예감하고, 자신의 딸이자 출산의 여신인 에일레이테이아에게 알크메네의 출산을 지연시키고 니키페의 출산을 앞당기라고 명령하였다.

에일레이테이아는 알크메네의 집으로 가, 그녀가 아이를 낳을 수 없도록 주술을 썼다. 알크메네는 진통에 시달리게 되는데, 그녀의 시종인 갈린티아스가 여신을 알아보고 "아이가 태어났다!"라며 소리치자 에일레이테이아가 놀라서 주술을 잠시 멈춘 사이에 알크메네는 무사히 아들을 낳게 되었다. 자신이 속았다는 것을 안 에일레이테이아는 갈린티아스를 족제비로 만들어버렸다. 천신만고 끝에 헤라클레스는 무사히 태어났지만, 니키페가 먼저 아들을 낳았기 때문에 헤라클레스 대신 니키페의 아들 에우리스테우스가 미케네의 왕이 되었다.

헤라클레스가 태어난 후 제우스는 그에게 불사의 생명을 불어넣기 위해 잠든 헤라의 젖을 물렸는데, 젖을 빠는 힘이 얼마나 강했던지 헤라가 놀라 아기를 뿌리치면서 흘러나온 젖이 은하수가 되었다고 한다. 제우스는 그런 헤라를 달래기 위해 아이의 이름을 '헤라의 영광'이란 뜻으로 헤라클레스라고 지어주었다.

하지만 제우스가 바람 피워 낳은 자식이기 때문에 분노한 헤라를 진정시키고자 그렇게 이름 붙였다지만 효과는 거의 못 봤다. 오히려

▲알크메네가 남편으로 변신한 제우스와 동침하는 장면_줄리오 로마노의 작품

헤라의 영광이라는 뜻과는 다르게 헤라에게 온갖 시련을 받게 된다.

헤라는 헤라클레스를 죽이기 위해 생후 8개월 때 요람에 두 마리의 독사를 보냈는데, 이때 같은 날 태어난 쌍둥이 동생 이피클레스는 뱀을 무서워하여 소리를 질렀지만 헤라클레스는 전혀 무서워하지 않고 손으로 뱀을 목 졸라 죽였다. 이피클레스의 비명을 듣고 달려온 암피트리온 내외는 이 사건으로 이피클레스와 헤라클레스가 각각 누구의 아들인지 구분할 수 있었다.

헤라클레스가 제우스의 자식임을 알게 된 암피트리온 부부는 헤라클레스를 교육시키기 위해 갖은 정성을 들이게 된다. 여기에 양아버지인 암피트리온은 전차 모는 법을 가르쳤고, 모든 영웅들의 스승인

▲ 미덕과 쾌락 사이의 헤라클레스_벤저민 웨스트의 작품

켄타우로스족의 현자 케이론에게 교육을 맡겼다. 헤라클레스는 단순히 검, 창, 활을 다루는 전투 기술뿐만이 아니라 오르페우스의 형제인 리노스로부터 음악 수업까지 받았다. 하지만 욱하는 성격에 그는 그만 들고 있던 리라로 자신을 욕한 리노스 선생을 때려죽이게 되었다.

헤라클레스는 당연히 살인죄로 고소당했지만 정당방위로 풀려났다. 암피트리온 부부는 이런 헤라클레스의 야만성을 누그러뜨리기 위해서 키타이론 산에서 양치기의 일을 하게 했다. 이때 이곳에서 헤라클레스는 두 명의 여신을 만나게 되는데, 미덕을 상징하는 아테나 여신과 악덕을 상징하는 카키아 여신이었다. 풍만하고 요염한 자태로 붉게 화장한 악덕의 여신이 헤라클레스에게 말했다.

"당신이 나의 손을 잡고 함께 간다면 가장 즐겁고 편안한 길로 안내해 드리겠습니다. 당신은 어떤 고통도 겪지 않고, 세상의 온갖 즐거움과 쾌락을 맛볼 수 있을 것입니다."

그러자 정결함과 고귀함이 느껴지는 미덕의 여신이 말했다.

"이 세상의 모든 선과 아름다움은 오로지 인간의 노력에 의해서만 얻을 수 있습니다. 나와 함께 가는 길은 가시밭길처럼 험하고 고통스러울 것입니다. 그것은 풍요로운 결실을 얻기 위해서는 땀 흘려 땅을 경작해야 하는 것과 같습니다."

헤라클레스는 주저 없이 미덕의 여신을 따랐다. 그리고 그대로 이루어졌다. 그는 누구보다도 험난한 인생을 살았으나, 시련은 그를 영웅으로 이끌었다.

헤라클레스는 목동의 일을 하며 18세가 되었을 때, 테스피아이의 왕 테스피오스의 부탁으로 사자를 퇴치하였다. 이에 대한 보상으로 테스피오스는 딸 50명을 임신시키도록 제안하였고, 헤라클레스는 이것을 하룻밤 동안에 끝냈다.

테베로 돌아가던 헤라클레스는 키타이론 산에서 이웃 나라의 사신으로부터 테베가 매년 에르기노스 왕에게 조공으로 소 100마리를 바치는 것을 전해 들었다. 그런데 당시 사신의 무례한 언행에 불같이 화가 난 에르기노스 왕이 사신들의 귀와 코, 손을 잘라 자기 나라로 돌려보냈다는 사실까지 알게 되었다.

이 때문에 에르기노스 왕과 테베의 왕 크레온 사이에 전쟁이 일어났고, 헤라클레스는 아테나 여신의 도움으로 전쟁에서 싸워 테베를 승리로 이끌었다. 이것에 대한 보답으로 테베 왕 크레온은 헤라클레스를 자신의 첫째 딸 메가라와 맺어지도록 하였다. 헤라클레스와 메가라 사이에 3명의 아이가 태어났다.

헤라는 헤라클레스가 제우스의 약속대로 티린스의 지배자가 된 에우리스테우스를 섬기는 것을 거부하자, 술에 취한 그를 미치게 했다.

▲헤라의 저주로 헤라클레스가 가족에게 활을 쏘는 장면_안토니오 카노바의 작품

술에 취한 헤라클레스의 광기는 자신의 아이들과 메가라를 적 또는 야수로 착각하게 해 그들을 죽이게 하였다. 그리고 그는 형제인 이피클레스의 첫 부인과 아들들 역시 살해하였고, 이피클레스의 장남 이올라오스만이 극적으로 살아남았다. 또한 양아버지인 암피트리온까지 죽이려 하였으나, 아테나 여신 또는 테세우스가 던진 돌에 의해 제지되었다고 한다. 제정신을 차린 헤라클레스는 수치심을 느끼고 자살을 시도했으나, 친족인 테세우스에 의해 저지되었다.

　테세우스는 헤라클레스를 데리고 델포이로 가 정화 의식을 시키고 신앙에 귀의하게 하였다. 이후 그는 델포이의 신탁에 따라 에우리스테우스의 신하가 되어 12년 동안 그가 시키는 일(12 과업)을 하게 되었다. 이 신탁은 헤라가 내린 것으로, 헤라클레스는 이것을 알지 못했다.

헤라클레스의 12과업

첫 번째 과업, 헤라클레스와 네메아의 사자

에우리스테우스의 12과업 중 첫 번째 과업은 네메아의 사자를 죽이라는 것이었다. 헤라클레스는 네메아를 떠돌다가 클리오네라는 지역에 도착하게 되었다. 그곳에서 헤라클레스는 네메아의 사자에게 아들을 잃은 몰로르코스와 만났다. 그는 아들의 원수를 갚아주는 대가로 헤라클레스에게 그의 전 재산인 양을 주겠다고 했다. 그러나 헤라클레스는 그 제안을 사양하며, 만일 자신이 30일 안에 네메아의 사자를 퇴치하면 그 양들을 제우스에게 올리고, 실패하면 죽은 영웅(헤라클레스)에게 그 양을 희생시키기로 하였다.

헤라클레스는 네메아의 숲에서 금빛 털을 자랑하는 사자를 만났다. 사람들과 짐승들을 마구 잡아먹은 이 괴물은 헤라클레스의 화살과 곤봉 공격에도 꿈쩍하지 않았다. 그는 사자가 동굴로 돌아오도록 유인했다. 그 어두운 동굴 안에서 그는 사자를 몽둥이로 친 후, 엄청난 힘을 이용하여 목을 졸라 죽였다.

헤라클레스는 사자를 죽인 후, 자신의 칼로 가죽을 벗겨내려고 했다. 이에 실패하자 그는 칼을 돌에 갈아보았다. 하지만 갈아진 칼과 심지어는 돌로도 사자의 가죽을 벗겨내기는 불가능하였다. 그러자 아테나가 사자의 발톱을 이용하여 가죽을 벗겨보라고 조언해 주었다. 이때부터 헤라클레스는 사자 가죽을 착용한 채 몽둥이를 든 모습으로 묘사된다.

▲**네메아의 사자**_페테르 파울 루벤스의 작품

    에우리스테우스는 헤라클레스가 가져온 사자 가죽을 보고 놀랐으며 두려워했다. 그는 헤라클레스가 다시는 도시로 들어오지 못하게 하였다. 그리고 그는 헤라클레스에게 다음 과업은 훨씬 어려울 것이라고 경고하며, 여러 세대 동안 골칫거리였던 레르나의 히드라를 격퇴하도록 지시하였다.

두 번째 과업, 레르나 호수의 히드라

히드라는 아르고스 남부의 레르나 호수에 똬리를 튼 괴물로서 오랫동안 수많은 여행객을 잡아먹어 왔다. 히드라는 아홉 개의 머리를 가지고 있으며, 머리를 잘라도 다시 생겨나고 심지어 잘린 머리에서 두 개의 새로운 머리가 나오는 괴물이었다. 다른 머리들도 골치 아프지만, 특히 중앙에 있는 머리는 불사의 몸이라 어떤 방법을 써도 죽이지 못했다.

헤라클레스는 히드라의 머리를 자른 직후 불을 붙여 다시 살아나지 못하게 막고, 죽지 않는 불사의 머리는 바위산을 들어 짓눌러 버렸다. 그리고 여기에서 흘러내린 피를 화살에 묻혀 히드라의 독화살을 만들었다. 이 히드라의 독은 매우 강력해서 불사성이 없는 생물은 맞으면 그 자리에서 절명하고, 불사의 신들이나 정령들은 영원히 죽지도 못하고 고통받아야 한다. 헤라클레스를 비롯하여 수많은 그리스 영웅들의 스승인 케이론조차도 이 화살에 맞고는 너무 고통스러워서 불사의 몸을 포기하고 죽었을 정도였다.

히드라를 처단하고 있던 헤라클레스의 용맹한 모습에 분노한 헤라는 히드라를 도와주라고 큰 게를 파견했다. 그러나 큰 게는 헤라클레스의 상대가 되지 못했다. 오히려 게는 헤라클레스에게 밟혀 한 방에 등껍질이 박살나 절명했다. 헤라는 게의 몰골이 처참했는지 가엾게 여겨서 별자리로 만들어 주었다.

세 번째 과업, 케리네이아의 암사슴

　괴물을 죽이는 두 번의 노역이 헤라클레스에게 쉬웠다고 생각한 에우리스테우스는 세 번째 노역으로 케리네이아의 암사슴을 상처 하나 없이 생포하라는 까다로운 조건으로 미케네로 데리고 오라고 지시하였다.

　헤라클레스는 1년 동안 그리스 전역을 돌아다니면서, 이 화살처럼 빠른 사슴을 쫓았다. 지친 사슴이 아르테미시온 산에서 라돈 강으로 내려가 쉬고 있을 때, 피가 나지 않도록 사슴의 뒷다리 뼈와 근육 사이에 독이 묻지 않은 화살을 쏘아 도망치지 못하게 한 후 생포하여 미케네로 데려갔다.

　에우리스테우스는 아르테미스 여신이 자신의 사슴을 학대한 헤라클레스를 벌할 것이라 생각하였다. 헤라클레스는 미케네로 돌아가던 중 우연히 아르테미스와 아폴론 남매하고 마주치게 되었다.

　그때 헤라클레스는 아르테미스에게 사슴을 데려오는 것이 자신의 속죄를 위한 노역이라 설명하고 여신으로부터 용서를 구하며, 사슴을 원래 있던 곳에 데려다 놓겠다고 약속하였다. 결국 아르테미스는 헤라클레스를 용서하였고, 에우리스테우스의 계획은 실패하였다.

◀**레르나 호수의 히드라**_귀스타브 모로의 작품

▲케리네이아의 암사슴을 생포하는 헤라클레스_메리 조제프 블롱델의 작품

네 번째 과업, 에리만토스의 멧돼지

네 번째 과업은 에리만토스 산에 사는 멧돼지를 생포하는 일이었다. 에리만토스의 멧돼지는 산에 살며 아르고스로 내려와 농작물을 파헤치고 황폐화시켰고, 사냥꾼과 여행객에게 달려들어 인명을 상하게 하였다. 그렇지만 아무도 이 멧돼지를 잡지 못했다고 한다.

헤라클레스는 이 멧돼지를 1년간 추격한 끝에 눈 속으로 몰아세워서 지치게 한 다음 생포했다. 과업을 수행하고 돌아오는 길에 헤라클레스는 폴로스라는 켄타우로스의 환대를 받았다. 그러나 만찬에서 술에 취한 폴로스가 시비를 걸어옴에 따라 결투가 벌어졌다.

역시 술에 취한 헤라클레스는 히드라의 독이 묻은 화살을 날렸고, 이 과정에서 실수로 현자 케이론을 쏘아 맞혀, 죽지 않는 케이론을 고통에 사무치게 했다. 그 후 케이론은 죽지 못하고 제우스의 명에 의해 하늘로 올라 사수자리가 되었다.

헤라클레스가 사로잡은 멧돼지를 가져가자 에우리스테우스는 기겁하면서 청동 항아리에 숨었다고 한다.

다섯 번째 과업, 아우게이아스의 외양간

영웅의 과업이라기에는 왠지 시시해 보이지만, 헤라클라스에게 수천 마리의 가축이 수십 년간 배설해 놓은 해묵은 오물을 청소하는 일이 주어졌다. 소의 수가 3,000마리나 있는 외양간을 30년간 청소하지 않았으니 엄청나게 많은 분뇨로 가득찬 우리였지만, 헤라클레스는 인근 두 강의 물줄기를 끌어다가 외양간을 청소했다고 한다. 그런데 스스로의 힘이 아닌 강물을 사용해서 치웠으니 무효라는 헤라의 논리로 과업이 늘어나게 되었다.

이때 아우게이아스 왕은 가축 우리를 청소하면 우리 안의 가축 중 반을 주겠다고 약속했다가 막상 헤라클레스가 받으러 왔는데, 약속을 지키지 않았다. 분노한 헤라클레스가 후에 형인 이피클레스와 병사들을 이끌고 아우게이아스를 죽인 후 그의 아들을 옹립했다고 한다. 그러나 이 전쟁에서 헤라클레스는 이피클레스를 잃게 된다.

여섯 번째 과업, 크레타의 황소

에우리스테우스는 크레타의 왕 미노스로부터 황소를 처치해 달라는 부탁을 받고, 헤라클레스에게 황소를 처치할 것을 지시했다. 이 황소는 제우스가 에우로페를 납치할 때 잠시 몸을 빌렸던 것으로, 이후 지나치게 난폭하여 골칫거리가 되었다고 한다. 다른 설에는 이 황소는 미노스가 포세이돈에게 바치려 했다가 약속을 어기고 바치지 않아 괴물 미노타우로스를 잉태케 한 황소라 한다.

크레타의 들판에서 황소와 씨름한 끝에 헤라클레스는 이 황소를 사로잡았다. 신화에 의하면 헤라클레스가 황소를 때려잡은 것을 기념하기 위해 미노스 왕은 이라클리온이라는 도시를 세웠다고 한다.

이 황소는 에우리스테우스가 헤라에게 바쳤으나 헤라가 이를 받지 않아 방치되었는데, 나중에 마라톤으로 건너가서 소란을 피우던 중 아테네의 영웅 테세우스에 의해 처치되었다.

▲크레타 섬의 헤라클레스와 황소 상

일곱 번째 과업, 스팀팔로스의 괴물 새

에우리스테우스는 헤라클레스에게 스팀팔로스 호수 근처에서 살면서 사람들에게 피해를 주는 괴물 새들을 처치하라고 했다. 스팀팔로스의 괴조의 새똥은 농작물에 치명적이었으며, 하늘을 날아오르거나 바닥에 누워 있을 때 새들의 금속 깃털도 위협적이었다.

헤라클레스의 등장에 괴물 새들은 날카로운 부리와 발톱으로 달려들었으나, 헤라클레스가 뒤집어쓴 네메아의 사자 가죽을 뚫지 못했

스팀팔로스의 괴물 새_귀스타브 모로의 작품

다. 헤라클레스도 새들을 향해 화살을 쏘았으나, 새의 수가 너무 많아 아테나 여신이 빌려준 청동 방패를 두들겨 더 큰 소음을 내서 새들끼리 서로 부딪치게 해 혼란스럽게 만들어 추락사시켰다.

여덟 번째 과업, 디오메데스의 암말들

트라키아의 왕 디오메데스는 자신이 기르는 말에게 인육을 먹였다. 나라 안의 범죄자나 사형수를 암말의 먹이로 주었으나, 먹잇감이 부족하자 그는 지나가는 여행객에게 시비를 걸거나 씨름하자고 제안한 뒤 패한 사람을 자기 암말의 먹이로 던졌다.

여행객을 가장하고 트라키아로 간 헤라클레스는 디오메데스와의 씨름에서 승리를 거둔 뒤, 디오메데스를 말에게 먹여버렸다. 이때부터 인육 맛을 잃어버린 디오메데스의 암말들은 다시는 사람 고기를 먹지 않았다고 한다.

헤라클레스는 이 암말들을 그리스로 데려왔다. 디오메데스의 암말들은 후일 알렉산드로스 대왕의 시대에까지 종마로서 혈통을 이어갔다고 한다.

아홉 번째 과업, 히폴리테의 허리띠

헤라클레스의 아홉 번째 노역은 히폴리테의 허리띠를 훔쳐와 에우리스테우스의 딸 아드메테에게 가져다주는 것이었다.

▲히폴리테와 헤라클레스_렘브란트의 작품

아드메테는 아마존족의 여왕 히폴리테의 허리띠를 갖고 싶어 했다. 이 허리띠는 군신 아레스가 오트레레(히폴리테의 어머니) 또는 히폴리테에게 선물로 준 것이었다.

헤라클레스는 지원자들을 이끌고 아마존족의 도시가 있는 테르모돈 강 하구의 테미스키라 항구에 도착하였고, 그곳에서 히폴리테와 만났다. 히폴리테는 헤라클레스를 환영했고, 훌륭한 딸을 낳기 위해 그와 동침한 뒤 허리띠는 선물로 주었다. 노역이 순조롭게 해결돼 가는 것을 안 헤라는 아마존족의 여인으로 변신하여, 이방인들이 히폴리테를 납치할 것이라는 거짓 소문을 퍼뜨렸다.

이 소문을 듣고 격분한 여전사들이 말을 타고 헤라클레스와 지원자들을 공격하려 하자 헤라클레스는 히폴리테가 자신을 배신한 것으로 오해하여 여전사들과 히폴리테를 죽이고, 허리띠를 가지고 돌아왔다. 다른 설에는 히폴리테가 헤라클레스를 따라 아마존족과 싸우던 중 아마존의 손에 죽었다고도 하고, 뒤에 테세우스의 아내가 되었다고도 한다.

열 번째 과업, 게리온의 소떼

에우리스테우스는 헤라클레스에게 바다 건너 에일리테이아 섬에 사는 게리온의 소떼를 데려오라고 하였다. 게리온은 메두사와 포세이돈 사이에서 천마 페가소스와 함께 태어난 아들인 크리사오르의 아들이었다. 생김새는 몸과 머리가 세 개로 흉측한 모습을 하고 있으며, 그가 내는 소리는 사람 1만 명이 내는 소리와 맞먹는다. 그가 소유한 많은 가축은 목동 에우리티온을 고용하여 보호하게 했다.

헤라클레스가 배를 타고 오케아노스 강을 건널 때, 포세이돈은 헤라클레스의 자질을 시험하려고 거친 파도를 보냈고, 아폴론 역시 헤라클레스 가까이에 접근하였지만, 헤라클레스는 두 신에게 히드라의 독이 묻은 화살을 들이대어 위협하였다. 헤라클레스의 용기를 가상히 본 태양신 아폴론은 매일 저녁 서쪽에서 동쪽으로 타고 온다는 접시를 빌려주어 바다를 건너게 했다.

헤라클레스가 비밀리에 소떼를 몰고 가던 중 에우리티온과 변견 오르트로스에게 발각되자, 그들을 죽인 다음 소떼를 배에 싣고 귀로에 올랐는데, 나중에 이 사실을 안 게리온이 추격해 오자 헤라클레스는 독이 묻은 화살로 게리온을 처치하였다.

헤라클레스는 마우레타니아의 아틀라스 산에 도착해 바다를 건너기 위해 이 산의 일부를 무너트렸는데, 신화에 의하면 이때 무너진 아틀라스 산의 일부를 헤라클레스의 기둥이라고 한다. 지브롤터 해협을 건넌 그는 히스파니아와 갈리아 그리고 이탈리아를 거쳐 갔다.

이탈리아에 도착하자 헤파이스토스의 아들인 카쿠스가 그의 소떼

카쿠스를 제압하는 헤라클레스_성명 미상의 작품

를 훔쳐서 자신이 사는 동굴로 몰고 갔지만, 헤라클레스의 외모를 흠모한 카쿠스의 여동생 카카가 카쿠스의 거처를 알려준 덕분에, 헤라클레스는 동굴로 가서 그를 처단한 후 다시 소떼를 몰고 티린스로 돌아왔다.

열한 번째 과업, 헤스페리데스의 황금 사과

헤스페리데스의 황금 사과는 할머니 가이아가 헤라와 제우스의 결혼선물로 둘에게 주었다는 사과나무를 일컫는다. 헤라는 그 나무를 서쪽 정원에 심고, 헤스페리스 자매들과 잠들지 않는 용 라돈에게 지키도록 했다. 헤라클레스는 수소문 끝에 네레우스만이 길을 알고 있다는 것을 알아냈고, 황금 사과의 소재를 네레우스에게 물은 뒤 프로메테우스를 구하라는 예언을 듣고 카우카소스 산으로 가서 프로메테우스를 구하였다.

그리고 프로메테우스가 묶여 있던 바위산의 일부를 떼어내 반지를 만들어 끼움으로써 계속 거기 묶여 있어야 하는 프로메테우스의 운명도 지키면서 자유로울 수 있도록 해주었다. 프로메테우스는 그에게 아틀라스를 통해 사과를 따오라고 하였으며, 아틀라스가 꾀를 낼 것임을 알려주었다.

헤라클레스는 서쪽 대양에서 하늘을 들고 서 있는 벌을 받는 아틀라스를 만났다. 티탄의 전쟁에서 제우스에 대항한 죄로 평생 하늘을 받치고 있어야 하는 벌을 받고 있던 아틀라스에게 헤라클레스는 자기가 하늘을 떠받치고 있을 테니 황금 사과를 하나 따달라고 부탁했다.

▲ **헤스페리데스 정원의 헤라클레스**_미켈레 로카의 작품

이에 아틀라스는 황금 사과를 가져왔으나, 하늘을 떠받드는 고통에서 풀려나고 싶었다. 그리고 헤라클레스가 하늘을 잘 받치고 있는 것을 보고는 헤라클레스에게 하늘을 계속 떠받치라 했다. 그러나 헤라클레스는 그 말에 동의하는 척하고, 다만 지금 자세가 불편하니 하늘을 짊어지는 방법을 알려달라고 말하였다. 아틀라스가 그 말을 듣고 헤라클레스에게서 하늘을 넘겨받는 순간, 헤라클레스는 황금 사과를 챙겨서 미케네로 도피했다.

　황금 사과는 에우리스테우스 왕이 헤라에게 제물로 바치어 다시 원래대로 돌려놓았다.

저승 문지기 케르베로스를 데려오는 헤라클레스_요한 퀼러의 작품

열두 번째 과업, 케르베로스 데려오기

에우리스테우스는 마지막으로 헤라클레스에게 하데스의 수문장인 케르베로스를 데려오게 했다. 테세우스를 통해 신앙에 귀의한 헤라클레스는 데메테르의 밀교에 가입하여 데메테르의 신도 자격으로 지하로 내려갔다. 그러나 망각의 강 스틱스의 뱃사공 카론은 살아 있는 자를 태우기를 거부했고, 이에 헤라클레스는 불같이 화가 나서 뱃사공 카론을 협박하여 하데스의 왕궁으로 건너갔다. 카론은 뒤에 헤라클레스를 도운 죄로 바위에 오래 묶여 있는 형벌을 받았다고 한다.

헤라클레스는 하데스에게 케르베로스를 데려갈 것을 부탁하자, 하데스는 조카인 헤라클레스에게 케르베로스를 맨손으로 제압할 수 있다면 데려가도 좋다고 했다.

헤라클레스는 가공할 힘으로 케르베로스의 목을 졸라 기절시켰다. 이때 하데스도 헤라클레스가 진짜 성공할 줄 몰랐는지 어이없어했다고 한다. 또한 헤라클레스는 하데스에 의해 구속된 테세우스를 발견하고 그를 구출해 데리고 돌아왔다고 한다. 테세우스는 그의 친구 페이리토오스와 함께 하데스의 아내 페르세포네를 납치하러 왔다가 구속되었던 것이다.

이승에 돌아오면서 과업을 완수하자, 지옥의 파수견을 본 에우리스테우스 왕은 무서워서 청동 항아리에 또 숨어버렸다. 과제가 끝난 후에 케르베로스는 하데스에게 돌려줬다.

12과업을 모두 마치자 공포에 질린 에우리스테우스는 헤라클레스를 아르골리스에서 추방하였고, 다시는 아르골리스에 나타나지 말라고 엄명을 내렸다.

노예가 된 헤라클레스

오이칼리아의 왕 에우리토스는 활쏘기 시합에서 자신과 자기 아들을 이기는 자에게 아름다운 딸 이올레를 주겠다고 선언했다. 에우리토스는 이름난 명궁이어서 아무도 그를 이길 수 없었는데, 헤라클레스가 이 소식을 듣고 활쏘기 시합에 참가하여 그를 이겼다.

에우리토스는 헤라클레스가 전에 미쳐서 자신의 부인 메가라와 아들들까지 죽인 것 때문에 이올레를 그에게 시집보내길 거부했다. 에우리토스의 장남인 이피토스는 아버지에게 이올레를 약속대로 헤라클레스에게 주어야 한다고 주장했으나 받아들여지지 않았다.

이피토스에 의해 왕에게 속았음을 알고 진노한 헤라클레스는 자기 편을 든 장남 이피토스를 제외하고 에우리토스와 그의 아들들을 모두 죽였고, 이올레를 유괴하게 되었다.

이피토스는 이후 헤라클레스의 충실한 친구가 되었다. 그러나 두 사람이 왕의 잃어버린 소떼를 찾아 티린스로 여행을 떠났을 때, 헤라가 다시 헤라클레스를 광기에 몰아넣게 되고, 미친 상태에 빠진 헤라클레스는 이피토스를 성벽 너머로 집어 던짐으로써 죽음에 이르게 했다. 헤라클레스는 그 죄를 속죄하기 위해 또다시 남의 노예가 되지 않으면 안 되었는데, 이번에는 리디아의 여왕 옴팔레가 주인이었다.

12 과업을 수행하기 전 헤라클레스는 아폴론의 신전에서 무녀가 예언을 불친절하게 알려주자 이에 반발하여, 아폴론 신전의 집기를 던지고 기둥을 파괴했다. 델포이의 무녀는 헤라클레스에게 신전에서 난동을 부린 몫의 보상을 헤르메스 신이 수행할 것이라고 예언하였다.

옴팔레의 노예가 된 헤라클레스가 그녀와 사랑을 나눈다._프랑수아 부셰의 작품

▲**옴팔레의 노예가 된 헤라클레스**_대 루카스 크라나흐의 작품

　12 과업을 마친 헤라클레스는 이피토스를 죽인 죗값으로 헤르메스 신의 사제에 의해 납치되어 노예시장으로 끌려갔고, 리디아의 여왕 옴팔레에게 팔려갔다.

　헤라클레스의 정체를 알아본 리디아의 여왕 옴팔레는 그에게 여자 옷을 입고 바느질과 길쌈을 하도록 시켰다. 옴팔레는 노예가 된 헤라클레스의 사자 가죽과 곤봉을 들고 다녔고, 헤라클레스는 대신에 여자 옷을 입고 다니게 되었으며, 또한 말 노릇을 하며 옴팔레 여왕을 태우고 다니기도 했다.

　이 과정 중에 헤라클레스는 한 번도 불쾌감을 드러내지 않았고, 여왕의 지시대로 리디아 내에 출몰하던 도적들을 모두 소탕하였다. 어느새 그와 사랑에 빠지게 된 옴팔레는 그를 노예로부터 해방시킨 후 그와 결혼했고, 여러 명의 자식을 낳았다. 헤라클레스는 옴팔레 사이에서 리도스, 알카이오스 등의 아들을 두었고, 리디아 최후의 왕 크로이소스도 헤라클레스의 후손이라 한다.

신이 된 헤라클레스

　헤라클레스가 12 노역을 수행하던 중에 케르베로스를 납치하러 저승에 갔을 때, 멜레아그로스를 만났다. 멜레아그로스는 칼리돈의 멧돼지 사냥 때 외삼촌들을 죽인 죄로 어머니의 운명의 장작개비에 죽임을 당한 칼리돈의 영웅이었다. 그는 헤라클레스에게 자신의 여동생 데이아네이라를 돌봐 줄 것을 요청하였고, 헤라클레스는 그의 요청을 들어주겠다고 약속했다.

　데이아네이라는 디오니소스의 총애를 받는 오이네우스 왕과 왕비 알타이아 사이에 칼리돈의 공주로 태어났다. 그러나 어린 소녀일 때 강의 신 아켈로오스로부터 구애받은 상태라, 헤라클레스가 나타나자 그녀를 놓고 결투가 벌어지게 되었다.

　아켈로오스는 변신 방법을 자랑으로 여기고 있어 여러 가지 모습으로 변할 수 있었다. 그중에서 숫소나 큰 뱀으로 변하기도 했다. 본래의 용모는, 상반신이 인간의 신체, 머리에는 숫소와 같은 뿔, 수염과 긴 머리카락을 지녔고, 하반신은 뱀과 같은 물고기의 모습이었다.

　헤라클레스와 아켈로오스의 결투는 치열했다. 아켈로오스는 여러 가지 모습으로 변신해 헤라클레스를 농락했지만, 숫소의 모습이 되었을 때 헤라클레스가 그의 다른 한쪽의 뿔을 꺾어버렸다.

　뿔이 꺾인 아켈로오스는 항복했고, 아켈로오스의 강바닥에서 상처를 달랬다. 이후 아켈로오스는 매년 봄이 가까워지면 상처 자국으로부터 패배한 것을 생각해 내, 분노에 몰려 홍수를 일으킨다고 한다.

　또한 헤라클레스가 꺾은 아켈로오스의 뿔은, 과일이나 재물을 무진

▲황소로 변신한 아켈로오스를 제압하는 헤라클레스_노엘 쿠아펠의 작품

장하게 낳는 마법의 뿔인 '풍양의 뿔'이 되었다고 여겨진다. 그리고 접
힌 뿔의 상처로 흐른 피가 세이렌을 태어나게 했다.

　여러 난관을 거친 헤라클레스는 칼리돈의 공주 데이아네이라를 새
아내로 맞이하였다. 데이아네이라와 결혼하여 칼리돈에서 행복하게 살
던 헤라클레스는 만찬에서 술에 취하여 왕의 조카를 죽이게 되었다.

　오이네우스 왕은 동생을 설득하여 헤라클레스의 죄를 사면하였으
나, 헤라클레스는 아내 데이아네이라와 아들 힐로스를 데리고 칼리돈
을 떠나 테베로 가게 되었다.

헤라클레스가 아내 데이아네이라를 데리고 에우에노스 강을 건널 때 켄타우로스인 네소스가 친절하게도 다가와, 자기가 데이아네이라를 도와 강을 건너게 해주겠다고 제안했다. 헤라클레스는 네소스의 제안을 받아들여, 먼저 데이아네이라를 건너게 했다.

네소스는 데이아네이라를 호위해 태우고 강을 건너자 그녀의 아름다움에 빠져 그녀를 범하려 하였다. 데이라네이라의 비명에 헤라클레스는 레르나의 히드라 피가 묻은 화살을 네소스에게 쏘았다.

네소스는 죽기 전 복수를 위해 데이아네이라에게 자신의 피와 정액은 사랑의 미약이므로 받으라 하며, 헤라클레스를 다른 여자들로부터 지키고 싶다면 그것들을 그의 옷에 뿌리라고 일러주었다. 네소스는 그의 피가 히드라의 피로 인해 오염되었고, 이것에 닿으면 치명적인 화상을 입을 수 있다는 것을 알고 있었던 것이다. 데이아네이라는 네소스에게 속아서 이 외투를 헤라클레스 몰래 간직했다.

헤라클레스는 옴팔레에게 노예가 되기 전 자신이 미쳐 죽인 이피토스의 나라인 오이칼리스로 쳐들어갔으며, 이올레에 대한 자신의 권리를 되찾으려고 오이칼리아 성을 약탈하고 이올레를 유괴해 왔다.

데이아네이라는 자신보다 더 젊고 예쁜 이올레를 데려오자 헤라클레스가 그녀를 더 사랑하는 줄로 오해하여 질투심이 솟았다.

데이아네이라는 헤라클레스의 젖은 상의에 네소스의 혼합물을 뿌렸다. 그리고 헤라클레스의 종 리카스를 시켜 그 상의를 헤라클레스에게 입히게 하였다.

헤라클레스는 피부가 타면서 뼈가 드러나는 듯한 고통을 느꼈다. 비록 불사의 신체를 가졌지만 고통을 참지 못한 헤라클레스는 나무 장작을 쌓아 스스로 나뭇단에 올랐다. 그리고 제우스 신의 사제들에

데이아네이라를 납치하는 네소스 _ 귀도 레니의 작품

게 자신을 산 채로 화장하라고 지시했다.

그러나 제우스의 사제들이 살인이라며 주저하자, 극심한 고통을 이기지 못한 헤라클레스는 지나가는 여행객에게 자신을 산 채로 화장하는 자에게 자신의 곤봉과 독화살을 선물로 주겠다고 하였다.

후일 트로이아 전쟁에 참여하는 필록테테스가 나뭇단에 불을 붙여 헤라클레스를 산 채로 화장시키겠다고 자원하였고, 그는 헤라클레스의 소원을 들어준 대가로 그에게서 곤봉과 독화살을 선물로 받았다.

필록테테스는 나뭇단에 불을 붙였고, 헤라클레스는 산 채로 화장되었다. 헤라클레스의 자살 소식을 들은 데이아네이라는 자책하여 절벽에 몸을 던졌다. 그리고 그의 여러 아들 중 힐로스가 그의 권리를 상속하였다. 헤라클레스는 힐로스에게 이올레와 결혼할 것을 유언하였고, 그에 따라 힐로스는 이올레와 결혼하였다.

불로 자신의 몸을 태웠지만, 헤라클레스는 완전히 죽은 게 아니었다. 어머니에게 받은 인간의 육체는 사라졌지만, 제우스 신에게 받은 영혼은 불사이기 때문이다. 아테나는 제우스의 명령을 받고, 헤라클레스를 올림포스로 데려온다. 물론 헤라는 헤라클레스가 올림포스에 온 것에 불평한다.

이윽고 예언대로 올림포스 신들과 기간테스의 전쟁 '기간토마키아'가 벌어졌고, 헤라클레스는 신들의 편에 서서 싸우게 되었다. 기간테스의 우두머리인 알키오네우스와 에피알테스 등 수많은 기간테스를 몽둥이로 때려죽였고, 헤라를 강간하려던 기가스로부터 헤라를 구하기도 했다. 전쟁은 예언대로 위대한 인간 영웅 헤라클레스의 도움을 받은 올림포스 신들의 승리로 끝났고, 헤라클레스는 승리의 일등공신

▲베르사유 궁전 '헤라클레스의 방' 천장화_프랑수아 르무안의 작품

이 되었다. 무엇보다도 평생 자신을 괴롭혔던 여신 헤라에게 그동안
의 일을 정식으로 사과받고 화해하게 되었다. 그리고 헤라의 주선으
로 제우스와 헤라의 딸인 청춘의 여신 헤베를 정식 아내로 맞이하고
신이 되었다. 제우스는 헤라클레스가 이룩한 불멸의 업적을 기념하기
위해 북쪽 하늘에 헤라클레스 자리를 만들었는데, 지금도 여름철 북
쪽 하늘에서는 몽둥이를 들고 있는 헤라클레스를 만나볼 수 있다.

오르페우스와 에우리디케

　오르페우스와 에우리디케의 결혼식 때 이를 축하해 주도록 혼인의 신 히메나이오스도 초대를 받았다. 그런데 그는 참석은 하였으나 아무런 축하의 선물도 가져오지 않았다. 그의 횃불까지도 줄곧 연기를 내뿜어 눈에 눈물만 나게 하였다.

　이 같은 전조(前兆) 때문인지 에우리디케는 결혼한 지 얼마 되지 않아 그녀의 친구인 요정들과 거닐고 있었을 때, 아리스타이오스라는 양치기의 눈에 띄었다. 그는 첫눈에 그녀의 아름다움에 매료되어 그녀의 사랑을 얻고자 추근거렸다. 그녀는 그를 피해 숲으로 도망쳤는데, 도망칠 때 풀 속에 있는 뱀을 밟는 바람에 발을 물려 죽었다.

　오르페우스는 그 슬픔을 노래로, 신과 인간과 이 지상의 공기를 호흡하는 모든 것에 호소했다. 그러나 그것이 아무 소용도 없다는 것을 알고 그는 하계로 내려가 아내를 찾기로 결심했다.

　오르페우스는 타이나론 곶의 측면에 있는 동굴을 거쳐 하계에 도착했다. 그리고 유령의 무리들을 헤치고 하데스와 페르세포네의 옥좌 앞에 나아가, 리라로 반주를 하며 다음과 같은 노래를 불렀다.

　"하계의 신들이시여, 우리들 생명 있는 자는 다 당신들이 있는 곳으로 가게 마련입니다. 저의 말을 들어주십시오. 이것은 진실입니다. 제가 이곳에 온 것은 하계의 비밀을 탐지하기 위한 것도 아니고, 뱀 같은 머리칼을 갖고 있으며 머리가 세 개인 문지기 개와 힘을 겨루려는 것도 아닙니다. 저는 꽃다운 청춘에 독사에 물려 뜻하지 않게 죽음을 당한 제 아내를 찾으러 온 것입니다. 사랑이 저를 이곳으로 인도했습

▲오르페우스가 하데스와 페르세포네 앞에서 연주하며 에우리디케의 석방을 탄원하는 장면_야노
스 도나트의 작품

니다. 사랑은 지상에 거주하는 우리들을 지배하는 전능의 신일 뿐 아니라, 옛말이 옳다면 이곳에서도 역시 그럴 것입니다. 저는 지금 공포로 가득찬 이 장소들과, 침묵과 유령의 나라에 맹세하여 당신들에게 간청합니다. 에우리디케의 생명의 끈을 다시 이어주십시오. 우리들은 당신들이 있는 곳으로 가게 마련이나, 다만 일찍 가고 늦게 가느냐의 차이가 있을 따름입니다. 제 아내도 천명을 다한 후에는 당연히 당신들에게로 올 것입니다. 그러나 원컨대 그때까지는 그녀를 저에게 돌려주십시오. 만약 거절하신다면 저는 혼자 돌아갈 수 없습니다. 저도 아내의 뒤를 따를 테니, 우리 두 사람의 죽음을 눈앞에 놓고 당신들은 승리의 노래나 부르십시오."

그가 이런 애끓는 노래를 부르자 망령들까지도 눈물을 흘렸다. 탄탈로스는 목이 마른데도 잠시 동안 물 마시는 것조차 잊었을 정도였다. 악시온의 바퀴도 정지했다. 독수리는 거인의 간을 쪼아 먹는 것을 멈추었고, 다나오스의 딸들은 체로 물 푸는 일을 중단했다. 그리고 시시포스도 바위 위에 앉아 노래를 들었다. 복수의 여신들이 눈물을 흘린 것도 그때가 처음이라고 한다. 페르세포네도 거부할 수 없었고, 하데스도 양보하여 에우리디케의 이름이 불렸다. 그녀는 새로 들어온 망령들 사이에서 부상당한 발을 절뚝거리며 나타났다.

오르페우스는 그녀를 데리고 가도 좋다는 허락을 받았으나, 한 가지 조건이 있었다. 그것은 지상에 도착할 때까지 오르페우스가 그녀를 돌아보아서는 안 된다는 것이었다. 이 조건하에 오르페우스는 앞서고 에우리디케는 뒤따르면서 어둡고 험한 길을 말없이 걸어갔다.

마침내 지상으로 나가는 출구에 도착했다. 오르페우스는 너무 기쁜 나머지 약속을 깜빡 잊고, 에우리디케가 아직도 따라오는지 확인하기

명계를 나오는 오르페우스와 에우리디케_장 밥티스트 카미유 코로의 작품

▲오르페우스가 뒤를 돌아봄으로 이별하는 장면_하인리히 프리드리히 퓌거의 작품

위해 뒤를 돌아보았다. 그 순간 에우리디케는 다시 하계로 끌려갔다. 그들은 서로 포옹하려고 팔을 내밀었으나 허공을 감았을 뿐이었다. 두 번째로 죽어가면서도 에우리디케는 남편을 원망할 수 없었다. 자기를 보고 싶어 저지른 일을 어떻게 탓할 수 있으랴.

"이제 최후의 이별입니다. 부디 안녕히……."

그녀가 말했다. 그러나 어찌나 빨리 끌려갔던지 말소리가 잘 들리지 않았다. 오르페우스는 그녀의 뒤를 따르려 했다. 그리고 다시 한번 그녀를 데려오기 위해 하계에 내려가게 해줄 것을 탄원했다. 그러나 사정을 모르는 뱃사공은 그를 떠밀고 건너다 주기를 거절했다. 그는 일주일 동안 먹지도 않고 자지도 않으면서 강가에 앉아 있었다. 그리고 하계 신들의 무자비함을 비난하면서 바위와 산을 향해 자신의 안타까운 심정을 노래했는데, 그 곡조가 너무도 슬퍼 맹수들도 감동하고 참나무도 감동하여 몸을 흔들었다.

아폴론과 히아킨토스

오르페우스는 아폴론과 한 미소년 간의 사랑에 대해 노래했다.

아폴론은 히아킨토스라는 미소년을 아주 귀여워하였다. 소년을 사랑하는 마음에 아폴론은 히아킨토스를 여러 가지 경기에 데리고 갔고, 고기잡이를 나갈 때도 그를 위해 그물을 들어주었고, 사냥을 갈 때도 개를 끌어주었으며, 소풍을 갈 때도 시중을 들어주었다. 이렇게 소년에게 열중한 나머지 아폴론은 자기의 소중한 리라도 화살도 돌보지 않았다.

어느 날 그들은 원반던지기를 하며 놀고 있었다. 기술과 힘을 겸비한 아폴론이 원반을 하늘 높이 던지자 히아킨토스는 그것이 날아가는 것을 쳐다보았다. 경기에 열중한 나머지 자신도 어서 던지고 싶어 원반을 잡으려고 달려갔다. 그때 원반이 땅에 떨어져 튀는 바람에 소년의 이마에 맞았다. 그는 기절하여 쓰러졌다. 갑자기 소년이 기절하자 마치 자신이 당한 것처럼 창백해진 아폴론은 그를 안아 일으켜 상처의 출혈을 막고, 달아나는 생명을 붙잡으려고 전력을 다하였다.

그러나 모든 것이 허사였다. 뜰에 핀 백합의 줄기를 꺾으면 꽃이 수그러져 지면을 향하는 것과 같이, 죽어가는 히아킨토스의 머리는 목에 붙어 있는 것이 무거운 듯 어깨 위로 축 늘어졌다. 아폴론은 비통하게 말하였다.

"너는 죽는구나, 히아킨토스. 나 때문에 청춘을 빼앗기고 죽어가는구나. 네가 이런 고통을 당하다니, 다 내 죄로다. 할 수만 있다면 너 대신 내가 죽었으면 좋겠다. 그러나 그럴 수도 없으므로, 너의 추억과

▲**히아킨토스의 죽음을 슬퍼하는 아폴론**_니콜라 르네 졸랭 2세의 작품

노래 속에서 나와 함께 살게 하리라. 나의 리라는 너를 칭송할 것이며, 나의 노래는 네 운명을 노래 부를 것이다. 그리고 너는 나의 애통한 마음을 아로새긴 꽃이 될 것이다."

아폴론이 이렇게 말하고 있는 동안에 이상하게도 이제까지 지면에 흘러 풀을 물들이고 있던 피는 아름다운 빛깔의 꽃이 되었다. 이 꽃은 히아킨토스라고 불리게 되고, 해마다 봄이 오면 아폴론이 사랑한 미소년처럼 아름답게 피어 히아킨토스의 기억을 새롭게 하고 있다. 아폴론은 이것만으로는 부족했던지 더 큰 명예를 수여하기 위해 꽃잎 위에 애도의 뜻인 Y 모양을 아로새겨 그의 슬픔을 표시하였는데, 지금도 우리는 그 모양을 볼 수 있다. 이 꽃은 해마다 봄이 오면 피어나, 히아킨토스의 운명에 대한 기억을 새롭게 하고 있다.

피그말리온

오르페우스는 이번에는 그가 간절히 원하는 에우리디케를 연상케 하는 노래를 불렀다. 그것은 어느 조각가의 이루어질 수 없는 사랑에 관한 것이었다.

피그말리온은 조각가로서 여자의 결점을 너무 많이 보았기 때문에 마침내 여자를 혐오하게 되어, 한평생 독신으로 지내기로 결심하였다. 한번은 훌륭한 솜씨를 부려 상아로 된 여인상을 만든 일이 있었는데, 어찌나 정교하고 아름다웠는지 어떠한 미인도 그 아름다움에 따르지 못할 정도였다. 그것의 완전한 형태는 처녀의 모습으로, 정말 살아 있는 것처럼 보였다. 그의 기술이 완벽했기 때문에 사람의 손으로 만든 것이 아니라 자연이 만든 것처럼 보였다.

피그말리온은 자신의 작품에 감탄한 나머지 자연의 창조물처럼 보이는 이 작품과 사랑에 빠졌다. 그는 그것이 살아 있는 것인지 아닌지 확인하려는 듯이 종종 가만히 손을 대보았다. 사실 그것이 단순한 상아에 불과하다고는 믿어지지 않았다. 그는 그것을 끌어안았다. 그리고 소녀가 좋아할 만한 것들, 즉 반짝이는 조개껍질이라든가, 반들반들한 돌, 조그만 새, 갖가지 꽃, 구슬과 호박 등을 선물로 주었다. 그는 그녀를 페니키아산 자줏빛 염료로 물들인 잠자리에 누이고, 그녀를 자기 아내라고 불렀다. 그녀의 머리 밑에는 가장 보들보들한 솜털 베개를 괴었다.

아프로디테의 제전이 가까워졌다. 키프로스 섬에서는 제전이 아주 호화롭게 거행되었다. 희생물이 제공되고 제단에는 연기가 올랐으며

향내는 공중에 가득찼다. 피그말리온은 이 제전에서 자기 임무를 마치고 난 뒤, 제단 앞에 서서 머뭇거리며 말하였다.

"신들이여! 원하옵건대 저에게 나의 상아 처녀와 같은 여인을 아내로 점지하여 주십시오."

제전에 참석했던 아프로디테는 이 말을 듣고, 그가 말하려 한 참뜻을 알았다. 그리고 그 소원을 들어주겠다는 표시로 제단에 타오르는 불꽃을 공중에 세 번 튀어 오르게 하였다.

집으로 돌아간 피그말리온은 자기 조각을 보러 갔다. 그는 소파에 기대어 조각을 가만히 살펴보았다. 그러자 그 입술에 온기가 도는 것 같았다. 그는 조각의 입술에 키스하고 팔다리에 손을 대어보았다. 그러자 그 상아는 아주 부드럽게 느껴졌다. 손가락으로 눌러보니 히메토스산 밀초처럼 들어갔다. 피그말리온은 기뻐하면서도 한편으로는 뭔가 잘못된 것이 아닐까 염려하면서, 사랑하는 사람의 열정을 가지고 여러 번 그 희망의 대상에 손을 댔다.

조각은 정말 살아 있는 것이었다. 손가락으로 누르면 혈관이 들어가나, 손을 떼면 다시 원 상태로 돌아왔다. 아프로디테의 숭배자인 피그말리온은 여신에게 감사를 드렸다. 그리고 자신의 입술처럼 살아 있는 처녀의 입술에 다시 입 맞추었다. 처녀는 키스를 받자 얼굴을 붉혔다.

아프로디테는 자기가 맺어준 두 남녀의 결혼을 축복하였다. 이 결합으로부터 아들 파포스가 태어났는데, 아프로디테에게 바쳐진 파포스란 마을은 그의 이름을 딴 것이다.

◀**피그말리온과 갈라테이아**_루이 장 프랑수아 라그레네 1세의 작품

미르라와 키니라스

오르페우스는 사랑의 열병이 얼마나 무서운가를 미르라를 통해 보여주고자 했다. 그는 사랑하는 에우리디케를 위한다면 죽음을 무릅쓰고 지하세계에도 다녀왔기에, 미르라의 왜곡된 사랑을 통해 사랑의 무서움을 노래했다.

키프로스 왕 키니라스에게는 미르라라는 딸이 있었다. 그녀는 언젠가 사람들 앞에서 자신이 아프로디테 여신보다 아름답다고 자랑했다. 하늘에서 아프로디테가 그 말을 듣고 격분하여, 미르라로 하여금 아버지를 사랑하도록 만들었다.

미르라의 아름다움을 숭배하는 많은 귀족 청년들이 그녀에게 청혼했지만, 그녀는 오로지 아버지에 대한 사랑의 열병으로 사위어 갔다. 그녀는 아버지를 사랑한다는 죄책감과 수치심과 절망감에 자살을 시도했으나, 그녀를 어릴 때부터 길러준 유모가 이 사실을 알게 되었다.

미르라는 몇 번이나 고백하려 했으나 매번 말문이 막혔다. 그러다가 마침내 부끄럼 타는 얼굴을 옷에 가리며 유모에게 말했다.

"아, 우리 어머니는 참 남편 복도 많아요!"

유모는 알아채고 등골이 오싹했으며, 머리카락들이 쭈뼛쭈뼛 섰다. 유모는 그 끔찍한 사랑을 몰아내기 위해 많은 말을 더 했다. 그녀는 그 충고가 옳다는 것을 인정했지만, 사랑하는 것을 갖지 못할 바엔 차라리 죽겠다는 결심을 내비쳤다. 이에 유모는 신들의 이름으로 약속했다.

"알아요. 아씨께서는 사랑하고 계세요. 비록 잘못된 이 일이지만 나

▲**미르라**_존 윌리엄 고드워드의 작품

는 성심껏 아씨에게 봉사할 거예요. 아버지께서는 전혀 눈치채지 못하게 말예요."

유모는 내키지는 않았지만 안타까운 마음에 미르라의 한을 풀어주겠다고 약속했다.

해마다 열리는 데메테르의 축제가 돌아왔다. 이때에는 경건한 어머니들은 몸에 눈처럼 흰 옷을 두르고, 그해에 거둔 수확의 곡식 이삭으로 만든 환을 갖다 바쳤다. 그리고 그들은 아흐레 밤 동안 사랑과 남자와의 접촉을 금기사항에 포함시켰다. 그 무리 사이에는 왕비 켄크레이스(미르라의 어머니)도 있었는데, 그녀는 열심히 신성한 비밀 의식에 참여했다.

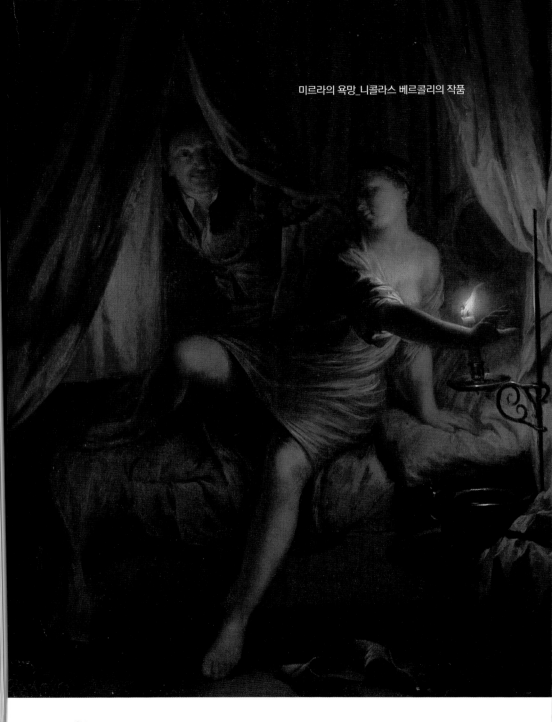

미르라의 욕망_니콜라스 베르콜리의 작품

왕의 침실에 합법적인 아내의 자리가 비었을 때, 키니라스가 거나하게 취한 것을 보고는 지나치게 열성적인 유모가 가짜 이름을 대며 왕을 진심으로 사랑하는 소녀가 있는데 미모가 일색이라고 전했다. 술 취한 키니라스가 소녀의 나이를 묻자 유모는 미르라와 동갑이라고 말했다.

불행한 미르라의 가슴은 슬픈 예감으로 가득차면서도 기뻤다. 불빛도 없는 캄캄한 밤에 그녀는 왼손으로는 유모의 손을 잡고, 오른손으로는 어둠을 더듬으며 나아갔다. 그녀가 머뭇거리자 유모가 그녀의 손을 잡고 높다란 침상으로 데려가더니 그녀를 넘겨주어, 저주받을 두 육신을 결합시켜 주었다.

그녀는 저주받을 자궁에 근친상간의 씨앗을 범죄로 잉태하게 되었고, 마침내 키니라스는 12일 밤을 동침한 뒤에 자신의 애인이 누군지 알고 싶어 등불을 가지고 왔다가 자신의 범행과 딸을 보게 되었다. 그는 너무나 괴로워 말문이 막힌 채 벽에 걸려 있던 칼집에서 번쩍이는 칼을 뺐다. 그러자 미르라는 도망쳐 밤의 어둠 덕분에 죽음을 면했지만, 이 사실을 안 키니라스는 절망하며 스스로 목숨을 끊었다.

미르라는 이리저리 떠돌다가 지칠 대로 지쳐 사바이족 땅에서 주저앉았다. 그녀는 무엇을 기구해야 할지조차 알지 못한 채 죽음의 공포와 삶의 혐오 사이에서 기도했다.

"신들이시여, 혹시 이 기도를 들어주는 분이 계신다면, 나는 벌 받을 짓을 했으니 벌 받기를 거절하지 않겠나이다. 하오나 내가 살아남아 산 자들을 모욕하고, 죽어서 죽은 자들을 모욕하지 않도록 두 영역에서 나를 내쫓으시고, 나를 변하게 하시되 살지도 죽지도 않게 해주소서!"

그녀의 기도를 들어주는 신들이 있었다. 그렇게 말하는 그녀의 다리를 대지가 덮으며 그녀의 발톱에서 뿌리가 옆으로 뻗어 나와 높다란 나무줄기의 튼튼한 받침대가 되었다. 그녀의 뼈는 단단한 나무가 되고, 가운데의 골수는 그대로 남고, 피는 수액이 되고, 팔은 큰 가지가 되고, 손가락은 잔가지가 되고, 살갗은 딱딱한 나무껍질이 되었다. 미르라는 더 이상 기다리고 싶지 않아 커 올라오는 나무를 마중 나가 아래로 내려앉으며 그 나무껍질에다 얼굴을 묻었다. 신들은 그녀를 향나무로 만들어 주었다. 그녀의 눈물은 향나무의 영롱한 진액으로 변했다.

얼마 후 향나무 한가운데가 갈라지며 사내아이가 태어났다. 물의 님프들이 그 아이를 부드러운 풀밭에 뉘고 어머니의 눈물을 발라주었다. 아이의 잘생긴 얼굴은 화폭에 그려진 발가벗은 에로스 중 한 명과 같았다. 이 아이가 바로 아프로디테의 연인 아도니스이다.

◀**미르라의 변신과 아도니스의 탄생**_마르칸토니오 프란체스키니의 작품

아프로디테와 아도니스

날개 달린 시간은 순식간에 흘러, 제 누이의 아들이자 제 할아버지의 아들이기도 한 아도니스는 어느새 청년이 되고 이전의 자신보다 더 멋진 모습을 자랑하게 되었다. 그는 이제 아프로디테의 연인이 되어 여신에게 어머니 미르라의 정염을 복수했다. 어느 날 아들 에로스가 키스해 오다가 화살통에 툭 튀어나온 황금 화살로 아프로디테에게 생채기를 냈다. 상처는 겉보기보다 깊었고, 여신도 처음에는 그런 줄 몰랐다.

그렇게 하여 아도니스의 아름다움에 사로잡힌 아프로디테는 더 이상 키테레아의 해안도, 깊은 바다에 둘러싸인 파포스도, 물고기가 많은 크니도스도, 광물이 많이 나는 아마투스도 찾지 않고, 하늘도 멀리한 채, 아도니스 곁을 떠나지 않고 따라다녔다.

아도니스는 사냥하는 것을 좋아했는데, 그를 사랑한 아프로디테도 사냥에 따라나서게 되었다. 전 같으면 나무 그늘 같은 데 누워 게으르게 몸매나 만지고 있었을 아프로디테 여신이, 아르테미스 여신처럼 옷은 무릎까지 걷어올려 질끈 동여매고는 험산이나 숲이나 바위 사이를 누비면서 사냥개를 호령하거나 산짐승을 쫓는 것이었다. 아프로디테 여신은 사냥하기 쉬운 짐승, 가령 산토끼나 사슴 같은 것만 즐겨 사냥했다. 여신은 난폭한 멧돼지 근처에는 얼씬도 하지 않았다. 사나운 이리, 무서운 발톱으로 무장한 곰, 가축을 해치는 사자와 싸우는 모험 같은 것은 처음부터 하려 하지 않았다. 여신은 스스로 이런 짐승을 피하는 것은 물론, 아도니스에게도 맹수들을 조심하라고 신신당부했다.

아프로디테와 아도니스_장 밥티스트 레뇨 남작의 작품

"사랑하는 이여, 내가 위험해질 수 있으니 무턱대고 덤비지 말고, 자연이 무기를 준 야수들을 도발하지 말아라. 그대의 영광을 위해 내가 큰 대가를 치르는 일이 없도록. 그대의 젊음도, 그대의 아름다움도, 그 밖에 아프로디테를 움직였던 것들도 사자와 센털의 멧돼지와 야수들의 눈과 마음을 움직이지는 못한다. 날카로운 멧돼지의 구부정한 엄니에는 벼락이 들어 있고, 황갈색 사자에는 충동과 엄청난 분노가 들어 있어 나는 그런 것들이 싫단다."

아도니스는 여신에게 맹수들 생각만 해도 치가 떨리는 까닭을 물었다. 그러자 여신은 또 이런 이야기를 했다.

"내 너에게 들려주마. 오랜 옛날에 있었던 일이지만, 너도 들으면 놀랄 것이다. 하지만 욕심 내어 뛰어다녔더니만 피곤하구나. 보아라. 마침 시원한 그늘을 드리우고 있는 버드나무가 있고, 그 그늘에 풀이 잘 자라 있어서 눕기에도 안성맞춤이로구나. 여기에 너랑 나란히 누워서 이야기하자."

여신은 이렇게 말하고 나서 풀밭에 앉아 아도니스에게 기대었다가, 곧 머리를 아도니스의 가슴에다 파묻었다. 여신은 간간이 아도니스에게 키스하며, 다음과 같은 이야기를 했다.

◀ **아프로디테와 아도니스**_시몽 부에의 작품

아탈란테와 히포메네스

멜레아그로스 비극의 원인은 죄없는 처녀 아탈란테였다. 그녀의 얼굴은 여자라고 보기에는 너무 남자답게 생겼고, 그렇다고 남자라고 보기에는 너무 예쁘장하게 생겼다. 그녀는 전에 다음과 같은 운명을 예언받은 일이 있었다.

"아탈란테여, 결혼하지 말라! 결혼하면 멸망하리라!"

이 신탁에 겁을 먹은 아탈란테는 일부러 남자와의 교제를 삼가고 사냥에만 열중했다. 모든 구혼자에게 한 가지 조건을 제시했는데, 그것은 다음과 같은 것으로서 그들의 성가신 요구를 물리치는 데 효과가 있었다.

"나와 경주하여 이기는 사람에게 상으로 내 몸을 맡기리라. 그러나 지는 자는 벌로 죽음을 당하리라."

이같이 어려운 조건임에도 불구하고 경주해 보자고 덤비는 자가 있었다. 히포메네스가 경주의 심판자가 되었다.

"한 여자 때문에 그런 모험을 할 만큼 경솔한 자가 있을까?"

히포메네스 심판자는 말했다. 그러나 그녀가 경주에 임하려고 겉옷을 벗는 것을 보고는 자신이 한 말을 번복하였다.

"용서하라. 나는 그대들이 쟁취하려는 상품가치를 미처 몰랐구나."

히포메네스는 그들을 바라보며 모두가 패배하기를 원했고, 혹 승리할 가능성이 조금이라도 보이는 사람에 대해서는 질투심이 불타올랐

▶**아탈란테**_존 윌리엄 고드워드의 작품

다. 그가 이런 심경으로 있을 때 처녀가 질주했다. 그녀가 달리고 있는 모습은 일찍이 본 적이 없었던 아름다움이었다. 미풍이 그녀의 발에 날개를 달아준 것 같았으며, 머리카락은 어깨 위로 흐르고, 화려한 옷의 술은 뒤에서 나부꼈다. 그녀의 백옥 같은 피부에는 발그레한 빛깔이 돌았는데, 그것은 마치 노을빛이 대리석 벽을 물들인 것 같았다.

이윽고 모든 경쟁자가 패배하였고, 무자비하게 사형당했다. 히포메네스는 이 결과를 보고도 겁내지 않고 처녀를 바라보면서 말했다.

"이런 느림보들을 이겼다고 해서 뽐낼 것 없소, 내가 한번 겨뤄보리다."

아탈란테는 측은히 여기는 표정으로 그를 바라보며, 이 경기를 치

▲**히포메네스와 아탈란테의 달리기**_노엘 알레의 작품

러야 할지 말아야 할지 잠시 망설였다.

'어떤 신이 이처럼 아름다운 청년을 유혹하여 목숨을 버리게 하는가. 내가 그를 불쌍히 여기는 것은 그 아름다운 용모 때문이 아니라 젊음 때문이다. 나는 그가 경주를 포기하길 바란다. 혹은 머리가 돌아서 끝내 그 생각을 버리지 않는다면 차라리 나를 이겨주길 바란다.'

그녀가 이런 생각을 하면서 주저하고 있을 때, 구경꾼들은 경주가 시작되기를 고대하고 있었다. 그녀의 아버지도 어서 준비하라고 재촉했다. 히포메네스는 경건히 기도를 올렸다.

"아프로디테여, 도와주십시오. 저를 유도한 것은 당신이십니다."

아프로디테는 이 기도를 받아들여 그에게 자비를 베풀기로 했다. 그녀 소유의 키프로스 섬 신전 정원에는 황금빛 잎과 황금빛 가지, 그리고 황금빛 열매가 달린 나무 한 그루가 있었다. 아프로디테는 이 나무에서 황금빛 사과를 세 개 따 아무도 모르게 히포메네스에게 주며, 그 사용법을 가르쳐 주었다.

신호가 떨어지자 두 사람은 출발하여, 모래 위를 미끄러지듯 지나갔다. 그들의 걸음걸이가 어찌나 가볍던지 물 위나 물결치는 곡식 위로도 가라앉지 않고 달릴 것처럼 생각되었다. 관중들은 큰 소리로 히포메네스를 응원했다.

"힘껏 달려라! 앞질러라! 기운을 잃지 말고 조금만 더 힘을 내라!"

관중들의 이 같은 응원은 히포메네스나 아탈란테 모두에게 힘이 되었다. 히포메네스는 숨이 가빠오고 목이 말랐다. 결승점은 아직도 까마득했다. 그는 황금 사과를 한 개 던졌다. 그녀가 깜짝 놀라 사과를 주우려고 발을 멈춘 순간 히포메네스가 그녀를 앞질렀다. 사방에서 환성이 터졌다. 아탈란테는 다시 힘을 내서 곧 그를 따라붙었다.

그러자 그는 두 번째 사과를 던졌다. 그녀는 또 발을 멈추었으나 곧 그를 따라붙었다. 결승점이 가까워졌다. 기회는 이제 한 번밖에 남지 않았다.

"여신이여, 이제야말로 당신의 선물이 힘을 발휘하기를!"

히포메네스는 마지막 사과를 던졌다. 그녀는 그것을 바라보며 잠시 주저했다. 그러자 아프로디테는 그녀에게 그것을 줍도록 마음을 움직여 주었다. 결국 그녀는 경주에서 졌고, 히포메네스는 승리한 보상으로 그녀를 얻었다.

그러나 이 두 연인은 너무도 행복에 취해, 아프로디테에게 감사를

▲달리기 중 황금 사과를 줍는 아탈란테_니콜라 콜롱벨의 작품

레아 여신의 마차를 끄는 두 마리의 사자상 (로마 시대)

표하는 것을 잊고 말았다. 여신은 그들의 배은망덕함에 노하여 그들로 하여금 레아(제우스의 어머니) 여신을 노하게 하는 일을 저지르게 했다. 이 무서운 여신을 모욕하면 후환을 면할 수 없었다. 레아 여신은 그들로부터 인간의 모습을 박탈하고, 그들의 성격과 흡사한 동물로 변하게 했다. 여주인공은 구혼자들의 유혈 가운데서 승리를 얻었으므로 암사자로 변하게 했고, 남편은 수사자로 변하게 했다. 그리고 그들을 자신의 수레에 맸다. 그래서 지금도 조각이나 그림 등 여신 레아의 상에는 두 마리의 사자가 여신을 지키고 있는 것을 볼 수 있다.

아도니스의 죽음

　전쟁의 신 아레스는 아프로디테가 어린 미소년과 놀아나는 것을 못마땅하게 생각했다. 그는 올림포스에서 아프로디테와 최대의 스캔들을 일으켰고 그 때문에 신들로부터 조롱받았지만, 미의 여신과 연인이었다는 것을 내심으로 자랑했었다. 그런데 아프로디테가 어린 인간에게 정신이 팔려 있는 것을 보고는 분노하였다. 아레스는 아도니스가 혼자 사냥에 나선 것을 보고, 멧돼지를 조종하여 아도니스를 공격하도록 했다.

　아도니스의 용기는 아프로디테의 충고를 따르려 하지 않았다. 그는 아프로디테가 올림포스에 일이 있어 숲을 비우자 사냥을 나섰다. 그의 사냥개들이 짐승의 발자국을 뒤쫓다가 은신처에 숨어 있던 멧돼지 한 마리를 들쑤시자, 숲 밖으로 나오려던 녀석을 아도니스는 옆에서 창을 던져 맞췄다. 하지만 아레스가 보낸 사나운 멧돼지는 구부정한 주둥이로 제 사냥용 창을 금세 뽑아버리고, 겁에 질려 도망치던 아도니스를 뒤쫓아가 엄니들을 그의 사타구니 사이로 깊숙이 찔러 넣었다.

　아프로디테는 백조들이 이끄는 이륜마차를 타고 키프로스 섬을 향하여 가던 도중, 공중에서 사랑하는 아도니스의 괴로운 신음을 들었다. 그녀는 지상에 쓰러진, 피로 물든 아도니스의 시신을 보았다. 새하얗게 놀란 아프로디테는 공중에서 뛰어내려 아도니스 시신 위에 몸을 구부린 채 자기의 가슴을 두드리고 머리를 쥐어뜯으며 괴로워했다. 그러고는 아도니스를 죽인 신들을 비난하고 처절하게 울부짖으며 말했다.

아도니스의 죽음_페테르 파울 루벤스의 작품

"이제 당신들의 승리는 한 번으로 끝났다. 나의 사랑, 나의 아도니스여! 너의 죽음과 나의 애통의 광경은 매년 되살아날 것이다. 너의 피는 꽃으로 피어날 것이다. 누구도 이를 시기하지 못하며, 누구도 이를 빼앗을 수 없을 것이다."

그러고는 아프로디테가 아도니스가 흘린 피 위에 넥타르를 뿌리자 거품이 일면서 석류꽃과 같은 핏빛 꽃이 한 송이 피었다. 그 꽃의 이름은 아네모네, 즉 바람꽃이라 불리는데, 그것은 그 꽃이 피고 지는 원인이 모두 바람에 의해서이기 때문이다.

오르페우스의 죽음

오르페우스는 사랑하는 에우리디케와 다시 이별하자 그 슬픔이 더욱 배가되었다. 그는 일주일 동안 먹지도 않고 자지도 않으면서 강가에 앉아 있었다. 그리고 하계 신들의 무자비함을 비난하면서 바위와 산을 향해 자신의 안타까운 심정을 노래했는데, 그 곡조가 너무도 슬퍼 맹수들도 감동하고 참나무도 감동하여 몸을 흔들었다. 그 노래는 바로 아프로디테와 아도니스의 슬픈 사랑 이야기로, 자신의 심정과 같았다.

그 후 오르페우스는 여자를 멀리하고 자신의 슬픈 추억을 끊임없이 되씹으며 살았다. 트라키아의 처녀들은 그의 마음을 사로잡으려고 온갖 노력을 다했으나 아무 소용도 없었다. 처녀들은 그 모욕을 참고 견디었다.

그러던 어느 날 디오니소스 제전에 참가하여 광란하던 한 처녀가 리라를 튕기며 노래하는 오르페우스를 보았다.

"저기 우리를 모욕한 사내가 있다!"

마이나데스의 한 처녀가 소리치며 그를 향해 창을 던졌다. 그러나 그 창은 리라 소리가 들릴 만한 거리에 도달하자 힘을 잃고 그대로 그의 발밑에 떨어지고 말았다. 처녀들이 던진 돌도 마찬가지였다. 그러자 처녀들은 일제히 소리를 질러 리라 소리가 들리지 않게 한 후, 무기를 던졌다. 리라 소리는 고함 소리에 파묻혔고, 오르페우스는 그녀들이 던진 무기에 피로 물들었다.

광란한 처녀들은 그의 사지를 갈기갈기 찢고, 머리와 리라를 헤브로스 강에 던져버렸다. 신성을 모독하는 여인들의 간악한 행위에 바

오르페우스의 죽음_니콜라우스 크뉘퍼의 작품

▲**오르페우스의 목과 리라**_장 델빌의 작품

위들도 귀 기울이고, 야수들도 알아듣던 그 입술 사이로 목숨이 빠져나
오더니 바람 속으로 흩어졌다. 새들도, 야수의 무리도, 단단한 바위들
도, 노래를 쫓아다니던 숲들도 오르페우스를 위해 울었고, 나무들은 잎
을 벗고 삭발한 채 슬퍼했고, 강물도 제 눈물로 불어났고, 물의 님프들
과 나무의 님프들도 검은 상복을 입고 머리를 풀어헤쳤다고 한다.

오르페우스의 머리와 리라는 슬픈 곡조를 흘리며 강물을 따라 떠내
려가 어느새 바다로 떠내려가서 레스보스 해안에 닿았다. 그곳에서
모래 위에 드러나 있는 그의 얼굴과 바닷물이 뚝뚝 듣는 그의 머리털
을 사나운 뱀이 공격했으나, 마침내 아폴론이 나타나 뱀을 몰아내더
니 뱀의 쩍 벌어진 입을 돌로 변하게 하고 열린 턱을 그대로 굳어지게
했다. 그의 그림자는 대지 아래로 내려가, 전에 보았던 장소들을 모두
알아보았다. 복 받은 자들의 엘리시온 들판을 찾아 헤매다 그는 에우
리디케를 발견하고는 두 팔로 힘껏 껴안았다. 지금 그들은 그곳에서

▲**오르페우스의 목을 수습하는 뮤즈**_귀스타브 모로의 작품

나란히 함께 거닐고 있다.

하지만 디오니소스는 오르페우스를 죽인 처녀들을 용서하지 않았다. 자신의 비의(悲儀)를 노래하던 가인을 잃은 것을 슬퍼하여, 만행을 저지른 모든 여인을 즉시 나무뿌리를 꼬아 숲속에다 묶고는 그들의 발가락을 그들 각자가 그때 추격했던 거리만큼 길게 늘어뜨린 다음 그 끝을 단단한 대지에 박아버렸다. 여인들은 저마다 달아나려 안간힘을 썼으나 소용없었다. 단단한 뿌리가 꼭 붙들고는 아무리 몸부림쳐도 놓아주지 않았다. 그리고 나무껍질이 장딴지를 타고 올라와, 가슴도 어깨도 참나무로 변신하였다.

한편 뮤즈의 여신들은 갈기갈기 찢어진 오르페우스의 몸을 모아 레이베트라라는 곳에 묻었다. 레이베트라의 그의 묘에서는 지금도 밤꾀꼬리가 다른 어느 지방에서보다도 아름다운 소리로 운다고 전해진다. 그의 리라는 제우스에 의해 별들 사이에 올려졌다.

하룻밤에 읽는 그리스·로마 신화

신들의 사랑과 욕망

| 제10부 |

변신의 시대

글라우코스와 스킬라

글라우코스는 어부였다. 어느 날 해변에서 그물을 끌어올리니, 많은 고기가 걸려 있었다. 그는 그물을 털고 풀 위에 앉아 고기를 가려 내기 시작했다. 그가 있던 곳은 강 한가운데에 있는 아름다운 섬이었는데, 그곳은 외딴곳으로서 인가도 없고 목장도 없었으며, 글라우코스 외에는 오는 사람도 없었다.

그런데 풀 위에 가려 내놓은 고기들이 마치 물속에 있는 것처럼 갑자기 지느러미와 꼬리를 움직이기 시작하였다. 그가 놀라서 바라보고 있는 동안 고기들은 물속으로 달아나 버렸다. 그는 이것이 어떤 신이 한 일인지, 아니면 풀 속에 있는 어떤 신비로운 힘의 작용인지 분간할 수가 없었다.

"풀이 이런 힘을 갖고 있을까?"

그는 이렇게 중얼거리며 풀을 조금 뜯어서 씹어보았다. 그런데 그 풀의 즙이 입에 닿자마자 물이 몹시 그리워지는 것이었다. 견딜 수가 없게 된 그는 대지에 이별을 고하고 물속으로 뛰어들었다. 그러자 바다의 신들은 그를 따뜻이 맞이하며 자기들의 동료로 대접해 주었다. 그들은 바다의 지배자인 오케아노스와 그의 아내인 테티스의 동의를 얻어, 그가 가지고 있는 인간적인 요소를 다 씻어버렸다.

이제까지 그가 지니고 있던 감각은 물론 의식까지도 모두 사라졌다. 얼마 후 정신이 든 글라우코스는 자신의 모습은 물론 마음까지 변한 것을 깨닫고 놀랐다. 머리칼은 바닷빛으로 물 위에 길게 드리워졌으며, 어깨는 단단하고 넓어졌다. 다리는 물고기의 다리처럼 되어 있

▲**스킬라를 만난 글라우코스**_야코포 키멘티의 작품

었다. 물의 신들이 그처럼 변한 것을 찬탄했으므로, 글라우코스는 미
남이나 된 듯 우쭐하였다.

　어느 날 글라우코스는 아름다운 처녀 스킬라를 보았다. 그녀는 이
날도 물의 님프들이 좋아하는 해안을 걷다가 한적한 곳에서 맑은 물
에 몸을 담그고 손발을 씻기 시작하였다. 글라우코스는 스킬라에게
첫눈에 반해 물 위로 모습을 드러내고 말을 걸었다.

　그가 한 말은, 소원이니 제발 그곳에 좀 머물러 있어 달라는 것이었
다. 글라우코스가 그렇게 말한 까닭은, 스킬라가 그를 보자마자 등을
돌리고는 바다가 내려다보이는 높은 절벽 위까지 달아났기 때문이다.

글라우코스와 스킬라_바르톨로메우스 스프랑헤르의 작품

스킬라는 그 절벽 위에 서서 상대가 신인지 아니면 바다 괴물인지 알아보려고 바다를 내려다보다가, 그 모습과 색깔에 다시 한 번 놀라고 말았다. 글라우코스는 몸의 일부를 물 위로 드러내고, 그 몸을 바위에 기댄 채 말을 걸었다.

"아가씨, 아가씨, 나는 괴물도 아니요, 바다의 짐승도 아닙니다. 나는 신이랍니다. 프로테우스와 트리톤의 신분이 귀하다 한들 나만큼 귀할 수는 없습니다. 옛날에는 나도 인간이었습니다. 내가 옛날에 바다로 나온 것은 생계를 세우기 위함이었으나, 이제는 바다가 완전히 내 삶의 터전이 되었습니다."

이어서 글라우코스는 자기 모습이 변한 전후 사정과 현재의 높은 지위에 오르게 된 경위를 이야기했다. 그러고는 이렇게 덧붙였다.

"그대의 마음을 움직일 수 없다면, 이런 이야기를 골백번 한들 마침내 무슨 의미가 있으리오."

글라우코스는 이런 식으로 이야기를 계속하려 했으나, 스킬라는 등을 돌리고 도망치고 말았다. 그의 실망은 이만저만이 아니었다. 그러나 문득 키르케라고 하는, 마법을 쓰는 여신과 상의해 보자는 데 생각이 미쳤다. 그래서 그는 이 마법의 여신이 사는 섬으로 갔다. 이 섬은 후일 오디세우스가 상륙하게 되는 키르케 섬이다.

키르케를 만나 수인사가 끝나자 글라우코스가 운을 떼었다.

"키르케 님, 나를 불쌍히 여겨주세요. 내 고통을 삭여줄 수 있는 분은 당신뿐입니다. 약초의 영험이라면 나도 익히 알고 있습니다. 그 약초 때문에 내 모습이 이렇게 바뀐 것이니까요. 나는 스킬라를 사랑합니다. 내가 뭐라고 애원하고 맹세했는지, 스킬라가 이런 나를 어떻게 대했는지는 차마 부끄러워 말씀드리지 못하겠습니다. 부탁입니다. 영험 있는 주문을 외워주시든지, 약초 쪽이 낫다면 약초를 써주십시오. 아닙니다. 내가 바라는 것은 그게 아닙니다. 저 스킬라의 마음에 사랑을 심어, 내가 사랑하는 만큼 나를 사랑하게 해달라는 것입니다."

이 말에 키르케가 대답했다. 키르케 역시 바다처럼 푸르른 글라우코스에게 매력을 느꼈다.

"당신을 따르는 여인을 구하는 것이 좋을 것이오. 당신은 구애받을 만한 가치가 있어요. 당신 스스로 괴로워하며 구애할 필요는 없지 않습니까? 자신을 가지고 스스로 가치를 아십시오. 나는 여신이고 또 식물과 주문의 효력에도 통달하고 있습니다만, 나로서도 당신으로부터 구애받으면 거절하지 못할 것 같습니다. 그녀가 당신을 비웃는다면 당신도 그녀를 비웃고, 당신의 사랑을 기꺼이 받아들이는 이를 사랑하십시오. 그렇게 하면 스킬라나 그 사랑에 대해 온당한 보답이 될 것입니다."

그러자 글라우코스는 대답하였다.

"바다 밑에 나무가 자라고, 산꼭대기에 해초가 날 때가 올지라도 내가 그녀를 사랑하는 마음은 변함이 없을 것이오."

여신 키르케는 기분이 상하였으나 글라우코스를 벌할 수 없었고, 또 벌하기를 원치도 않았다. 왜냐하면 여신은 그를 좋아하였기 때문이다. 그래서 여신은 자신의 모든 분노를 연적인 가엾은 스킬라에게 돌렸다. 여신은 독초 몇 개를 뜯어 주문을 외면서 섞었다. 그리고 자기 요술에 희생되어 뛰노는 많은 짐승들 사이를 지나, 스킬라가 살고 있는 시칠리아 해안으로 갔다.

▶**마법의 여신 키르케**_존 윌리엄 워터하우스의 작품

그곳에는 스킬라가 더운 날이면 바닷바람을 쐬거나 목욕하러 자주 들르는 조그만 만이 있었다. 이 바닷물에다 여신은 그 독물을 풀고 강력한 마력을 가진 주문을 외웠다.

스킬라는 전과 같이 이곳에서 몸을 물속에 담그고 있었는데, 한 떼의 뱀과 소리를 몹시 질러대는 괴물을 보았다. 순간 그녀는 얼마나 공포를 느끼었던가! 처음에 스킬라는 그들이 자기 자신의 일부인 줄은 꿈에도 생각지 못하고 그들로부터 달아나려고 하였다. 그러자 그들도 한데 붙어 왔다. 그는 자기 몸에 손을 대보았다. 그러나 그것은 자신의 몸이 아니고 괴물의 커다란 턱이었다.

결국 스킬라는 뿌리박힌 듯 그곳에서 꼼짝 못하게 되었다. 성질도 외모와 다름없이 추악하게 되어, 불운한 뱃사공들을 손에 닿는 대로 잡아먹는 데 쾌락을 느꼈다. 이같이 하여 스킬라는 오디세우스의 동료 여섯 명을 죽였고, 아이네이아스의 배를 난파시키려고도 하였다. 마침내 그녀는 한 개의 바위로 변하였는데, 지금도 배를 난파시키는 암초로서 선원들을 두려움에 떨게 하고 있다.

▶키르케가 마법을 부려 스킬라를 괴물로 만드는 장면_에글론 헨드릭 반 네이르의 작품

샘이 된 비블리스

비블리스는 소아시아 밀레토스의 딸이었다. 밀레토스는 아폴론과 아카칼리스의 아들로 크레타 섬에서 소아시아로 건너가 자신의 이름을 딴 도시국가를 세우고, 강의 신 마이안드로스의 딸 키아니에와 결혼하여 쌍둥이 남매 카우노스와 비블리스를 낳았다.

비블리스는 쌍둥이 오라비 카우노스에게 품어서는 안 될 연정을 느꼈다. 쌍둥이 오빠를 사랑한 그녀는 현실에서 사랑할 수 없는 오빠를 꿈속에서나마 사랑하며 마음을 정리하지 못했다.

그녀는 자기가 사랑하는 남자가 친오빠인 것을 괴로워했다. 그리고 오빠와의 사랑을 이룰 수 있다는 희망과 천륜을 어기고 있다는 죄의식 사이에서 갈팡질팡했다. 감정의 소용돌이를 겪던 그녀는 결국 이성보다는 마음의 소리를 따랐다.

비블리스는 신들도 자신의 혈족과 결혼을 했고, 바람을 다스리는 아이올로스의 여섯 명의 아들들도 자신들의 누이들과 결혼해 행복하게 살았는데, 자신도 오빠를 떳떳하게 사랑할 수 있다고 자신의 처지를 합리화했다.

그녀는 오빠 카우노스에게 사랑을 고백하기로 결심했다. 그러나 얼굴을 마주보고 말하기는 차마 부끄러워, 글로 자신의 마음을 전달하려고 했다. 그녀는 석판에 자신의 마음을 쓰고 지우기를 반복하다가 마침내 사랑의 편지를 완성했다.

그녀는 하인을 시켜 자신의 편지를 오빠에게 전달했다. 그러나 동생의 편지를 읽은 오빠 카우노스는 서판을 내동댕이치며 격분하였다.

금지된 사랑에 괴로워하는 비블리스_장 자크 헤너의 작품

그는 편지를 전해 준 하인에게 금지된 쾌락 따위나 중매하는 못된 인간이라고 꾸짖으며, 죽고 싶지 않으면 빨리 이 자리를 떠나라고 하였다. 하인은 비블리스에게 오빠 카우노스의 격한 반응을 전했다.

　비블리스는 오빠의 싸늘한 태도에 자신의 행동을 후회하기보다는 사랑을 전달하는 방법이 잘못되었다고 생각했다. 오빠에게 직접 고백을 했다면 오빠가 사랑하는 동생의 눈물과 애절한 얼굴을 보고 매몰차게 대하지도 못했을 것이고, 또 오빠가 자신의 사랑을 거부한다 해도 죽는 시늉을 하며 그의 두 발을 껴안고 무릎을 꿇고 매달리면 오빠의 마음을 되돌릴 수 있었을 것이라고 생각했다.

　그녀는 자신이 오빠의 사랑을 쟁취하기 위해 최선을 다하지 못했음을 자책했다. 비블리스의 사랑은 한 번의 실패로 끝날 사랑이 아니었다. 그녀는 숨을 쉴 수 있는 한 계속 오빠의 마음을 두드려보리라 결심했다.

　그러면서도 한편으로는 자신의 행동을 후회하기도 했다. 그녀는 짝사랑의 아픔을 온몸으로 오롯이 표현했다. 사랑에 눈먼 비블리스는 자기 자신을 제어하지 못하고 또다시 사랑을 고백하다가 오빠에게 거듭 냉정한 거부의 말을 들었다.

　한편, 카우노스는 동생의 사랑이 식을 기미가 보이지 않자 몰래 고향을 떠났다. 이곳저곳을 떠돌던 그는 카리아라는 곳에 자신의 이름을 딴 도시를 세웠다.

　비블리스는 죽도록 사랑하는 오빠가 눈앞에서 사라지자 미칠 듯이 오빠를 쫓아갔다. 그녀는 제정신을 잃고 미쳐 날뛰다 차가운 땅에 머리를 길게 드리운 채 쓰러졌다. 그녀는 낙엽 속에 얼굴을 묻은 채 손톱으로 풀을 움켜쥐고 끊임없이 눈물을 흘렸다. 냇물처럼 쏟아지는

▲샘이 되어가는 비블리스_키몬 로기의 작품

눈물은 풀밭을 흥건히 적셨다. 물의 요정들은 그녀의 눈물을 받을 수 있도록 결코 마르지 않는 샘을 마련해 주었고, 비블리스도 자신의 눈물에 녹아내려 샘으로 변하고 말았다.

이피스와 이안테

크레타의 도시 파이스투스에 릭두스라는 남자가 살고 있었다. 그는 평민 출신으로 가난했지만 신용만은 최고였다. 릭두스는 임신한 아내 텔레투사의 출산일이 다가오자 아내에게 자신한테 2가지 소원이 있다고 말했다.

하나는 텔레투사의 순산이었고, 나머지 하나는 아들이었다. 그는 자신은 부자가 아니기에 딸의 경우 도저히 부담스러워 키울 수가 없으니, 딸을 낳으면 죽이라고 요구했다. 아비로서 그런 말을 해야 하는 릭두스와 그의 아내 텔레투사는 눈물을 쏟아냈다. 그녀는 남편에게 애원했으나, 릭두스의 생각은 변하지 않았다.

어느 날 텔레투사는 이시스 여신이 그녀의 침대 앞에 서 있는 꿈을 꾸었다. 이시스 여신은 그녀에게 남편의 요구는 무시하고 아들이든 딸이든 키우라고 충고했다. 마음의 짐을 벗고 텔레투사는 아이를 순산했다.

아이는 아들이 아니라 딸이었으나 텔레투사는 여신의 조언대로 아들이라고 속이고 키웠다. 릭두스는 아이가 아들이라는 것에 한 치의 의심도 품지 않고 아이에게 할아버지의 이름 이피스를 물려주었다.

텔레투사의 거짓말은 여신의 보호 탓인지 발각되지 않고 세월이 흘렀다. 이피스는 소녀처럼 예뻤지만 소년처럼 옷을 입었다. 그렇게 13년의 세월이 흘러 이피스가 결혼을 할 때가 되었다.

릭두스는 이피스의 배필로 딕테의 텔레스테스의 딸 이안테로 정했다. 이안테의 미모는 그것이 가장 값진 지참금이라 할 정도로 뛰어났

▲ **이피스와 이안테**_안젤리카 카우프만의 작품

다. 이피스와 이안테는 동갑내기였고 똑같이 아름다웠다. 그 둘은 열렬히 사랑했다. 그러나 그들의 사랑의 이유는 달랐다.

이안테는 곧 다가올 결혼식을 기다리며, 이피스가 자기 남편이 될 것이라는 생각에 그를 더욱 사랑했다. 반면 여자로서 남편이 될 수 없음을 알고 있는 이피스는 이루어질 수 없는 안타까운 사랑 때문에 이안테를 더 뜨겁게 사랑했다.

이피스는 여자로서 여자를 사랑하는 자신의 사랑이 어떻게 끝날지 두려워했다. 하물며 동물도 암컷끼리 짝을 짓지 않는데 왜 자신은 이런 비극적인 사랑을 해야 하는지, 차라리 태어나지 않은 편이 좋았을 것이라고 한탄하기도 했다.

결혼식 날짜가 다가올수록 이피스의 마음은 갈가리 찢어졌다. 가장 기쁘고 행복할 날이 이피스와 그녀의 어머니에게 가장 슬픈 날이 될 것이기 때문이다. 13년 동안 간직한 그들의 엄청난 비밀이 백일하에 드러나고 그녀의 사랑도 끝을 맺어야 하는 것이다.

이피스의 어머니 텔레투사도 혼란스럽고 두려운 것은 마찬가지였다. 그녀는 이피스가 아프다거나 꿈이 좋지 않다는 등의 핑계를 대며 결혼식 날짜를 계속 연기했다. 하지만 이것도 한계가 있다 보니 결국 결혼식 날이 다가왔다.

결혼식 하루 전날, 텔레투사와 이피스는 머리를 푼 채 이시스의 제단을 부여잡고, 그들 모녀를 도와달라고 간청했다. 이시스 여신의 명령대로 했으니 모녀를 불쌍히 여겨 한 번 더 도와달라고 눈물로 하소연했다.

그 순간 여신의 제단이 움직이더니 신전의 문들이 흔들리고 달 모양의 뿔들이 번쩍이며 딸랑이 소리가 요란하게 났다. 텔레투사는 이 모든 것이 좋은 전조라고 생각하며 신전을 나섰다.

그런데 이피스의 모습이 어딘가 달라 보였다. 얼굴빛은 더 검어졌고, 얼굴은 더 날카로웠으며, 치장하지 않은 머리는 짧아졌다. 근육 또한 여자의 것이 아니라 남자의 몸이었다. 마침내 이시스 여신이 그들의 소원을 들어주어 이피스가 완전한 남자가 된 것이다.

이피스와 이안테의 결혼식 날, 아프로디테 여신, 헤라 여신, 히메나이오스가 결혼식에 참석했다. 햇살은 찬란하게 빛났고, 남자 이피스와 아름다운 여자 이안테가 아름다운 결혼식을 올렸다.

▶**이피스와 이안테**_존 윌리엄 고드워드의 작품

케익스와 알키오네

케익스는 테살리아의 왕으로서, 나라를 폭력이나 부정에 의하지 않고 평화롭게 통치하고 있었다. 그는 금성 헤스페로스의 아들이었는데, 그 빛나는 아름다움은 아버지가 누구인가를 가히 짐작케 하였다. 그의 아내는 바람의 신 아이올로스의 딸 알키오네였는데, 그를 매우 사랑하였다. 그런데 케익스는 형을 잃고 슬픔에 잠겨 있었다. 그리고 형의 죽음에 뒤따라 일어난 여러 가지 무섭고 괴상한 일들로 인하여 신들이 자기에게 적의를 품고 있지는 않은가 의심하였다.

그래서 그는 이오니아 지방에 있는 클라로스로 건너가서 아폴론의 신탁을 받는 것이 좋겠다고 생각하였다. 그러나 그의 뜻을 아내 알키오네에게 전하자 그녀는 몸을 부르르 떨며 얼굴이 창백해졌다.

"제가 무슨 잘못을 저질렀기에 당신의 사랑이 제게서 떠나게 되었나요? 그렇게도 열렬했던 사랑은 어디로 갔나요? 저와 떨어져 있어도 마음이 태연할 수 있단 말인가요? 저와 헤어지시려는 거죠?"

그녀는 어떻게 해서든지 남편의 여행을 중지시키기 위해, 자신이 아버지의 집에 있었을 때(그녀의 아버지 아이올로스는 바람의 신이었으므로, 바람을 멈추기 위해서는 전력을 다하지 않으면 안 되었다) 직접 체험한 바람의 무서운 위력을 들려주었다.

"바람은 굉장한 위력을 갖고 있어서 서로 부딪칠 때는 무서운 불꽃을 튀길 정도랍니다. 당신이 정 가시겠다면…… 제발 저를 데리고 가주세요. 그러지 않으면 당신이 실제로 당할 재난뿐만 아니라 제가 상상하는 재난까지도 당할 것입니다."

▲**케익스의 출발**_비토레 카르파치오의 작품

　이 말은 케익스 왕의 마음을 무겁게 압박하였다. 그는 아내와 함께 가고 싶은 마음이 간절하였다. 그러나 아내를 위험한 바다 여행에 데리고 갈 수는 없었다. 그래서 아내를 달랜 뒤에 다음과 같이 말하였다.

　"나는 나의 아버지 금성을 두고 약속하겠소. 운명이 허용한다면 달이 그 궤도를 두 번 돌기 전에 꼭 돌아오리다."

▲**알키오네**_허버트 제임스 드레이퍼의 작품

　그런 다음 왕은 창고에서 배를 꺼내어 노와 돛을 달도록 명하였다. 알키오네는 이 같은 준비가 진행되는 것을 보며 재난을 예감이나 한 듯 몸을 떨었다. 케익스가 눈물을 흘리며 이별을 고하자 그녀는 땅 위에 엎드려 울기 시작하였다.

　케익스는 배에 오르긴 했지만 출항을 늦추려 하였다. 그러나 젊은 이들은 이미 노를 잡고 질서 정연하게 천천히 저어 힘차게 물을 헤치고 나아갔다.

　알키오네는 눈물이 흐르는 눈으로 남편이 갑판 위에 서서 자기를 향해 손을 흔드는 것을 보았다. 그녀도 그의 모습이 보이지 않을 때까지 손을 흔들었다. 배가 보이지 않게 되자 그녀는 돛대가 반짝이는 것이나마 한 번 더 보려고 눈을 크게 떴으나, 이윽고 그것마저 보이지 않게 되었다. 그녀는 자기 방으로 돌아가 침대에 쓰러졌다. 그동안 배는 어느덧 항구 밖으로 나아가고, 미풍은 돛 폭 사이에서 노닐었다.

선원들은 노를 놓고 돛을 올렸다. 목적지의 반 정도 왔을 때였다. 밤이 다가오자 거센 파도가 일기 시작하며, 동풍이 점점 세게 불어왔다. 선장은 돛을 내리도록 명령했으나 폭풍 때문에 그럴 수도 없었으며, 바람과 파도 소리가 요란해 잘 들리지도 않았다. 선원들은 저마다 노를 단단히 쥐고 배를 보강하며 돛을 내리기에 바빴다. 그동안 폭풍은 더욱 심해졌다. 배는 마치 사냥꾼들의 창 끝에 찔려 돌진하는 야수처럼 보여, 몇몇 선원들은 공포로 인해 정신을 잃었다. 저마다의 마음속에 집에 남겨둔 가족들의 모습이 떠올랐다. 케익스는 아내를 생각하였다. 그녀의 이름만을 입술에 오므리며 그리워하면서도 그녀가 이곳에 없는 것을 다행으로 여겼다.

얼마 안 있어 돛대는 벼락을 맞아 산산조각이 났고, 키도 부서져 버렸다. 그리고 높이 솟은 파도는 소용돌이치고 난파선을 내려다보면서 밑으로 떨어져, 배를 산산조각으로 만들었다. 어떤 선원들은 이 충격으로 그대로 가라앉아 두 번 다시 떠오르지 않았다. 또 어떤 선원은 부서진 뱃조각에 매달렸다.

케익스는 홀을 잡았던 손으로 배의 판자를 꼭 쥐고 아버지와 장인의 이름을 부르며 구원을 청하였으나 허사였다. 그래도 그의 입에 가장 자주 오르는 것은 알키오네의 이름이었다. 그는 그녀만을 생각하고 있었다. 그는 자신의 시체가 그녀가 있는 곳으로 떠내려가 그녀의 손으로 묻힐 수 있기를 바랐다.

마침내 파도가 그를 삼켜버리자 그는 바다 밑으로 가라앉았다. 금

난파선_클로드 조제프 베르네의 작품

성도 그 밤에는 흐릿하게 보였다. 그 별은 하늘을 떠날 수 없었기 때문에 자신의 슬픈 얼굴을 구름으로 가렸다.

한편 알키오네는 이런 무서운 사건이 일어난 줄도 모르고, 남편이 돌아오기로 약속한 날을 손꼽아 기다리고 있었다. 어느 때는 그가 돌아와 입을 옷을 준비하고, 어느 때는 자기가 입을 옷을 준비하고 있었다. 그녀는 모든 신들에게 자주 분향하였다. 특히 헤라 여신에 대해 그러하였다. 이젠 이미 이 세상 사람이 아닌 남편을 위해 그녀는 끊임없이 기도하였다. 그가 무사히 귀가하도록, 객지에서 자기 이외의 여인을 만나는 일이 없기를 기원하였다.

헤라 여신은 알키오네가 이미 죽은 사람을 위해 탄원을 계속하는 것을 더 이상 듣고 있을 수 없었으며, 장례를 치러야 할 손이 자기의 제단에 대고 간절히 기도하는 것을 보고만 있을 수는 없었다. 그래서 무지개 여신 이리스를 불러 다음과 같이 말하였다.

"나의 충실한 사자인 이리스야, 잠의 신 히프노스의 집으로 가서 알키오네에게 꿈을 보내어 그 꿈속에서 케익스에게 일어났던 사건의 전말을 그녀에게 알리도록 하여라."

이리스는 일곱 빛깔로 물들인 예복을 입고 공중을 무지개로 물들이면서, 잠의 왕이 있는 궁전을 찾아갔다. 킴메리아라는 종족이 사는 나라 근방에 있는 산의 동굴이 잠의 신 히프노스의 거처였다. 태양의 신 아폴론은 일출 시에도 대낮에도 일몰 시에도 이곳에는 오려 하지 않았다. 구름과 그림자가 지면으로부터 발산되고, 희미한 광선이 어렴풋이 빛날 뿐이었다. 그곳에서는 머리에 볏이 달린 새벽의 새나 아침의 여신의 역신도 소리 높이 울부짖는 일이 없었고, 또한 경계심이 많

히프노스를 방문한 이리스_르네 앙투안 우아스의 작품

은 개나 그보다 더 영리한 거위도 정적을 깨뜨리는 일이 없었다. 바람에 나부끼는 나뭇가지 하나 없고, 사람의 말소리 하나 들리지 않고 오직 침묵만이 그곳을 지배하고 있었다. 동굴의 입구에는 양귀비와 약초들이 무성하게 자라고 있었다.

이런 약초의 즙에서 밤의 여신은 수면을 모아 어두워진 지상에 뿌리는 것이다. 히프노스의 거처에는 문이 없었다. 오직 집 가운데 흑단으로 만든 긴 의자가 하나 있고 검은 깃털이불이 펼쳐져 있었으며, 검은 장막이 드리워져 있을 뿐이었다. 그 위에 잠의 신은 사지를 펴고 잠이 들어 있었는데, 주위에는 형형색색의 꿈들이 가로놓여 있었다. 그 수는 추수할 때 거둬들인 곡식의 줄기, 또는 숲속의 나뭇잎, 또는 바닷가의 모래알만큼이나 많았다.

무지개의 여신이 들어와 주위에 떠돌고 있는 꿈들을 쓸어버리자, 광휘가 동굴 전체를 빛나게 하였다. 잠의 신은 겨우 눈을 턱수염이 무성한 가슴 위에 늘어뜨린 채 좀 더 졸고 있더니, 마침내 정신을 차리고 팔에 몸을 의지하여 상대방에게 용무를 물었다. 그는 그녀가 누구인지를 알고 있었기 때문이다. 이리스는 대답하였다.

"신들 중에서도 가장 점잖고 인자하시고 고뇌에 지친 가슴을 위로해 주시는 히프노스여! 트라키아 시에 사는 알키오네에게 꿈을 보내어, 그녀의 죽은 남편과 난파선에 대한 모든 사정을 알리라는 헤라 여신의 분부십니다."

그러자 히프노스는 자신의 많은 아들 중에서 꿈의 신 모르페우스를 불렀다. 모르페우스는 어떤 사람이든 그 형태, 걸음걸이, 용모, 말씨뿐만 아니라 옷맵시, 태도까지 완벽하게 흉내 낼 수 있는 재주가 있었다. 히프노스는 모르페우스에게 이리스의 명령을 이행하도록 하

▲**알키오네와 모르페우스**_윌리엄 레이놀즈 스티븐스의 작품

였다.

모르페우스는 소리 없이 날아, 얼마 뒤에 하이모니아인의 도시에 이르렀다. 그곳에서 그는 날개를 떼고 케익스의 모습으로 변하였다. 그의 얼굴은 죽은 사람처럼 창백하였고 몸은 발가벗은 채 가련한 알키오네의 침대 앞에 섰다. 그의 머리칼과 수염은 물에 젖은 것처럼 보였고, 정말 물방울이 뚝뚝 떨어지고 있었다. 그는 침대에 몸을 기대고 눈물을 흘리면서 말하였다.

"가엾은 아내여, 그대는 나를 알아보겠는가? 혹은 죽었기 때문에 나의 모습이 몰라보게 변하였는가? 나를 보소. 나는 그대의 남편이 아니라 그 그림자요. 알키오네여, 그대의 기도도 아무런 소용 없이 나는 죽었소. 내가 돌아오리라는 헛된 희망을 버리게. 에게 해에서 폭풍이 일어나 배는 침몰되고, 그대의 이름을 소리 높이 부르고 있을 때

파도가 나의 입을 막아버렸다오. 이 말을 그대에게 전하는 것은 심부름꾼도 아니고 막연한 풍문도 아니오. 난파당한 내 자신이 직접 운명을 전하러 온 것이오. 일어나소. 나를 위해 눈물을 흘려다오. 아무도 슬퍼해주는 사람 없이 지옥으로 가게 하지 말아다오."

모르페우스는 케익스와 똑같은 목소리로 이렇게 말하였다. 그는 진정으로 눈물을 흘리는 것 같았으며, 손짓 또한 케익스 그대로였다.

알키오네는 꿈속에서 눈물을 흘리며 흐느꼈다. 그녀는 팔을 내밀어 남편의 몸을 껴안으려 했으나, 잡히는 것은 허공뿐이었다. 그녀는 정신없이 부르짖었다.

"기다려 줘요! 당신은 어디로 날아가려 하십니까? 나하고 같이 가요!"

자신의 목소리에 놀라 알키오네는 잠에서 깨어났다. 그러고는 남편을 찾으려고 주위를 둘러봤다. 하인들이 그녀의 부르짖음에 놀라 불을 가지고 왔으나, 남편의 모습은 찾을 수 없었다. 그녀는 머리를 풀어헤치고 옷을 찢으며 몸부림을 쳤다. 유모가 왜 이렇게 슬퍼하느냐고 묻자 그녀는 대답하였다.

"나는 이미 이 세상 사람이 아닙니다. 이미 남편 케익스와 함께 죽어버렸습니다. 아무 위로의 말도 하지 마세요. 그는 난파로 인해 죽었습니다. 나는 분명히 보았습니다. 그를 붙잡으려고 나는 손을 내밀었습니다. 그러자 그의 망령은 사라졌습니다. 그러나 그것은 정녕 내 남편의 망령이었습니다. 전처럼 멋진 모습이 아니었습니다. 발가벗고 창백한 얼굴에 바닷물이 머리에서 줄줄 흐르는 불쌍한 모습으로 나타났습니다. 바로 이곳에 비탄에 찬 그의 환영이 서 있었습니다."

이윽고 아침이 되었다. 알키오네는 바닷가로 나가, 남편을 마지막으로 전송한 장소를 찾았다.

▲케익스의 시신을 발견한 알키오네_리처드 윌슨의 작품

"이곳에서 그이는 주저하면서 손에 든 밧줄을 던지고 나에게 마지막 키스를 했지."

알키오네는 하염없이 먼 바다를 쳐다보면서, 그때 일어났던 일을 하나하나 회상하려고 애쓰고 있었다. 그때 그녀의 눈에는 멀리 물 위에 무엇인지 분명치 않지만 떠 있는 것이 보였다. 처음에는 몰랐으나 물결을 따라 점점 가까이 오자 그것이 사람의 시체라는 것을 알았다. 누구의 시체인지는 알 수 없으나 난파당한 사람임에 틀림없으므로, 알키오네는 깊이 감동하여 그를 위해 눈물을 흘리며 말하였다.

물총새로 변신하는 알키오네_샤를 앙드레 반 루의 작품

"아, 불행한 사람이여, 당신에게 아내가 있다면 그 여인도 나처럼 슬퍼하겠군요."

시체는 물결에 밀려 점점 가까이 왔다. 그것이 가까이 올수록 알키오네는 점점 세차게 몸을 떨었다. 마침내 그것은 해안에 접근하여 누군지 알아볼 수 있게 되었다. 그것은 그녀의 남편이었다. 알키오네는 떨리는 손을 그 시체에 내밀며 부르짖었다.

"오, 사랑하는 분이여, 어째서 이런 모습으로 돌아오시나요!"

바다의 습격을 저지하고 그 격심한 침입을 막기 위해 해안에는 방파제가 구축되어 있었다. 알키오네는 그 제방 위로 뛰어올랐다. 그녀가 그렇게 할 수 있었다는 것은 실로 놀라운 일이었다. 알키오네는 순식간에 생긴 날개로 공중을 치면서 새가 되어 바다 위를 날아갔다. 새는 날아가면서 슬픔에 찬 소리를 냈는데, 그 소리는 마치 슬퍼하는 사람의 목소리 같았다.

그녀는 말없고 핏기 없는 시체에 접근하여 사랑하는 이의 손발을 자신의 날개로 감쌌다. 그리고 그 딱딱한 부리로 사랑하는 사람에게 입을 맞추려고 애썼다. 그러자 케익스가 그것을 느꼈는지 혹은 물결의 작용이었는지 모르지만, 어쨌든 시체는 머리를 드는 것처럼 보였다. 실제로 시체는 입맞춤을 느꼈으며, 그들을 가엾이 여긴 신들에 의해 부부는 둘 다 새로 변하였다. 그들은 다시 새로 맺어져 새끼도 낳았다.

겨울철 날씨가 좋을 때면 이레 동안 알키오네는 바다 위에 뜬 자기 보금자리에서 알을 품는다. 그동안에는 뱃사람들이 무사히 항해할 수가 있다. 바람의 신 아이올로스가 바람을 눌러 파도를 일으키지 않았으며, 그럴 때 바다는 그의 손자들의 놀이터가 되었다.

아키스와 갈라테이아

스킬라는 옛 시칠리아에 살던 아름다운 처녀로서 님프들의 총애를 받고 있었다. 그녀에게는 구혼자가 매우 많았으나 그들을 모두 물리치고, 바다의 님프 갈라테이아의 동굴로 가서 그들 때문에 성가셔서 못 살겠다는 이야기를 했다. 어느 날 갈라테이아는 스킬라가 자신의 머리를 빗겨주고 있을 때 이렇게 말했다.

"그러나 너를 성가시게 하는 자는 인간이니까 괜찮아. 싫으면 물리칠 수도 있으니까. 나는 네레우스의 딸로서 여러 자매들의 수호를 받고 있으나, 바닷속 깊이 들어가지 않는 이상 외눈박이 거인 키클롭스의 연모를 피할 수 없단다."

그녀는 눈물이 흘러내려 말을 계속할 수가 없었다. 동정심 많은 스킬라는 섬세한 손가락으로 님프의 눈물을 씻어주며 위로하고 말했다.

"원컨대 그 슬픔의 원인을 말해 주십시오."

그러자 갈라테이아는 다음과 같이 말했다.

"아키스는 목신(牧神)과 님프 시마이티스 사이에서 태어난 아들이었어. 그의 부모님은 그를 몹시 사랑했으나, 그들의 사랑도 나의 사랑에 필적할 수는 없었지. 그때 그의 나이는 스물 세 살로서 턱밑에 털이 거뭇거뭇 나기 시작했지. 내가 그와의 교제를 원하는 것과 똑같은 정도로 키클롭스도 나와의 교제를 원했어. 아키스를 사랑하는 마음과 키클롭스를 싫어하는 마음 중 어느 쪽이 더 강했느냐고 묻는다면 대답할 수 없어. 그것은 똑같았으니까.

오, 아프로디테여, 당신의 힘의 위대함이여! 이 무서운 거인, 숲의

아키스와 갈라테이아의 사랑_알렉상드르 샤를 기예모의 작품

공포, 어떠한 길손도 그를 만나기만 하면 피해를 받지 않은 사람이 없었지. 그런 그가 사랑에 눈뜨게 되어 나에 대한 연정에 사로잡히자, 양떼도 곡식이 가득찬 동굴도 잊었어. 그리고 처음으로 외모에 신경을 쓰기 시작했고, 남의 마음에 들도록 애쓰게 되었단다. 그는 헝클어진 머리칼을 빗으로 빗었고, 수염을 낫으로 깎고 거친 얼굴을 물속에 비춰 보며 가다듬었지. 살육을 좋아하는 사나운 성질도, 피를 갈망하는 성질도 가라앉고 그의 섬에 들르는 배들도 무사히 통과시켰지. 그는 큰 발자국을 남기며 해안을 이리저리 걸어 다니기도 했고, 피곤하면 동굴 속에서 조용히 쉬곤 했어.

그곳에는 바다 쪽으로 돌출한 절벽이 있었는데, 그 양쪽에서 물결이 출렁거렸어. 어느 날 키클롭스는 그곳에 올라앉아 있었어. 양떼는 주위에서 노닐고 있었고, 배의 돛대로도 쓸 수 있을 만큼 큰 지팡이를 옆에 놓고 많은 피리로 만든 악기를 손에 든 그는 노랫소리를 산과 바다로 흘려보냈지. 나는 그때 사랑하는 아키스와 바위 밑에 숨어서 멀리서 들려오는 거인의 노랫소리에 귀를 기울이고 있었어. 그 노래는 나의 아름다움을 한없이 찬미하는 동시에 나의 무정함과 잔인함을 비난하는 것이었지. 노래를 끝내자 그는 일어섰어. 그리고 성난 황소처럼 숲속으로 걸어갔지. 아키스와 나는 이미 그를 까맣게 잊고 있었는데, 돌연 그가 우리가 앉아 있는 모습이 보일 만한 곳으로 왔던 거야. 그는 부르짖었어.

'나는 너희들을 보았다. 이것으로 너희들의 밀회도 마지막이 되도록 하겠다.'

◀ **잠자는 갈라테이아를 감시하는 키클롭스**_귀스타브 모로의 작품

아키스와 갈라테이아의 사랑과 키클롭스의 비애_프랑수아 페리에의 작품

그의 목소리는 성난 키클롭스만이 낼 수 있는 포효였어. 아이트나 산은 그 소리에 떨었고, 나는 두려움에 못 이겨 바닷속으로 들어갔어. 아키스는 '날 살려줘, 갈라테이아. 날 살려줘요. 오, 아버지 어머니!' 하고 부르짖으며 몸을 돌려 도망쳤어. 나는 그를 구하기 위해 전력을 다했어. 나는 물의 신인 그의 할아버지의 여러 영예를 그에게도 부여 했어. 자줏빛 피가 바위 밑으로부터 흘러나왔으나 점점 창백해지며 비에 흐린 시냇물같이 보이더니 나중에는 맑아졌어. 바위가 갈라져 열리더니, 그 사이에서 물이 솟아 나오면서 즐겁게 속삭였단다.”

이리하여 아키스는 강으로 변하였고, 그 강은 아키스라는 이름으로 불리고 있다.

◀**아키스와 갈라테이아를 공격하는 키클롭스**_안니발레 카라치의 프레스코 작품

포플러가 된 드리오페

드리오페와 이올레는 자매간이었다. 드리오페는 안드라이몬의 아내였으며, 첫 아이를 낳고 남편의 사랑을 받으며 행복하게 지냈다.

어느 날 자매는 시냇가 둑을 거닐고 있었다. 이 둑은 물가까지 완만한 경사를 이루고 있었는데, 둑 위에는 도금향나무가 우거져 있었다. 그들은 님프들의 제단에 올릴 화관을 만들기 위해 꽃을 따러 나온 길이었다.

드리오페는 자신의 귀중한 아들을 가슴에 안고 걸어가며, 젖을 먹이고 있었다. 물가에는 진홍빛 연꽃이 만발해 있어, 드리오페는 그 꽃을 몇 개 따서 아기에게 주었다. 이올레도 그렇게 하려고 몸을 굽혔을 때, 언니가 딴 연꽃에서 피가 흐르고 있는 것이 눈에 띄었다.

이 연꽃은 다름 아니라 보기 싫은 추적자를 피해 달아나려다 변신한 님프 로티스였다. 그들은 이 사실을 나중에야 마을 사람들한테 들어서 알게 되었으나 때는 이미 늦었다.

드리오페는 자기가 무슨 짓을 했는지를 깨닫자 두려움을 느끼고, 그 장소에서 급히 달아나려 하였다. 그러나 발에 뿌리가 난 듯 지면에 붙어 꼼짝할 수가 없었다. 발을 떼려고 애썼으나 위쪽만 조금 움직일 뿐, 드리오페의 몸은 점점 식물로 변해 갔다. 괴로운 나머지 머리를 쥐어뜯었으나 손에는 잎이 가득 들어 있었다. 아기는 어머니의 가슴이 딱딱해지며 젖이 나오지도 않는 것을 느꼈다.

이올레는 언니의 슬픈 모습을 바라볼 뿐, 어떻게 해야 좋을지 몰랐다. 이올레는 언니의 몸을 변화시키는 식물의 성장을 멈추려는 듯 줄

▲**포플러 나무가 되는 드리오페**_18세기 판화

기를 껴안았다. 이를 제지 못할 바에는 자신도 같은 줄기에 싸이기를
원하였던 것이다.

　이때 드리오페의 남편인 안드라이몬이 장인과 함께 달려왔다. 그들
이 언니는 어디 있느냐고 묻자 이올레는 새로 생겨난 꽃나무를 가리
켰다. 그들은 안타까운 나머지 아직 온기가 남아 있는 나무줄기를 껴
안고 그 잎에다 수없이 입을 맞추었다.

　드리오페의 몸은 완전히 변해 얼굴만 남아 있었다. 눈물이 흘러 잎
위에 떨어졌다. 그때까지는 말을 할 수 있었으므로, 드리오페는 이렇
게 탄식하였다.

"저는 죄가 없습니다. 이런 운명을 받아야 할 까닭이 없습니다. 누구에게도 해악을 끼친 일이 없습니다. 제 말이 거짓말이라면 제 잎이 마르고, 줄기가 잘려 불 속에 들어가도 좋습니다.

이 아기를 데리고 가서 유모에게 맡기십시오. 그리고 종종 이곳으로 데리고 와, 제 가지 밑에서 젖을 먹고 제 그늘 아래서 놀게 해주십시오. 아기가 자라서 말을 할 수 있게 되거든 저를 어머니라 부르도록 가르쳐 주십시오. 또 '나의 어머니는 이 나무 속에 숨어 있다.'는 말을 슬퍼하면서 말하도록 해주십시오. 강변을 조심하고, 관목 덤불을 보거든 여신이 변신한 것이나 아닌가 경계하여 꽃을 꺾지 않도록 하라고 일러주십시오.

자, 그러면 사랑하는 분들이여, 부디 안녕히 계십시오. 아직도 저를 사랑하신다면 도끼가 제 몸을 상하게 하거나, 새나 짐승들이 제 가지를 물어뜯는 일이 없도록 해주십시오. 저는 이제 몸을 구부릴 수 없으니, 이곳으로 올라와 제게 입 맞출 수 있도록 아기를 들어올려 주십시오. 이젠 더 말할 수 없게 되었습니다. 이미 껍질이 목까지 올라와 온몸을 싸게 될 테니까요. 제 눈을 감겨주실 필요는 없습니다. 저절로 감겨질 테니까요."

말을 마치자 이윽고 입술은 움직이지 않게 되고, 그녀의 생명은 끊어지고 말았다. 그러나 가지에는 얼마 동안 체온이 남아 있었다.

◀ **포플러 나무로 변신되는 드리오페**_존 윌리엄 워터하우스의 작품

미다스의 손

어느 날 디오니소스는 자신의 어릴 때 스승이자 양아버지인 연로한 실레노스가 행방불명된 것을 알았다. 실레노스가 술에 취해 방황하고 있었는데, 농부들이 이 노인을 발견하고 그들의 왕인 미다스에게 데리고 간 것이다. 미다스 왕은 그를 알아보고 따뜻이 맞아들여 열흘 밤낮 동안 잔치를 베풀어 극진히 대접하였고, 열하루 만에 실레노스를 무사히 그의 제자에게 돌려보냈다.

디오니소스는 그에 대한 답례로, 소원이 있으면 무엇이든 말해 보라고 하였다. 그러자 미다스는 무엇이든 자기의 손이 닿는 것은 금으로 변하도록 해달라고 청하였다. 디오니소스는 미다스가 더 좋은 선택을 하지 않은 것을 유감으로 생각하면서도 승낙하였다.

미다스는 이 새로운 능력을 얻은 것을 크게 기뻐하며, 어서 시험을 해보려고 집으로 돌아왔다. 참나무 가지를 꺾자 순간 그것이 손아귀에서 황금 가지로 변한 것을 보고 그는 자기 눈을 의심할 정도였다. 이번에는 돌을 주워 들자 그것도 금으로 변하였다. 잔디를 만지자 역시 마찬가지였다. 사과나무에서 사과를 따 보자 그것은 마치 헤스페리데스의 화원(이곳에는 헤라가 제우스와 결혼했을 때 기념으로 보낸 황금 사과나무가 심어져 있었는데, 헤스페리데스들이 지키고 있었음)에서 훔쳐 온 것이 아닌가 하고 생각될 정도였다.

미다스는 뛸 듯이 기뻤다. 그는 집에 돌아오자마자 하인들에게 훌륭한 음식을 장만하라고 분부하였다. 그런데 놀랍게도 그가 빵을 만져도 그것이 손안에서 단단해졌고, 음식을 입에 가져가도 곧 굳어 이

▲**미다스와 디오니소스**_니콜라 푸생의 작품

가 들어가지 않았다. 포도주를 한 잔 마시니 그것 역시 녹은 황금처럼 역겹게 목구멍을 내려갔다.

이런 예기치 못한 고통에 놀란 미다스는 모든 것을 금으로 변하게 하는 자신의 능력을 떨쳐내려고 애썼다. 그리고 얼마 전까지 그토록 갈망하던 선물을 증오하기 시작하였다. 그러나 아무리 하여도 그 능력을 떨쳐낼 수는 없었으며, 결국 굶어 죽을 수밖에 없을 것 같았다.

▲미다스의 손_월터 크레인의 작품

미다스는 금으로 빛나는 양팔을 들고, 이 황금의 멸망으로부터 구원해 주십사고 디오니소스에게 애원하였다. 디오니소스는 자비심 많은 신이었으므로 미다스의 소원을 들어주기로 하고, 이렇게 말하였다.

"그대가 잘못 기구한 황금에 온통 싸여 있지 않도록 강력한 사르데스에 인접해 있는 강으로 가되, 그 강의 발원지에 이를 때까지 굴러 내려오는 물결을 거슬러 산등성이 위로 오르도록 하라. 거기 샘물이 거품을 일으키며 가장 많이 솟아 나오는 곳에 그대의 머리와 몸을 담가 그대의 죄를 씻어내도록 하라!"

미다스는 디오니소스가 일러준 대로 하였다. 그리고 강물에 손을 대자 이제 금을 만드는 힘은 물속으로 사라졌다. 그 대신 모래가 황금으로 변하였는데, 그 금모래는 지금도 그대로 남아 있다.

미다스는 부귀영화를 싫어하고 시골에 살면서, 들의 신인 판의 숭배자가 되었다. 어느 날 판은 무모하게도 하프의 신인 아폴론과 리라 시합을 하려고 도전하였다. 아폴론은 이 도전에 응했고, 산신 트몰로스가 심판자로 선정되었다. 이 노인은 심판석에 앉아, 잘 듣기 위해 귀에서 나뭇가지를 잘라냈다.

신호가 울리자 판이 먼저 피리를 불었다. 그러자 그 자연스러운 멜로디는 그 자신과 마침 그곳에 앉아 있던 미다스에게 큰 감명을 주었다. 이어서 트몰로스가 머리를 태양신인 아폴론 쪽으로 돌리니 모든 수목도 그를 따랐다.

아폴론은 이마에 파르나소스 산의 월계수로 만든 관을 쓰고, 티로스 지방 특산의 자줏빛 염료로 물들인 자포를 걸치고서 왼손에 리라를 들고 오른손으로 현을 탔다.

▲**미다스의 심판**_사이먼 플로켓의 작품

리라 소리에 황홀해진 트몰로스가 즉석에서 리라의 신에게 승리를 선언하였다. 미다스 외에는 모두 이 판정에 만족하였다. 그런데 미다스만은 이의를 제기하고 심판의 정당성을 의심하였다. 그러자 아폴론은 이런 무식한 귀를 더 이상 놓아두어서는 안 되겠다고 생각하고 그 귀를 크게 늘이고, 안팎으로 털이 나게 하고, 귓불 쪽이 움직이게 하여 당나귀의 귀와 똑같이 만들었다.

미다스 왕은 이 곤혹으로 말미암아 기분이 상하였으나, 그것을 숨길 수 있다고 생각하고 스스로를 달랬다. 즉 머리에 넓은 수건을 써서 귀를 감추었다. 그러나 그의 이발사는 이 비밀을 알고 있었다. 그는 그런 말을 입 밖에 내서는 안 된다는 명령을 받았고, 복종하지 않으면 엄벌에 처한다는 협박까지 받았다.

하지만 이발사는 이 비밀을 말하고 싶어 견딜 수가 없었다. 그래서 그는 초원으로 나가 지면에 구멍을 판 뒤 그 위에 몸을 구부려 비밀을 속삭이고 다시 흙으로 덮었다. 그 후 얼마 가지 않아 초원 일부에 갈대가 나서 무성하게 자라나자 비밀을 속삭이기 시작하더니, 오늘날까지도 산들바람이 그 위를 스치고 지나갈 때마다 계속 속삭이고 있다.

당나귀 귀가 된 미다스_안드레아 바카로의 작품

그리스·로마 신들의 대조표

순서	그리스어 이름	로마어 이름	영어 이름	상징
1	크로노스 Cronos	사투르누스 Saturnus	새턴 Saturn	천공의 신
2	레아 Rhea	키벨레 Cybele	시벨레 Cybele	동물의 안주인
3	제우스 Zeus	유피테르 Jupiter	주피터 Jupiter	광명
4	헤라 Hera	유노 Juno	주노 Juno	가정의 여신
5	포세이돈 Poseidon	넵투누스 Neptunus	넵튠 Neptune	바다의 신
6	하데스 Hades	플루톤 Pluton	플루토 Pluto	저승의 신
7	데메테르 Demeter	케레스 Ceres	세레스 Ceres	땅의 여신
8	헤르메스 Hermes	메르쿠리우스 Mercurius	머큐리 Mercury	전령의 신
9	헤스티아 Hestia	베스타 Vesta		불/ 화로의 여신
10	헤파이스토스 Hephaestos	불카누스 Vulcanus	벌컨 Vulcan	불/ 대장간의 신
11	아폴론 Apollon	포이부스 Phoebus	아폴로 Apollo	태양/ 활의 신
12	아프로디테 Aphrodite	베누스 Venus	비너스 Venus	미의 여신

순서	그리스어 이름	로마어 이름	영어 이름	상징
13	아르테미스 Artemis	디아나 Diana	다이아나 Diana	달/ 사냥의 여신
14	아레스 Ares	마르스 Mars		전쟁의 신
15	티케 Tyche	포르투나 Fortuna	포천 Fortune	행운의 여신
16	디오니소스 Dionysos	바쿠스 Bacchus	바커스 Bacchus	술의 신
17	에로스 Eros	쿠피도 Cupido	큐피드 Cupid	사랑의 신
18	아테나 Athena	미네르바 Minerva		지혜/ 전쟁의 여신
19	페르세포네 Persephone	프로세르피나 Proserpina	리베라 Libera	저승의 여신
20	프시케 Psyche	프시케 Psyche	사이키 psyche	'정신'
21	에오스 Eos	아우로라 Aurora	오로라 Aurora	새벽의 여신
22	헬리오스 Helios	솔 Sol,Sola		태양의 신
23	셀레네 Selene	루나 Luna		달의 여신
24	레토 Leto	라토나 Latona		

태초 신들의 가계도

닉스
(밤)

모로스(숙명)
티나토스(죽음)
히프노스(잠)
모이라이(운명)
네메시스(복수)

에레보스
(어둠)

헤메라
(낮)

아이테르
(대기)

타르타로스
(지하세계)

에키드나
(큰뱀)

티포에우스
(태풍)

카오스
(혼돈)

가이아
(대지)

폰토스
(바다)

우레아
(산맥)

우라노스
(하늘)

에로스
(사랑)

+

가이아
(대지)

스핑크스
키마이라
히드라
케르베로스
네메아의 사자

포르키스 ——— 그라이아이
(바다의 노파들)
고르곤
(괴녀들)

에우리비아

타우마스 ——— 이리스
(무지개)
하르피아이
(질풍돌풍)

네레우스 ——— 네레이데스
(바다의 님프들)

에리니에스
(복수)
기간테스
(거인족)
멜리아데스

헤카톤케이레스

키클롭스

티탄
(12신)

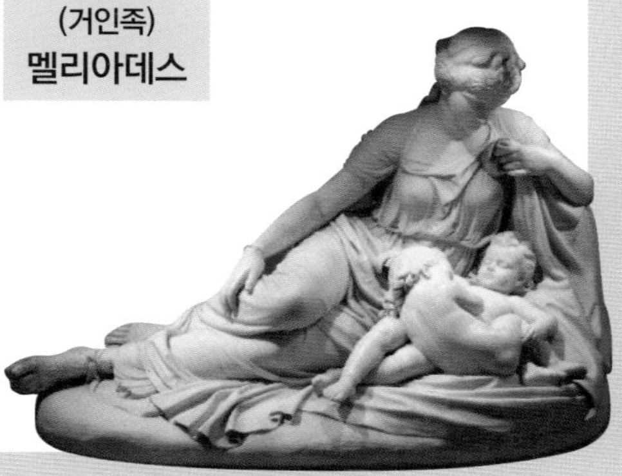

티탄 12신의 가계도

티탄 12신
- 테티스
- 오케아노스 (대지를 감싼 큰 강)
- 크레이오스
- 히페리온
- 테이아
- 이아페토스
- 코이오스
- 포이베
- 크로노스
- 레아
- 테미스 (정의)
- 므네모시네 (기억)

오케아니데스 (강의 님프들)

아스트라이오스 (천체) ─┬─ 바람

에오스 (새벽) ──────┴─ 별

셀레네 (달)

헬리오스 (태양)

아틀라스

프로메테우스 (먼저 생각하기)

에피메테우스 (나중에 생각하기)

레토

아스테리아

제우스 남매

호라이 (계절) / 모이라이 (운명)

뮤즈

올림포스 12신의 가계도

크로노스

레아

하데스
(플루톤/지하세계의 왕)

포세이돈
(넵튠/바다의 신)

제우스
(주피터/신들의 왕)

헤라
(주노/신들의 여왕, 가정의 여신)

헤스티아
(베스타/화로의 여신)

데메테르
(케레스/대지의 여신)

아테나
(미네르바/지혜의 여신) ── 제우스+메티스

아폴론
(아폴로/태양, 의술, 예언의 신) ── 제우스+레토

아르테미스
(다이아나/사냥의 여신)

　　　　　　　　　　　　　아스클레피오스
　　　　　　　　　　　　　(의술의 신)

아레스
(마르스/전쟁의 신)

　　　　　　　　　　　　　제우스+헤라

헤파이스토스
(불칸/대장간의 신)

아프로디테
(비너스/미의 여신) ── 제우스+디오네

　　　　　　　　　　　　　에로스
　　　　　　　　　　　　　우라노스

헤르메스
(머큐리/전령의 신, 상업의 신) ── 제우스+마이아

디오니소스
(바쿠스/술의 신, 광란의 신) ── 제우스+세멜레

페르세포네
(하데스의 아내, 지하세계의 여왕) ── 제우스+데메테르

하룻밤에 읽는 그리스·로마 신화

• 1판 1쇄 인쇄 __ 2023년 05월 15일
• 1판 1쇄 발행 __ 2023년 05월 20일

• 엮 은 이 __ 이선종
• 감   수 __ 이경아
• 펴 낸 이 __ 박효완
• 편집주간 __ 강경수
• 디 자 인 __ 김주영
• 마 케 팅 __ 신용천
• 물류지원 __ 오경수

• 펴 낸 곳 __ 아이템하우스
• 등록번호 __ 제2001-000315호
• 등 록 일 __ 2001년 8월 7일

• 주   소 __ 서울특별시 마포구 동교로 75 (망원동), 전원빌딩 301호
• 전   화 __ 02-332-4337
• 팩   스 __ 02-3141-4347
• 이 메 일 __ itembook@nate.com

© ITEMHOUSE, 2023

ISBN 979-11-5777-165-3